成都统计年鉴

CHENGDU STATISTICAL YEARBOOK

2017

成 都 市 统 计 局
成 都 市 统 计 学 会 编
国家统计局成都调查队

COMPILED BY CHENGDU STATISTIC BUREAU
NBS SURVEY OFFICE IN CHENGDU
CHENGDU STATISTICAL ASSOCIATION

中国统计出版社
China Statistics Press

图书在版编目（C I P）数据

成都统计年鉴. 2017 / 成都市统计局, 成都市统计学会, 国家统计局成都调查队编. -- 北京 : 中国统计出版社, 2017.9
ISBN 978-7-5037-8310-4
I. ①成… II. ①成… ②成… ③国… III. ①统计资料 - 成都 - 2017 - 年鉴
IV. ①C832.711-54
中国版本图书馆CIP数据核字(2017)第210045号

成都统计年鉴—2017

作　　者 / 成都市统计局　成都市统计学会　国家统计局成都调查队
责任编辑 / 陈越月　王建生　高　艳
装帧设计 / 汪　琪　高　艳
出版发行 / 中国统计出版社
地　　址 / 北京市丰台区三环南路甲6号
邮政编码 / 100073
电　　话 / 邮购(010)63376909　书店(010)68783171
网　　址/ http://csp.stats.gov.cn
印　　刷 / 四川省人民政府机关文印中心
经　　销 / 新华书店
开　　本 / 890mm×1240mm　1/16
字　　数 / 52.6 千字
印　　张 / 23.75
版　　别 / 2017年9月第1版
版　　次 / 2017年9月第1次印刷
定　　价 / 300元

《成都统计年鉴—2017》编辑委员会

《成都统计年鉴—2017》编辑部

编 者 说 明

一、《成都统计年鉴—2017》是一部全面反映成都市社会经济发展情况的综合性统计资料年刊，本书收录了成都市及区（市）县2016年社会、经济等方面大量的统计数据，以及建国以来，特别是改革开放以来重要年份全市及各区（市）县的主要统计数据。

二、本年鉴共分十六个部分：

1、综合部分，包括行政区划及社会经济发展的主要指标；

2、国民经济核算；

3、人口及劳动力；

4、固定资产投资、建筑业；

5、能源购进、消费与库存；

6、财政、金融和保险；

7、人民生活、物价；

8、城市公用事业；

9、农业；

10、工业；

11、运输、邮电；

12、国内贸易、外经、旅游；

13、科技、教育和文化；

14、体育、卫生、福利及其他；

15、区（市）县；

附录：全国重点城市统计资料。

三、本年鉴资料编辑顺序、所使用的度量衡单位均采用国际统计标准。

四、本年鉴中统计数据的统计口径及资料来源在各部分都作了较为详细的说明。

五、本年鉴的符号说明：

“…”表示数据不足本表最小单位数；

“空格”表示该统计数据不详或无该项统计数据；

“#”表示其中项；

“①”表示表下方的第一项注解

“—”表示无该项统计指标

目　录

CONTENTS

一、综　合

Chapter　1　General Survey

二、国民经济核算

Chapter　2　National Accounts

三、人口及劳动力

Chapter 3 Population and Labor Force

四、固定资产投资、建筑业
Chapter 4 Investment in Fixed Assets and Construction

五、能源购进、消费与库存
Chapter 5 Energy Purchasing, Consumption and Inventory

六、财政、金融和保险

Chapter　6　Government Finance, Banking and Insurance

七、人民生活、物价

Chapter 7 People's Livelihood, Price Indices

八、城市公用事业

Chapter 8 Urban Public Utilities

九、农　业
Chapter　9　Agriculture

十、工　业
Chapter　10　Industry

十一、运输、邮电
Chapter　11　Transportstion, Postal and Telecommunications Services

十二、国内贸易、外经、旅游
Chapter 12 Domestic Trade, Foreign Trade and Economic Cooperation, Tourism

十三、科技、教育和文化
Chapter 13 Science, Education and Culture

十四、体育、卫生、福利及其他
Chapter 14 Sports, Public Health, Social Welfare and Others

十五、区(市)县
Chapter 15 Distrcts, Cities at Country Level and Counties

一　综　合

简 要 说 明

主要内容

本部分包括成都的行政区划、国民经济和社会发展综合指标，成都与全国、全省对比情况等内容。

资料来源

气象资料来源于成都市气象局。

行政区域、街道、乡(镇)名录来源于成都市民政局。

其他资料主要依据成都市统计局综合统计年报和各专业统计年报及其相关部门的资料整理而得。

其他需要说明的问题

地区生产总值、工业总产值、农业总产值总量与结构指标按当年价格计算，速度指标均按可比价格计算。

1-1 成都市气象情况(2016年)

Meteorological Phenomenon in Chengdu(2016)

	平均气温(摄氏度)	日照时数(小时)	雾 日(天)	降雨日数(天)	降雨量(毫米)	平均风速(米/秒)
全 年	**16.8**	**1088.5**	**67**	**181**	**983.9**	**1.3**
一 月	5.7	60.4	6	10	11.4	1.3
二 月	7.3	110.4	5	8	25.0	1.3
三 月	13.1	63.5	5	13	33.9	1.4
四 月	17.6	81.6	9	19	59.2	1.4
五 月	20.8	105.8	5	18	89.3	1.5
六 月	24.7	130.4	4	19	80.3	1.3
七 月	25.9	123.5	3	22	349.9	1.5
八 月	26.5	171.1	1	20	173.0	1.4
九 月	21.5	76.4	4	19	126.3	1.3
十 月	17.9	53.0	5	16	13.6	1.2
十一月	11.9	63.3	8	9	20.7	1.1
十二月	8.5	49.1	12	8	1.3	1.1

1－2 成都市行政区划(2016年末)

Division of Administrative Areas in Chengdu(End of 2016)

单位:个

	乡政府	镇政府	街　道 办事处	社　区 居委会	村　民 委员会
全　　市	**52**	**206**	**117**	**1649**	**2687**
锦 江 区			16	89	
青 羊 区			14	79	
金 牛 区			15	110	
武 侯 区			17	148	
成 华 区			14	110	2
龙泉驿区	1	7	4	82	76
青白江区	1	8	2	32	92
新 都 区		10	3	128	127
温 江 区		6	4	79	35
双 流 区		18	8	160	116
郫 都 区		13	3	62	131
金 堂 县	2	18	1	68	164
大 邑 县	3	16	1	76	142
蒲 江 县	4	7	1	25	107
新 津 县	1	10	1	42	64
简 阳 市	29	25	4	70	785
都江堰市	1	13	5	69	187
彭 州 市		19	1	85	270
邛 崃 市	4	18	2	70	201
崇 州 市	6	18	1	65	188

注:本表中武侯区包含高新南区资料,双流区包含成都天府新区资料,郫都区包含高新西区资料。

1－3　成都市街道、乡(镇)名录

Name List of Street, Township and Villages in Chengdu

区(市)县	政府驻地	街道、乡(镇)
锦江区	书院街街办	街道:莲新　沙河　东光　柳江　三圣　督院街　盐市口　春熙路　书院街　合江亭　水井坊　牛市口　龙舟路　双桂路　狮子山　成龙路
青羊区	新华西路街办	街道:少城　府南　草堂　光华　金沙　东坡　苏坡　文家　太升路　草市街　西御河　汪家拐　黄田坝　新华西路
金牛区	抚琴街办	街道:黄忠　抚琴　西华　金泉　茶店子　营门口　九里堤　五块石　荷花池　驷马桥　西安路　天回镇　沙河源　凤凰山　人民北路
武侯区	浆洗街街办	街道:双楠　玉林　晋阳　簇桥　簇锦　华兴　望江路　跳伞塔　浆洗街　红牌楼　机投桥　金花桥　火车南站　芳草　石羊　桂溪　肖家河
成华区	猛追湾街办	街道:保和　圣灯　青龙　龙潭　猛追湾　双桥子　白莲池　建设路　府青路　桃蹊路　跳蹬河　万年场　二仙桥　双水碾
龙泉驿区	龙泉街办	街道:龙泉　大面　十陵　同安　镇:柏合　洛带　西河　洪安　黄土　茶店　山泉　乡:万兴
青白江区	红阳街办	街道:红阳　大弯　镇:弥牟　城厢　清泉　大同　祥福　姚渡　龙王　福洪　乡:人和
新都区	新都街办	街道:大丰　三河　新都　镇:新繁　清流　龙桥　新民　木兰　泰兴　马家　军屯　斑竹园　石板滩
温江区	柳城街办	街道:柳城　天府　涌泉　公平　镇:万春　金马　永宁　寿安　和盛　永盛
双流区	东升街办	街道:东升　华阳　西航港　九江　黄甲　公兴　协和　中和　镇:彭镇　煎茶　金桥　黄水　正兴　万安　新兴　永安　胜利　太平　合江　永兴　白沙　三星　兴隆　大林　籍田　黄龙溪
郫都区	郫筒街办	街道:郫筒　合作　西园　镇:犀浦　红光　团结　唐昌　古城　友爱　安德　唐元　德源　安靖　花园　三道堰　新民场
金堂县	赵镇街办	街道:赵镇　镇:淮口　五凤　竹篙　高板　三星　隆盛　清江　官仓　白果　福兴　赵家　金龙　又新　云合　广兴　土桥　转龙　三溪　乡:栖贤　平桥
大邑县	晋原街办	街道:晋原　镇:安仁　王泗　苏家　上安　董场　韩场　新场　三岔　悦来　斜源　出江　西岭　沙渠　蔡场　青霞　花水湾　乡:金星　鹤鸣　雾山
蒲江县	鹤山街办	街道:鹤山　镇:寿安　西来　成佳　大兴　大塘　甘溪　朝阳湖　乡:复兴　长秋　光明　白云
新津县	五津街办	街道:五津　镇:花桥　花源　普兴　金华　安西　新平　兴义　方兴　永商　邓双　乡:文井
简阳市	射洪坝街办	街道:简城　射洪坝　十里坝　杨柳　镇:石桥　新市　石盘　东溪　石钟　平泉　施家　禾丰　三合　平武　云龙　涌泉　金马　三星　踏水　青龙　养马　贾家　芦葭　三岔　草池　镇金　江源　石板凳　太平桥　乡:平窝　壮溪　五星　飞龙　安乐　普安　平息　五合　新星　同合　宏缘　灵仙　周家　永宁　五指　武庙　高明　坛罐　海螺　玉成　丹景　新民　望水　福田　清风　老龙　雷家　老君井　董家埂
都江堰市	灌口街办	街道:灌口　幸福　银杏　永丰　奎光　镇:蒲阳　崇义　胥家　柳街　石羊　安龙　大观　龙池　聚源　中兴　天马　玉堂　青城山　乡:向峨
彭州市	天彭街办	街道:天彭　镇:致和　濛阳　丽春　通济　新兴　白鹿　九尺　桂花　敖平　军乐　红岩　隆丰　升平　三界　磁峰　丹景山　龙门山　葛仙山　小鱼洞
邛崃市	临邛街办	街道:临邛　文君　镇:羊安　平乐　冉义　牟礼　回龙　固驿　高埂　前进　桑园　宝林　高何　水口　火井　夹关　临济　卧龙　天台山　南宝山　乡:茶园　大同　道佐　孔明
崇州市	崇阳街办	街道:崇阳　镇:怀远　羊马　街子　三江　王场　道明　三郎　元通　隆兴　江源　白头　廖家　文井江　观胜　大划　梓潼　桤泉　崇平　乡:燎原　锦江　公议　济协　集贤　鸡冠山

注:本表中武侯区包含高新南区资料,双流区包含成都天府新区资料,郫都区包含高新西区资料。

1-4 国民经济和社会发

Principal Aggregate Indicators on National Economic

	单 位	1978 年	1980 年	1990 年	2000 年
一、人口与就业					
人 口					
年末户籍总人口	万人	806.06	822.54	919.50	1013.35
#市区人口	万人	228.80	238.31	280.81	335.86
#城镇人口	万人	179.46	192.04	250.99	345.90
就 业					
从业人员数	万人	372.30	393.12	562.67	574.13
#在岗职工人数	万人	109.99	115.90	152.71	124.53
#乡村劳动力	万人	262.11	276.57	382.33	387.92
二、宏观经济					
国民核算					
地区生产总值	亿元	35.94	46.30	194.09	1156.79
第一产业	亿元	11.45	12.60	40.56	116.36
第二产业	亿元	16.97	22.98	77.07	422.13
工 业	亿元	16.35	21.60	67.92	328.72
建筑业	亿元	0.62	1.38	9.15	93.41
第三产业	亿元	7.52	10.72	76.46	618.30
#交通运输、仓储和邮政业	亿元	1.53	2.00	12.21	71.22
批发和零售业	亿元	1.96	2.83	16.59	121.01
住宿和餐饮业	亿元	0.55	0.82	5.76	52.72
金 融 业	亿元	0.56	0.81	7.15	65.71
房地产业	亿元	0.18	0.30	3.57	51.54

注:2003 年以后市区人口含新都区、温江区,2015 年市区人口含双流区,2016 年市区人口含郫都区,下同。

展总量与速度指标

and Social Development and Their Related Indices Growth Rates

2015 年	2016 年	2016 年为下列年度(%)				
		1978 年	1980 年	1990 年	2000 年	2015 年
1228.05	1398.93	173.6	170.1	152.1	138.1	113.9
698.14	773.85	3.4 倍	3.2 倍	2.8 倍	2.3 倍	110.8
720.62	784.60	4.4 倍	4.1 倍	3.1 倍	2.3 倍	108.9
826.41	894.38	2.4 倍	2.3 倍	159.0	155.8	108.2
218.84	222.89	2.0 倍	192.3	146.0	179.0	101.9
290.35	327.16	124.8	118.3	85.6	84.3	112.7
10801.16	12170.23	66.7 倍	52.8 倍	21.9 倍	6.7 倍	107.7
373.15	474.94	5.1 倍	4.7 倍	2.9 倍	2.1 倍	104.0
4723.49	5201.99	118.1 倍	87.9 倍	33.5 倍	9.3 倍	106.7
4056.19	4478.56	122.4 倍	93.4 倍	36.7 倍	10.6 倍	106.9
722.56	782.24	198.9 倍	90.8 倍	25.0 倍	5.2 倍	105.5
5704.52	6493.30	92.2 倍	66.5 倍	23.0 倍	5.8 倍	109.0
470.14	530.01	37.8 倍	29.5 倍	12.0 倍	4.4 倍	108.3
778.34	843.01	57.1 倍	40.8 倍	17.2 倍	4.7 倍	105.4
359.67	403.87	88.9 倍	61.6 倍	21.7 倍	4.8 倍	106.0
1254.23	1415.6	203.1 倍	144.9 倍	40.5 倍	8.6 倍	108.7
597.71	710.73	323.5 倍	204.7 倍	42.1 倍	5.9 倍	114.3

1－4 续表 1

	单 位	1978 年	1980 年	1990 年	2000 年
农 业					
农林牧渔业从业人员	万人	241.36	258.45	305.13	244.09
农林牧渔业总产值	亿元	15.71	17.15	60.19	197.74
主要农产品、畜产品产量					
粮 食	万吨	294.85	305.14	381.70	363.71
油菜籽	万吨	10.82	13.70	19.85	18.59
蔬 菜	万吨	87.61	75.09	222.80	409.82
水 果	万吨	2.66	4.21	11.17	52.40
肉 类	万吨	14.16	18.60	38.53	68.62
#猪 肉	万吨	12.95	17.14	33.79	46.52
牛 奶	万吨	1.17	1.30	3.17	4.98
禽 蛋	万吨	1.77	1.87	5.97	14.64
水产品	万吨	0.23	0.27	2.39	4.96
工 业					
主要工业产品产量					
钢 材	万吨	35.55	40.86	86.32	126.21
发电量	亿千瓦小时	10.36	7.06	23.60	53.13
水 泥	万吨	25.37	37.46	112.87	324.00
化学药品原药	吨	544	447	1344	3109
合成氨	万吨	61.44	61.99	55.58	74.40
汽 车	辆	641	966	5230	20124
卷 烟	亿支	11.19	12.6	22.01	51.1

2015 年	2016 年	2016 年为下列年度(%)				
		1978 年	1980 年	1990 年	2000 年	2015 年
134.51	152.60	63.2	59.0	50.0	62.5	113.4
663.06	841.25	53.5 倍	49.1 倍	14.0 倍	4.3 倍	126.9
230.15	290.44	98.5	95.2	76.1	79.9	126.2
24.48	29.87	2.8 倍	2.2 倍	150.5	160.7	122.0
570.84	637.36	7.3 倍	8.5 倍	2.9 倍	155.5	111.7
130.81	150.43	56.6 倍	35.7 倍	13.5 倍	2.9 倍	115.0
68.17	78.35	5.5 倍	4.2 倍	2.0 倍	114.2	114.9
50.59	57.14	4.4 倍	3.3 倍	169.1	122.8	112.9
10.21	10.45	8.9 倍	8.0 倍	3.3 倍	2.1 倍	102.4
16.58	19.96	11.3 倍	10.7 倍	3.3 倍	136.3	120.4
10.55	14.62	63.6 倍	54.2 倍	6.1 倍	2.9 倍	138.6
669.29	763.16	21.5 倍	18.7 倍	8.8 倍	6.0 倍	114.0
131.05	116.84	11.3 倍	16.6 倍	5.0 倍	2.2 倍	89.2
1423.64	1712.39	67.5 倍	45.7 倍	15.2 倍	5.3 倍	120.3
198162	168847	310.4 倍	377.7 倍	125.6 倍	54.3 倍	85.2
19.78	19.76	32.2	31.9	35.6	26.6	99.9
927990	1153802	1800.0 倍	1194.4 倍	220.6 倍	57.3 倍	124.3
945.76	668.16	59.7 倍	53.0 倍	30.4 倍	13.1 倍	70.6

1－4 续表2

	单 位	1978 年	1980 年	1990 年	2000 年
固定资产投资					
全社会固定资产投资总额	亿元	2.94	5.57	40.12	475.90
#国有单位投资	亿元	2.83	5.20	28.20	227.86
#市及市以下投资	亿元	0.98	2.48	28.92	370.79
#更新改造投资	亿元		0.53	11.77	48.95
房地产投资	亿元			2.99	129.16
运输业					
货物运输量	万吨	2874	4295	10139	21489
货物周转量	亿吨公里	81.29	86.68	147.83	362.65
旅客运输量	万人	2635	4586	12894	46459
客运周转量	亿人公里	27.16	38.43	98.42	288.95
邮电通信业					
邮电业务总量	亿元	0.28	0.31	1.55	71.64
移动电话用户	万户				99.10
国内贸易与旅游					
社会消费品零售总额	亿元	13.81	20.51	85.69	554.21
旅游总收入	亿元				131.10
#创汇收入	万美元				8108

注:①2003 年以前(含 2003 年)卷烟单位为万箱;②从 2003 年起运输量只包括营运性运输,且从 2004 年后成都铁路局数据为西南三省合

2015 年	2016 年	2015 年为下列年度(%)				
		1978 年	1980 年	1990 年	2000 年	2015 年
7006.97	8370.50	2847.1 倍	1502.8 倍	208.6 倍	17.6 倍	119.5
2265.71	2124.60	750.7 倍	408.6 倍	75.3 倍	9.3 倍	93.8
6504.38	7721.31	7878.9 倍	3113.4 倍	267.0 倍	20.8 倍	118.7
1335.57	1955.98		3690.6 倍	166.2 倍	40.0 倍	146.5
2441.95	2638.89			882.6 倍	20.4 倍	108.1
27758.91	25702.4	8.9 倍	6.0 倍	2.5 倍	119.6	92.6
323.79	327.86	4.0 倍	3.8 倍	2.2 倍	90.4	101.3
55581.8	76332.34	29.0 倍	16.6 倍	5.9 倍	164.3	137.3
921.23	985.52	36.3 倍	25.6 倍	10.0 倍	3.4 倍	107.0
476.2	709.3	2533.2 倍	2288.1 倍	457.6 倍	9.9 倍	149.0
2221.1	2406.7					108.4
5201.73	5742.37	415.8 倍	280.0 倍	67.0 倍	10.4 倍	110.4
2040	2502				19.1 倍	122.6
87264	124193				15.3 倍	142.3

并后数据,2011 年为成都铁路加成都地铁数据;③从 2011 年起,电信数据按国家新政策进行调整,故与往年不可比。

1－4　续表3

	单　位	1978 年	1980 年	1990 年	2000 年
物价指数(上年＝100)					
居民消费价格指数		101. 1	106. 6	103. 5	100. 2
#食 品 类		101. 1	110. 6	102. 5	96. 3
服务项目类		100. 9	100. 7	108. 5	115. 1
商品零售价格指数		101. 1	107. 1	102. 9	98. 2
对外贸易					
进出口总额(海关口径)	亿美元				14. 81
#出　　口	亿美元				8. 18
财政与金融					
财政收入	亿元	7. 39	7. 57	20. 40	118. 61
#一般公共预算收入	亿元				54. 73
财政支出	亿元	2. 96	3. 34	11. 92	82. 94
国家银行存款余额	亿元	23. 80	24. 88	129. 65	1298. 25
国家银行贷款余额	亿元	22. 53	26. 96	137. 66	1074. 78
住户存款	亿元	2. 40	4. 28	79. 15	831. 00
三、教育文化					
教　　育					
专任教师数					
普通高等学校	万人	0. 69	0. 74	1. 07	1. 12
中等职业技术学校	万人	0. 22	0. 26	0. 33	0. 32
普通中学	万人	2. 74	2. 56	2. 49	3. 07
小　　学	万人	4. 10	4. 26	4. 05	3. 76

注:①从 1999 年起金融数据含省级在蓉机构数据;②2004 年起中等专业学校数据含职业高中数,下同。

2015 年	2016 年	2016 年为下列年度(%)				
		1978 年	1980 年	1990 年	2000 年	2015 年
101.1	102.2					
102.0	104.0					
101.4	103.0					
99.5	100.8					
392.75	409.85				27.7 倍	104.0
237.81	219.40				26.8 倍	91.8
3078.96	3344.55	452.6 倍	441.8 倍	163.9 倍	28.2 倍	108.6
1157.64	1175.41				21.5 倍	101.5
2229.14	2429.52	820.8 倍	727.4 倍	203.8 倍	29.3 倍	109.0
12153.8	13513.14	567.8 倍	543.1 倍	104.2 倍	10.4 倍	111.2
8524.02	9673.89	429.4 倍	358.8 倍	70.3 倍	9.0 倍	113.5
9922.18	10807.56	4503.2 倍	2525.1 倍	136.5 倍	13.0 倍	108.9
4.92	4.95	7.2 倍	6.7 倍	4.6 倍	4.4 倍	100.6
0.96	0.98	4.4 倍	3.8 倍	3.0 倍	3.1 倍	101.8
4.61	5.02	183.1	2.0 倍	2.0 倍	163.4	108.8
4.15	4.67	114.0	109.7	115.4	124.3	112.6

1－4 续表4

	单 位	1978年	1980年	1990年	2000年
在校学生数					
普通高等学校	万人	1.96	2.88	5.69	14.07
中等职业技术学校	万人	1.50	1.73	2.80	6.50
普通中学	万人	57.40	43.82	34.70	48.25
小 学	万人	120.25	123.44	67.07	77.16
文 化					
公共图书馆					
图 书 馆	个			16	17
阅览室席数	个			2375	2200
总 藏 量	万册(件)			643	746
广播节目制作时间	小时			6200	42280
电视节目制作时间	小时			1183	12826
四、人民生活及其他					
家 庭					
年末户籍总户数	万户	185.56	192.24	262.61	317.2
城镇居民平均每户家庭人口	人	4.19	3.84	3.15	2.88
农村居民平均每户家庭人口	人	5.55	5.17	4.20	3.60
城乡居民最低生活保障人数	人				47962
#城 镇	人				27487
交通事故伤亡人数	人				5582
婚 姻					
结 婚 数	万对			9.64	7.23
离 婚 数	万对			1.55	2.01

注：广播、电视节目制作时间1990年及以前年份未含区(市)县级广播、电视节目制作时间。

2015 年	2016 年	2016 年为下列年度(%)				
		1978 年	1980 年	1990 年	2000 年	2015 年
75.58	79.16	40.4 倍	27.5 倍	13.9 倍	5.6 倍	104.7
23.23	24.00	16.0 倍	13.9 倍	8.6 倍	3.7 倍	103.3
54.81	58.62	102.1	133.8	168.9	121.5	107.0
78.43	90.42	75.2	73.2	134.8	117.2	115.3
21	22			137.5	129.4	104.8
9413	10259			4.3 倍	4.7 倍	109.0
1577	1709			2.7 倍	2.3 倍	108.4
170079	102655			16.6 倍	2.4 倍	60.4
98050	52842			44.7 倍	4.1 倍	53.9
475.99	536.86	2.9 倍	2.8 倍	2.0 倍	169.2	112.8
2.93	2.98	71.1	77.6	94.6	103.5	101.7
3.24	3.31	59.6	64.0	78.8	91.9	102.2
142429	147914				3.1 倍	103.9
33883	33525				122.0	98.9
2639	2213				39.6	83.9
12.51	13.18			136.7	182.3	105.4
6.51	7.34			4.7 倍	3.7 倍	112.7

1-4 续表5

	单位	1978年	1980年	1990年	2000年
居　住					
人均住宅建筑面积	平方米				
农村居民人均住房面积	平方米	9.6	10.0	20.6	34.9
居民收支					
城镇居民人均可支配收入	元	340	395	1755	7649
城镇居民人均消费性支出	元	328	391	1681	6423
农村居民人均可支配收入	元	140	223	773	2926
农村居民人均生活消费支出	元	117	186	693	2201
卫　生					
医院、卫生院数	个	556	556	516	568
执业(助理)医师数	万人		1.43	2.32	2.62
医院、卫生院床位数	万张		2.17	3.04	3.41
市政建设					
全市用电量	亿千瓦小时	19.70	23.68	35.61	82.10
自来水供应量	亿吨	0.82	0.97	4.10	4.68
天然气供气量	亿立方米	4.42	4.56	10.40	15.18
年末公共营运汽车	辆				
年末出租汽车	辆				
铺装道路长度	公里	319	324	423	1058
绿地面积	公顷	160	277	1896	4013

注:①城镇居民人均可支配收入1990年前为生活费收入;②人均住宅建筑面积按五城区(含高新区)常住人口计算;③执业(助理)医师

2015 年	2016 年	2016 年为下列年度(%)				
		1978 年	1980 年	1990 年	2000 年	2015 年
39.44	40.62					103.0
54.48	55.02	5.7 倍	5.5 倍	2.7 倍	157.7	101.0
33476	35902	105.6 倍	90.9 倍	20.5 倍	4.7 倍	107.2
21825	23514	71.7 倍	60.1 倍	14.0 倍	3.7 倍	107.7
17690	18605	132.9 倍	83.4 倍	24.1 倍	6.4 倍	105.2
12711	13428	114.8 倍	72.2 倍	19.4 倍	6.1 倍	105.6
768	866	155.8	155.8	167.8	152.5	112.8
5.02	5.47		3.8 倍	2.4 倍	2.1 倍	109.0
10.78	12.14		5.6 倍	4.0 倍	3.6 倍	112.6
486.35	556.28	28.2 倍	23.5 倍	15.6 倍	6.8 倍	114.4
8.68	11.18	13.6 倍	11.5 倍	2.7 倍	2.4 倍	128.8
22.71	27.87	6.3 倍	6.1 倍	2.7 倍	183.6	122.7
11294	10781					95.5
13993	11374					81.3
2739	3700	11.6 倍	11.4 倍	8.7 倍	3.5 倍	135.1
21902	31084	194.3 倍	112.2 倍	16.4 倍	7.7 倍	141.9

数 2009 年以前为医生数;④“年末公共营运汽车”和“年末出租汽车”数据为五城区(含高新区)口径数据。

1-5 国民经济和社会发展结构指标

Structural Indicators on National Economic and Social Development

单位:%

	1978 年	1980 年	1990 年	2000 年	2015 年	2016 年
一、人口与就业						
人　口						
城镇与乡村结构						
城　镇	22.3	23.3	27.3	34.1	67.51	56.09
乡　村	77.7	76.7	72.7	65.9	32.49	43.91
性别结构						
男　性	50.9	50.9	51.2	50.9	49.69	49.78
女　性	49.1	49.1	48.8	49.1	50.31	50.22
地域结构						
市　区	28.4	29.0	30.5	33.1	56.85	55.32
县（市）	71.6	71.0	69.5	66.9	43.15	44.68
就　业						
从业人员产业结构						
第一产业	63.4	63.3	53.5	44.9	16.4	16.1
第二产业	16.2	16.1	25.9	26.5	34.3	32.8
第三产业	20.4	20.6	20.6	28.6	49.3	51.1
从业人员经济类型结构						
#国有经济	22.3	22.8	21.8	16.9	11.7	11.2
城镇私营及个体			1.7	6.5	28.9	29.7

注:2015 年起公安户籍上的农业人口和非农业人口不再统计,变更为乡村人口和城镇人口;2014 年及以前仍为农业人口和非农业人口。

1－5 续表1

单位:%

	1978年	1980年	1990年	2000年	2015年	2016年
二、宏观经济						
国民经济核算						
地区生产总值结构						
第一产业	31.8	27.2	20.9	10.1	3.5	3.9
第二产业	47.2	49.7	39.7	36.5	43.7	42.7
第三产业	21.0	23.1	39.4	53.4	52.8	53.4
固定资产投资						
投资经济类型结构						
#国有单位	96.4	93.3	70.3	47.9	32.3	25.4
集体单位	3.6	6.7	11.4	7.8	0.3	0.1
私营及个体经济			18.3	8.9	13.0	22.6
投资种类结构						
#更新改造		9.6	29.3	10.3	19.1	23.4
房地产			7.4	27.1	34.9	31.5
国内贸易						
社会消费品零售总额						
行业结构						
批发零售贸易业	90.0	85.2	75.4	58.9	87.9	87.7
餐饮业	5.9	5.8	8.2	18.5	10.9	12.3
其他	0.8	2.0	5.8	17.6	1.2	–

1-5 续表2

单位:%

	1978年	1980年	1990年	2000年	2015年	2016年
隶属关系结构						
市的零售额	47.4	48.0	65.9	64.1	96.0	96.0
县及县以下零售额	52.6	52.0	34.1	35.9	4.0	4.0
财　政						
一般公共预算收入结构						
#增 值 税					8.8	17.3
营 业 税					15.7	9.4
企业所得税					9.0	9.1
个人所得税					3.1	4.5
一般公共预算支出结构						
#一般公共服务					10.4	9.9
公共安全					6.4	6.8
教　育					15.6	14.3
社会保障和就业					7.2	11.0
医疗卫生					6.6	7.1
城乡社区事务					20.5	19.1
三、人民生活及其他						
居民生活消费						
城镇居民人均生活消费结构						

1－5 续表3

单位:%

	1978年	1980年	1990年	2000年	2015年	2016年
#食品类	57.6	57.8	51.4	38.8	34.4	34.2
衣着类	17.1	15.4	14.6	9.0	8.9	8.5
居住	5.0	4.6	4.9	11.9	20.2	20.2
交通通讯	1.2	1.1	1.3	5.9	11.7	12.1
医疗保健费	1.3	1.3	1.5	6.5	5.3	5.4
农村居民人均生活消费结构						
#食品类		71.1	63.6	51.2	38.4	37.8
衣着类		10.1	6.7	6.7	9.6	8.7
居住		8.9	16.6	14.6	15.7	16.5
交通及通讯		0.7	1.6	5.5	12.1	12.9
医疗保健费		0.5	2.4	4.5	6.2	7.1
卫生						
卫生技术人员结构						
#执业(助理)医师					37.2	36.9
注册护士					44.1	44.9
药剂人员					5.3	5.3

1-6 国民经济和社会发展比例和效益指标

Indicators on Proportions and Efficiency in National Economic and Social Development

	单 位	1978年	1980年	1990年	2000年	2015年	2016年
一、人　口							
出生率	‰	10.3	11.2	13.1	9.6	11.6	12.5
死亡率	‰	6.0	6.1	6.4	6.6	6.1	7.5
自然增长率	‰	4.3	5.1	6.7	3.1	5.4	5.0
二、宏观经济							
全社会劳动生产率	**元/人**	**965**	**1203**	**3485**	**19994**	**131154**	**141449**
第一产业	元/人	485	517	1357	4550	27598	34024
第二产业	元/人	2817	3692	5326	27688	168446	181476
第三产业	元/人	986	1356	6746	36296	139844	149438
农　业							
农业从业者人均提供农产品产量							
粮　食	千克	1222	1181	1251	1463	1711	1903
油菜籽	千克	45	53	65	75	182	196
肉　类	千克	59	72	126	276	507	513
水产品	千克	1	1	8	20	78	96
每公顷播种面积农产品产量							
粮　食	千克	4010	4245	5433	5902	6293	5681
油菜籽	千克	1680	1807	1924	1948	2414	2422
蔬　菜	吨	26	26	28	26	35	34

1-6 续表1

	单 位	1978 年	1980 年	1990 年	2000 年	2015 年	2016 年
工 业							
独立核算工业企业效益							
总资产贡献率	%				7.8	10.9	14.7
资本保值率	%				108.5	106.7	115.3
资产负债率	%				62.0	58.8	53.9
流动资产周转次数	次				1.2	1.8	1.9
成本费用利润率	%				4.0	5.0	7.7
建筑业							
产值利税率	%				4.69	5.03	4.66
固定资产投资							
固定资产投资率	%	8.2	12.0	20.7	41.1	64.9	68.8
房屋建设竣工率	%	52.6	53.9	73.8	56.8	11.9	15.8
财 政							
财政收入占地区生产总值比重	%	20.6	16.4	10.5	10.3	28.5	27.5
财政支出占地区生产总值比重	%	8.3	7.2	6.1	7.2	20.6	20.0

1－6 续表2

	单 位	1978 年	1980 年	1990 年	2000 年	2015 年	2016 年
三、教　　育							
义教段学龄儿童入学率	%			99.50	99.95	99.99	99.98
小学升学率	%			68.30	98.30	102.59	100.96
初中升学率	%			51.20	80.80	97.17	96.71
每一教师负担学生数							
普通高等学校	人	2.8	3.9	5.3	12.5	15.4	16.0
中等职业技术学校	人	6.8	6.6	8.6	20.5	24.1	24.6
普通中学	人	20.9	17.1	13.9	15.7	11.9	11.7
小　　学	人	29.3	29.0	16.6	20.5	18.9	19.3
四、人民生活及其他							
家　　庭							
城镇居民家庭							
平均每户就业面	%	41.53	51.30	56.83	50.15	50.17	50.25
每一就业者负担人数	人	2.41	1.95	1.76	1.99	1.99	1.99
农村居民家庭							
平均每一劳动力赡养人口	人	2.2	2.0	1.4	1.4	1.29	1.32
卫　　生							
每万人卫生技术人员	人			53.6	54.7	92.2	119.5
每万人执业(助理)医师数	人					34.3	34.4
每万人医院、卫生院床位数	张			33.3	33.8	73.6	76.3

1－7　社会经济主要指标人均水平

Per Capita Level of Main Indicators in Social and Economic Activities

	单　位	1978 年	1980 年	1990 年	2000 年	2015 年	2016 年
地区生产总值	元	**449**	**565**	**2123**	**11471**	**88578**	**87693**
农业总产值	元	**196**	**209**	**659**	**1961**	**5438**	**6062**
社会消费品零售总额	元	**172**	**250**	**937**	**5496**	**40563**	**40692**
城乡居民储蓄存款余额	元	**30**	**52**	**866**	**8240**	**81368**	**77877**
财政收入	元	**92**	**92**	**223**	**1198**	**25250**	**24099**
主要农产品产量							
粮　　食	千克	367	372	418	361	187.4	207.6
油 菜 籽	千克	13.4	16.7	21.7	18.4	19.9	21.4
蔬　　菜	千克	109	92	244	406	464.8	455.6
水　　果	千克	3.3	5.1	12.2	52.0	106.5	107.5
肉　　类	千克	17.6	22.7	42.2	68.0	55.5	56.0
#猪　　肉	千克	16.1	20.9	37.0	46.1	41.2	40.8
牛　　奶	千克	1.5	1.6	3.5	4.9	8.3	7.5
禽　　蛋	千克	2.2	2.3	6.5	14.5	13.5	14.3
水 产 品	千克	0.3	0.3	2.6	4.9	8.6	10.5

注：本表均按户籍平均人口数计算。

1-7 续表

	单 位	1978 年	1980 年	1990 年	2000 年	2015 年	2016 年
主要工业品产量							
钢　　材	千克	44	50	94	125	545	546
发 电 量	千瓦小时	129	86	258	437	1067	835
原　　煤	千克	218	224	340	248	—	—
水　　泥	千克	32	46	123	321	1159	1224
卷　　烟	千支					7.7	4.8
人民生活							
城镇全部单位就业人员平均工资	元					57480	61330
城镇居民人均可支配收入	元	340	395	1755	7649	33476	35902
城镇居民人均消费性支出	元	328	391	1681	6423	21825	23514
农村居民人均可支配收入	元	140	223	773	2926	17690	18605
农村居民人均生活消费支出	元	117	186	693	2201	12711	13428

注:城镇居民人均可支配收入 1978 年、1980 年为生活费收入,农村居民人均可支配收入 2015 年以前为人均纯收入。

1-8 成都高新技术产业开发区主要指标

Main Indicators of Chengdu High-Tech Developing Zone

	单 位	2012 年	2013 年	2014 年	2015 年	2016 年
地区生产总值	亿元	878.9	1039.7	1178.2	1277.6	1436.5
#第二产业	亿元	665.0	789.4	894.7	962.1	1051.2
#工 业	亿元	618.4	735.4	837.0	905.5	985.1
第三产业	亿元	213.6	250.1	283.4	315.4	368.3
技工贸总收入	亿元	2615	3220	3800	4422	5744
全部工业总产值	亿元	2230	2870	3386	3641	5152
#支柱产业产值	亿元	1824	2376	2650	2870	2942
#电 子	亿元	1729	2148	2430	2383	2165
医 药	亿元	58	77	100	124	139
工业利税	亿元	285.0	372.0	258.7	174.0	238.4
社会消费品零售总额	亿元	200.4	229.3	263.1	516.0	571.8
一般公共预算收入	亿元	84.7	101.3	115.1	140.9	134.6
实际到位外资金额	万美元	161527	212000	214152	150491	183173
全社会固定资产投资总额	亿元	568.5	650.9	606.3	552.3	636.7
年末总人口	万人	57.9	58.9	59.6	64.0	68.2
从业人员	万人	48.6	49.2	51.2	52.0	55.3

注:本表数据含中和街道。

1-9 成都主要经济指标与全国、全省对比(2016年)

Positions of Chengdu in China and Sichuan Province(2016)

	单 位	全 国	全 省	成 都		
				绝对数	占全国比 重 (%)	占全省比 重 (%)
土地面积	万平方公里	960	48.5	1.4	0.1	2.9
年末常住人口	万人	138271	8262	1592	1.2	19.3
城镇化率	%	57.35	49.21	70.62		
地区生产总值	亿元	744127	32681	12170	1.6	37.2
第一产业	亿元	63671	3924	475	0.7	12.1
第二产业	亿元	296236	13925	5202	1.8	37.4
#工 业	亿元	247860	11570	4479	1.8	38.7
第三产业	亿元	384221	14832	6493	1.7	43.8
全社会固定资产投资	亿元	606466	29126	8371	1.4	28.7
#房 地 产	亿元	102581	5283	2639	2.6	50.0
社会消费品零售总额	亿元	332316	15502	5647	1.7	36.4
进出口总额(海关数)	亿美元	36856	493.3	409.9	1.1	83.1
#出口总额	亿美元	20982	280	219	1.0	78.5
居民消费品价格指数	%	102.0	101.9	102.2		
旅游创汇收入	亿美元	1200	15.8	12.4	1.0	78.5
年末金融机构人民币存款余额	亿元	1506000	65638	31434	2.1	47.9
#住户存款	亿元	597751	31950	10808	1.8	33.8
年末金融机构人民币贷款余额	亿元	1066000	42828	25009	2.3	58.4
原保险保费收入	亿元	30959	1712	864	2.8	50.5
城镇居民人均可支配收入	元	33616	28335	35902		
农村居民人均可支配收入	元	12363	11203	18605		

1－10　联网直报调查单位数

Network Direct Reporting Unit Number

单位:个

年　份	合　　计	规模以上工　业	资　质　内建　筑　业	限额以上批发零售业	限额以上住宿餐饮业	房地产开发经　营　业	规模以上服　务　业
2011	9296	3187	1582	1650	1120	1757	
2012	10987	3188	1551	1668	1126	1771	1683
2013	10643	3208	1478	1734	1065	1567	1591
2014	11347	3248	1200	1864	967	1598	2470
2015	11189	3328	1206	1702	880	1558	2515
2016	11807	3577	1408	1665	885	1586	2686

注:本表只含联网直报法人库单位,不含联网直报产业库单位。

1－11　联网直报调查单位增减变动情况(2016年)

Increase and Decrease of Direct Networking Investigation Unit(2016)

单位:个

	合　　计	规模以上工　业	资质内建筑业	限额以上批零住餐业	房地产开发经营业	规模以上服务业
合　　计	**2657**	**532**	**228**	**626**	**289**	**581**
新　　增	**1683**	**358**	**194**	**264**	**154**	**321**
新开业(投产)	875	66	192	24	154	47
“四下”转“四上”	784	282		239		263
专业变更纳入	24	10	2	1		11
变　　更	**137**	**54**	**13**	**14**	**2**	**52**
退　　出	**837**	**120**	**21**	**348**	**133**	**208**
“四上”转“四下”	474	73		258		143
当年没有经营活动的建筑业(房地产)企业	108		17	0	91	
破产、注(吊)销	69	10	2	5	7	45
专业变更退出	24	4	1	8		11
其他原因退出	162	33	1	77	35	9

注:1. 建筑业、房地产单位新增,不论开业(投产)时间,均按新开业(投产)审核;2. 本表中限额以上批零住餐业含非同产业活动单位,其他专业均为法人单位;3. 变更包括单位名称变更和组织机构代码变更;4. 本表只含通过申报流程经国家确认的新增、变更和退出,不含其它途径的新增、变更和退出;5. 本表合计含其他有5000万元以上在建项目的法人单位。

主要统计指标解释

市 是指经国家批准成立“市”建制的城市。

按城市常住人口规模分:

①超大城市:1000 万人以上;

②特大城市:500 至 1000 万人口;

③大城市:100 至 500 万人口;

其中:Ⅰ型大城市:300 至 500 万人口;

Ⅱ型大城市:100 至 300 万人口;

④中等城市:50 至 100 万人口;

⑤小城市:50 万以下人口;

其中:Ⅰ型小城市:20 至 50 万人口;

Ⅱ型小城市:20 万以下人口。

全市 指 11 区 5 市 4 县、成都天府新区和成都高新技术产业开发区。即锦江区、青羊区、金牛区、武侯区、成华区、龙泉驿区、青白江区、新都区、温江区、双流区、郫都区、金堂县、大邑县、蒲江县、新津县、简阳市、都江堰市、彭州市、邛崃市、崇州市、成都天府新区和成都高新技术产业开发区。

市区 包括城区和郊区,不包括市辖县(含县级市)。即锦江区、青羊区、金牛区、武侯区、成华区、龙泉驿区、青白江区、新都区、温江区、双流区、郫都区、成都天府新区和成都高新技术产业开发区。

城区 包括锦江区、青羊区、金牛区、武侯区、成华区和成都高新技术产业开发区。

镇 是指经省、自治区、直辖市批准的镇。

二　国民经济核算

简 要 说 明

主要内容

本部分包括全市生产总值及其构成。

资料来源

地区生产总值资料来源于成都市统计局。

地区生产总值（亿元）

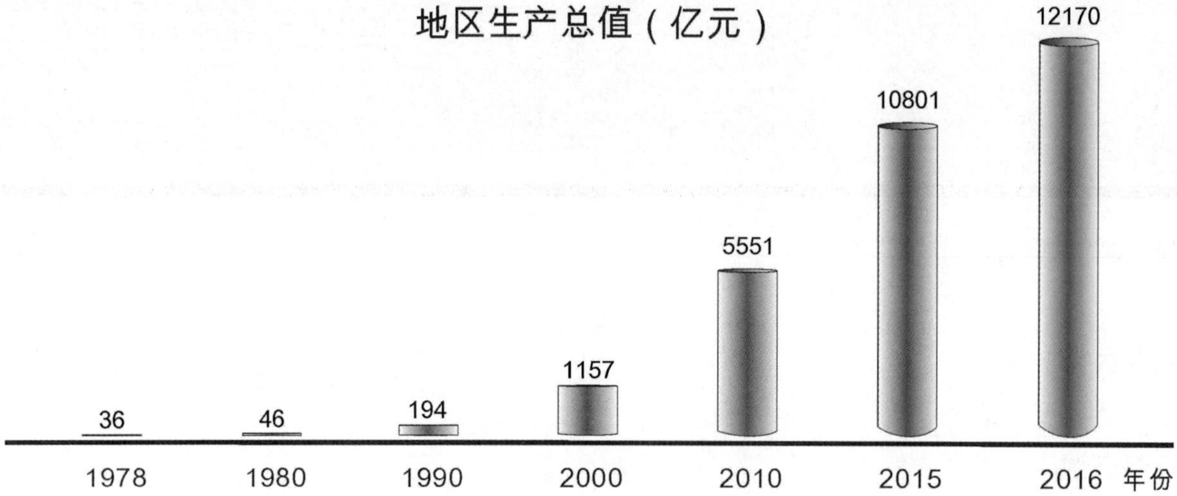

地区生产总值构成（%）

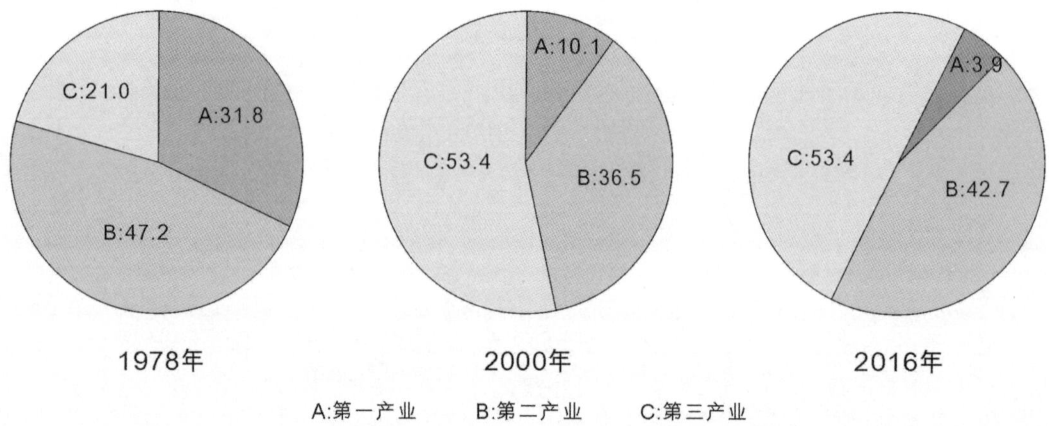

人均地区生产总值（元）

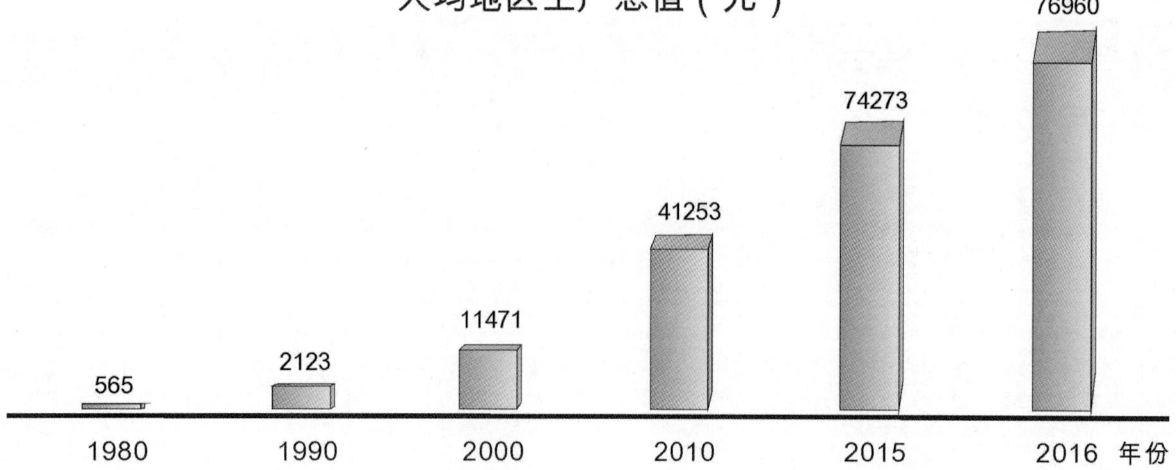

2-1 历年地区生产总值

Gross Domestic Product over the Years

年 份	地 区 生产总值 （万元）	第一产业	第二产业	第三产业	人均地区 生产总值 （元）
1949	39953	29315	3867	6771	80
1950	42058	30634	4041	7383	84
1951	45902	32471	5371	8060	91
1952	51090	35388	6510	9192	100
1953	62510	39415	9241	13854	121
1954	66230	41708	9384	15138	125
1955	69748	42413	10646	16689	128
1956	79610	44961	14538	20111	141
1957	90359	48206	19471	22682	154
1958	103925	49357	29659	24909	174
1959	125501	40997	53922	30582	210
1960	128171	30519	67266	30386	220
1961	79866	28874	26435	24557	142
1962	77482	35064	21974	20444	140
1963	84932	42271	23191	19470	151
1964	104283	50382	31250	22651	180
1965	136371	59250	45569	31552	228
1966	167303	63481	65756	38066	271
1967	146728	64966	44858	36904	231
1968	119505	60438	26949	32118	183
1969	151898	62810	53191	35897	227
1970	205059	68416	91279	45364	299
1971	232066	72740	105637	53689	328
1972	223627	72340	95511	55776	307
1973	231546	78786	95797	56963	311
1974	222283	83198	82927	56158	293
1975	248198	83355	110844	53999	321
1976	221926	81344	87763	52819	282
1977	287141	90442	131807	64892	362
1978	359356	114449	169748	75159	448
1979	413577	126351	196055	91171	510
1980	462957	126040	229767	107150	565

注：人均地区生产总值2001年前按户籍人口计算，2001年及以后按常住人口计算。

2-1 续表

年 份	地 区 生产总值 (万元)	第一产业	第二产业	第三产业	人均地区 生产总值 (元)
1981	490129	130146	239291	120692	592
1982	554095	163066	267797	123232	661
1983	627673	173242	315517	138914	742
1984	712035	189588	343487	178960	836
1985	864945	209288	420508	235149	1008
1986	948905	224929	437115	286861	1092
1987	1158644	273588	516883	368173	1315
1988	1464911	322463	687197	455251	1641
1989	1639063	344174	741164	553725	1814
1990	1940857	405650	770657	764550	2123
1991	2327841	413213	880691	1033937	2520
1992	2925556	454357	1089187	1382012	3138
1993	3885838	539474	1500798	1845566	4125
1994	5073962	745596	1987076	2341290	5319
1995	6472632	941089	2462805	3068738	6700
1996	7722699	1051228	2913114	3758357	7911
1997	8754888	1089434	3248582	4416872	8888
1998	9618871	1118116	3549095	4951660	9686
1999	10449059	1121532	3837886	5489641	10446
2000	11567929	1163651	4221275	6183003	11471
2001	13220544	1184869	4902971	7132704	11779
2002	14887638	1254993	5585906	8046739	12993
2003	17052732	1370525	6524538	9157669	14632
2004	20310663	1682481	8055886	10572296	17158
2005	23759858	1771481	9841863	12146514	19670
2006	27721734	1951271	11709654	14060809	22445
2007	33647844	2350971	14440778	16856095	26849
2008	39449148	2628824	17349512	19470812	31203
2009	45026032	2677725	20017952	22330355	35215
2010	55513336	2850910	24809035	27853391	41253
2011	69505786	3273391	31438233	34794162	49438
2012	81389438	3481001	37656163	40252274	57624
2013	91088904	3531673	41814908	45742323	63977
2014	100565926	3570705	45085303	51909918	70019
2015	108011633	3731535	47234926	57045172	74273
2016	121702335	4749396	52019898	64933041	76960

2－2 历年地区生产总值构成及增长速度

Composition and Growth Rate of Gross Domestic Product over the Years

年 份	三次产业构成(%)			增长速度(%)				地区生产总值发展指数(1949＝100)
	第一产业	第二产业	第三产业	地 区生产总值	第一产业	第二产业	第三产业	
1949	73.4	9.7	16.9					
1950	72.8	9.6	17.6	5.0	4.5	4.5	8.9	105.0
1951	70.7	11.7	17.6	8.0	6.0	32.8	8.9	113.4
1952	69.3	12.7	18.0	10.5	9.0	21.1	13.7	125.4
1953	63.0	14.8	22.2	14.0	4.9	41.9	49.9	142.9
1954	62.9	14.2	22.9	5.5	5.3	1.5	8.7	150.8
1955	60.8	15.3	23.9	4.1	1.7	13.4	8.5	157.0
1956	56.4	18.3	25.3	11.7	5.6	36.6	20.2	175.3
1957	53.4	21.5	25.1	8.5	2.3	33.9	12.6	190.3
1958	47.5	28.5	24.0	12.0	2.4	52.3	9.8	213.2
1959	32.7	42.9	24.4	11.0	-20.5	81.8	22.5	236.6
1960	23.8	52.5	23.7	-2.6	-26.8	23.8	-0.9	230.4
1961	36.2	33.1	30.7	-38.1	-14.8	-61.0	-23.9	142.6
1962	45.2	28.4	26.4	-2.4	17.2	-16.9	-16.8	139.2
1963	49.8	27.3	22.9	10.4	20.0	5.5	-4.8	153.6
1964	48.3	30.0	21.7	21.6	19.2	34.7	13.5	186.7
1965	43.5	33.4	23.1	29.1	17.6	45.6	38.8	241.1
1966	37.9	39.3	22.8	20.6	7.1	43.3	20.6	290.7
1967	44.2	30.6	25.2	-10.8	2.3	-32.0	-3.1	259.3
1968	50.5	22.6	26.9	-17.5	-7.0	-40.4	-14.0	213.9
1969	41.4	35.0	23.6	23.6	3.9	96.5	11.8	264.4
1970	33.4	44.5	22.1	31.8	8.9	71.4	26.3	348.5
1971	31.3	45.6	23.1	11.6	4.0	15.7	18.3	389.0
1972	32.3	42.8	24.9	-4.1	-2.6	-9.6	3.9	373.0
1973	34.0	41.4	24.6	3.5	8.9	-0.1	1.0	386.1
1974	37.4	37.3	25.3	-4.6	2.1	-13.6	-1.4	368.3
1975	33.6	44.6	21.8	9.7	-1.8	33.5	-3.8	404.0
1976	36.7	39.5	23.8	-10.6	-4.1	-20.8	-2.2	361.2
1977	31.5	45.9	22.6	26.0	8.8	48.8	19.9	455.1
1978	31.8	47.2	21.0	19.2	10.2	28.7	14.6	542.5
1979	30.6	47.4	22.0	13.8	8.3	14.6	20.2	617.4
1980	27.2	49.7	23.1	10.9	-1.7	17.1	15.1	684.7

注:增长速度以上年为基期,按可比价格计算。

2-2 续表

年份	三次产业构成(%)			增长速度(%)				地区生产总值发展指数(1949=100)
	第一产业	第二产业	第三产业	地区生产总值	第一产业	第二产业	第三产业	
1981	26.6	48.8	24.6	4.1	2.9	3.1	7.7	712.7
1982	29.4	48.4	22.2	10.3	15.4	11.7	2.0	786.1
1983	27.6	50.3	22.1	11.2	6.0	14.5	10.4	874.2
1984	26.6	48.3	25.1	11.4	6.2	8.6	24.3	973.8
1985	24.2	48.6	27.2	18.4	3.0	24.3	22.6	1153.0
1986	23.7	46.1	30.2	5.2	3.7	3.6	9.8	1213.0
1987	23.6	44.6	31.8	12.0	6.2	16.3	8.5	1358.5
1988	22.0	46.9	31.1	12.7	-0.9	20.2	8.2	1531.1
1989	21.0	45.2	33.8	2.7	3.1	0.9	6.5	1572.4
1990	20.9	39.7	39.4	4.8	4.6	0.8	13.9	1647.9
1991	17.8	37.8	44.4	14.1	2.6	10.8	23.4	1880.2
1992	15.5	37.2	47.3	16.2	5.8	15.9	21.1	2184.8
1993	13.9	38.6	47.5	18.4	4.4	25.9	17.2	2586.9
1994	14.7	39.2	46.1	13.5	3.1	14.8	15.8	2936.1
1995	14.5	38.0	47.5	11.8	3.9	13.6	12.5	3282.5
1996	13.6	37.7	48.7	11.3	4.4	12.2	12.3	3653.5
1997	12.4	37.1	50.5	11.2	3.2	12.8	11.9	4062.7
1998	11.6	36.9	51.5	10.0	3.1	10.3	11.4	4468.9
1999	10.7	36.8	52.5	10.1	3.4	10.0	11.7	4920.3
2000	10.1	36.5	53.4	10.7	4.3	11.3	11.5	5446.8
2001	9.0	37.1	53.9	12.8	4.3	14.9	12.9	6143.9
2002	8.4	37.5	54.0	13.1	5.3	15.7	12.6	6948.8
2003	8.0	38.3	53.7	13.0	5.6	15.8	12.3	7852.1
2004	8.3	39.7	52.0	13.6	5.7	17.9	11.6	8920.0
2005	7.5	41.4	51.1	14.0	5.7	17.4	12.6	10168.8
2006	7.0	42.3	50.7	14.2	4.8	17.1	13.2	11612.8
2007	7.0	42.9	50.1	15.7	5.5	18.1	15.0	13436.0
2008	6.6	44.0	49.4	12.4	4.4	14.9	11.2	15102.1
2009	5.9	44.5	49.6	14.7	3.7	17.7	13.4	17322.1
2010	5.1	44.7	50.2	15.0	4.1	19.8	11.8	19920.4
2011	4.7	45.2	50.1	15.2	3.7	19.8	12.4	22948.3
2012	4.3	46.2	49.5	13.0	3.8	15.6	11.5	25931.6
2013	3.9	45.9	50.2	10.2	3.6	12.2	8.8	28576.6
2014	3.6	44.8	51.6	8.9	3.4	9.8	8.6	31119.9
2015	3.5	43.7	52.8	7.9	3.9	7.2	9.0	33578.4
2016	3.9	42.7	53.4	7.7	4.0	6.7	9.0	36163.9

2－3 历年支出法地区生产总值

Gross Domestic Product by Expenditure Approach over the Years

年　份	支出法地区生产总值（万元）	#最终消费	#资　本形成总额	最终消费率（%）	资本形成率（%）
1978	359356	170906	80326	47.6	22.4
1979	413577	210317	83971	50.9	20.3
1980	462957	253687	86934	54.8	18.8
1981	490129	290307	101708	59.2	20.8
1982	554095	308727	130072	55.7	23.5
1983	627673	342830	139400	54.6	22.2
1984	712035	422163	168301	59.3	23.6
1985	864945	520571	262097	60.2	30.3
1986	948905	595148	283415	62.7	29.9
1987	1158644	711667	373801	61.4	32.3
1988	1464911	953240	454188	65.1	31.0
1989	1639063	1038328	547435	63.3	33.4
1990	1940857	1128800	727239	58.2	37.5
1991	2327841	1298167	870581	55.8	37.4
1992	2925556	1519164	1191319	51.9	40.7
1993	3885838	1900524	1702254	48.9	43.8
1994	5073962	2643753	2145035	52.1	42.3
1995	6472632	3363453	2823044	52.0	43.6
1996	7722699	3967385	3465512	51.4	44.9
1997	8754888	4617586	3842845	52.7	43.9
1998	9618871	4942999	4443042	51.4	46.2
1999	10449059	5235461	4979985	50.1	47.7
2000	11567929	5825144	5553157	50.4	48.0
2001	13220544	6487929	6559727	49.1	49.6
2002	14887638	7079540	7634479	47.6	51.3
2003	17052732	7992132	8885391	46.9	52.1
2004	20310663	9408665	10723814	46.3	52.8
2005	23759858	10457264	13115156	44.0	55.2
2006	27721734	11754910	16142977	42.4	58.2
2007	33647844	14398185	19961699	42.8	59.3
2008	39449148	17377791	24897549	44.1	63.1
2009	45026032	20182729	33788975	44.8	75.0
2010	55513336	24603824	37790353	44.3	68.1
2011	69505786	30388473	44950790	43.7	64.7
2012	81389438	34629275	51650295	42.5	63.5
2013	91088904	38994327	58907056	42.8	64.7
2014	100565926	43389168	60642002	43.1	60.3
2015	108011633	48012041	64101783	44.5	59.3
2016	121702335	54687874	70897520	44.9	58.3

2－4　历年支出法地区生产总值结构

Structure of Gross Domestic Product by Expenditure Approach over the Years

年　份	最终消费				资本形成总额			
	绝对额(万元)		比重(%)		绝对额(万元)		比重(%)	
	居民消费	政府消费	居民消费	政府消费	固定资本形成总额	存货增加	固定资本形成总额	存货增加
1978	128249	42657	75.0	25.0	23388	56938	29.1	70.9
1979	156184	54133	74.3	25.7	40323	43648	48.0	52.0
1980	190888	62799	75.2	24.8	44360	42574	51.0	49.0
1981	217958	72349	75.1	24.9	58293	43415	57.3	42.7
1982	228428	80299	74.0	26.0	75803	54269	58.3	41.7
1983	252809	90021	73.7	26.3	85363	54037	61.2	38.8
1984	312113	110050	73.9	26.1	116457	51844	69.2	30.8
1985	390488	130083	75.0	25.0	192491	69606	73.4	26.6
1986	448823	146325	75.4	24.6	198036	85379	69.9	30.1
1987	536428	175239	75.4	24.6	243153	130648	65.0	35.0
1988	712527	240713	74.7	25.3	290270	163918	63.9	36.1
1989	812590	225738	78.3	21.7	283744	263691	51.8	48.2
1990	892823	235977	79.1	20.9	358766	368473	49.3	50.7
1991	1013675	284492	78.1	21.9	513816	356765	59.0	41.0
1992	1227360	291804	80.8	19.2	764247	427072	64.2	35.8
1993	1520011	380513	80.0	20.0	1204357	497897	70.8	29.2
1994	2108378	535375	79.7	20.3	1577291	567744	73.5	26.5
1995	2710831	652622	80.6	19.4	2087927	735117	74.0	26.0
1996	3167271	800114	79.8	20.2	2696994	768518	77.8	22.2
1997	3670171	947415	79.5	20.5	3106393	736452	80.8	19.2
1998	3861050	1081949	78.1	21.9	3715621	727421	83.6	16.4
1999	3967190	1268271	75.8	24.2	4200054	779931	84.3	15.7
2000	4350956	1474188	74.7	25.3	4710674	842483	84.8	15.2
2001	4739697	1748232	73.1	26.9	5745946	813781	87.6	12.4
2002	5114619	1964921	72.2	27.8	6712748	921731	87.9	12.1
2003	5735507	2256625	71.8	28.2	7879353	1006038	88.7	11.3
2004	6659242	2749423	70.8	29.2	9591183	1132631	89.4	10.6
2005	7139668	3317596	68.3	31.7	11850681	1264475	90.4	9.6
2006	7864648	3890262	66.9	33.1	14672967	1470010	90.9	9.1
2007	9612137	4786048	66.8	33.2	18184929	1776770	91.1	8.9
2008	11514730	5863061	66.3	33.7	22747190	2150359	91.4	8.6
2009	13264317	6918412	65.7	34.3	31596673	2192302	93.5	6.5
2010	15928135	8675689	64.7	35.3	34763934	3026419	92.0	8.0
2011	20619647	9768826	67.9	32.1	40752886	4197904	90.7	9.3
2012	23316974	11312301	67.3	32.7	47479989	4170306	91.9	8.1
2013	25600563	13393764	65.7	34.3	52406605	6500451	89.0	11.0
2014	28214033	15175135	65.0	35.0	53776044	6865958	88.7	11.3
2015	31122116	16889925	64.8	35.2	58168315	5933468	90.7	9.3
2016	35855608	18832266	65.6	34.4	66040085	4857435	93.1	6.9

2-5 支出法地区生产总值及构成

Gross Domestic Product and Its Composition by Expenditure Approach

年　份	绝对额(万元)		增长速度(%)
	2015 年	2016 年	
地区生产总值	**108011633**	**121702335**	**7.7**
一、最终消费	48012041	54687874	7.3
1、居民消费	31122116	35855608	7.8
农村居民消费	5481914	6758844	9.7
城镇居民	25640202	29096764	7.4
2、政府消费	16889925	18832266	6.2
二、资本形成总额	64101783	70897520	7.1
1、固定资本形成总额	58168315	66040085	9.6
第一产业	465915	1263239	
第二产业	11452316	15645951	
工　业	11384621	15606301	
建 筑 业	67695	39650	
第三产业	46250084	49130895	
交通运输、仓储和邮政业	4673395	5018034	
批发和零售业	1164253	871169	
其他行业	40412436	43241692	
2、存货增加	5933468	4857435	-18.2
第一产业	161435	182692	
第二产业	2039710	2459642	
工　业	1482330	2025625	
建 筑 业	557380	434017	
第三产业	3732323	2215101	
交通运输、仓储和邮政业	57719	57719	
批发和零售业	3023709	1687545	
其他行业	650895	469837	
三、货物和服务净出口	-4102191	-3883059	-8.3

2-6 历年分产业地区

Gross Domestic Product and Its composition

	1978 年	1980 年	1985 年	1990 年
绝 对 额 (万元)				
地区生产总值	**359356**	**462957**	**864945**	**1940857**
第一产业	114449	126040	209288	405650
第二产业	169748	229767	420508	770657
工　业	163508	215974	370931	679216
建 筑 业	6240	13793	49577	91441
第三产业	75159	107150	235149	764550
交通运输、仓储和邮政业	15280	20028	38538	122114
信息传输、计算机服务和软件业	1978	2656	6800	25514
批发和零售业	19648	28314	57145	165873
住宿和餐饮业	5548	8230	17042	57601
金 融 业	5602	8072	16853	71529
房地产业	1822	2969	10272	35660
租赁和商务服务业	2125	3181	8102	24652
科学研究、技术服务和地质勘查业	2860	4445	13004	45933
水利、环境和公共设施管理业	1192	1718	4167	14699
居民服务和其他服务业	5329	7881	18372	53175
教　育	4516	6773	15977	52747
卫生、社会保障和社会福利业	1666	2444	6188	20498
文化、体育和娱乐业	2564	3536	8115	25754
公共管理和社会组织	5029	6903	14574	48801
构　成 (%)				
地区生产总值	**100.0**	**100.0**	**100.0**	**100.0**
第一产业	31.8	27.2	24.2	20.9
第二产业	47.2	49.7	48.6	39.7
工　业	45.5	46.7	42.9	35.0
建 筑 业	1.7	3.0	5.7	4.7
第三产业	21.0	23.1	27.2	39.4
交通运输、仓储和邮政业	4.2	4.3	4.5	6.3
信息传输、计算机服务和软件业	0.6	0.6	0.8	1.3
批发和零售业	5.5	6.1	6.6	8.5
住宿和餐饮业	1.5	1.8	2.0	3.0
金 融 业	1.6	1.7	2.0	3.7
房地产业	0.5	0.6	1.2	1.8
租赁和商务服务业	0.6	0.7	0.9	1.3
科学研究、技术服务和地质勘查业	0.8	0.9	1.5	2.4
水利、环境和公共设施管理业	0.3	0.4	0.5	0.8
居民服务和其他服务业	1.5	1.7	2.1	2.7
教　育	1.3	1.5	1.8	2.7
卫生、社会保障和社会福利业	0.5	0.5	0.7	1.1
文化、体育和娱乐业	0.7	0.8	0.9	1.3
公共管理和社会组织	1.4	1.5	1.7	2.5

注:从2014年起,行业分类执行《国民经济行业分类》(GB/T 4754-2011),产业分类执行《三次产业划分规定》(国统字〔2012〕108号)。

生产总值及构成
by Industry over the Years

	1995 年	2000 年	2005 年	2010 年	2014 年	2015 年	2016 年
	6472632	**11567929**	**23759858**	**55513336**	**100565926**	**108011633**	**121702335**
	941089	1163651	1771481	2850910	3570705	3731535	4749396
	2462805	4221275	9841863	24809035	45085303	47234926	52019898
	2063821	3287170	7509476	20628175	38554295	40561918	44785595
	398984	934105	2332387	4180860	7056223	7225572	7822383
	3068738	6183003	12146514	27853391	51909918	57045172	64933041
	390036	712203	1234810	2603524	4366197	4701372	5300115
	194641	535748	1012315	2217779	3583071	3957562	4782859
	672624	1210087	2219522	4939955	7540389	7783427	8430123
	221758	527235	1047486	2075352	3292494	3596749	4038686
	345705	657144	1210959	4372812	10718095	12542262	14156027
	203601	515438	1409487	3316866	5785109	5977068	7107322
	92470	167334	393417	1228084	3701948	4055493	4954488
	153074	316443	653060	1508100	2353275	2906787	3143809
	50887	82831	134809	144332	290431	295361	326478
	187987	344324	584912	791181	1210127	1309439	1580088
	198265	383268	792489	1513276	2688367	2750015	2958978
	74414	167512	332693	834289	1469232	1671498	1902169
	91391	175145	355542	796590	1517982	1737174	2146284
	191885	388291	765013	1511251	2730359	3060491	3347187
	100.0	**100.0**	**100.0**	**100.0**	**100.0**	**100.0**	**100.0**
	14.5	10.1	7.5	5.1	3.6	3.5	3.9
	38.0	36.5	41.4	44.7	44.8	43.7	42.7
	31.9	28.4	31.6	37.2	38.3	37.6	36.8
	6.1	8.1	9.8	7.5	7.0	6.7	6.4
	47.5	53.4	51.1	50.2	51.6	52.8	53.4
	6.0	6.1	5.2	4.7	4.3	4.4	4.4
	3.0	4.6	4.3	4.0	3.6	3.7	3.9
	10.4	10.5	9.3	8.9	7.5	7.2	6.9
	3.4	4.6	4.4	3.8	3.3	3.3	3.3
	5.3	5.7	5.1	7.9	10.7	11.6	11.6
	3.2	4.5	5.9	6.0	5.8	5.5	5.8
	1.4	1.4	1.7	2.2	3.7	3.8	4.1
	2.4	2.7	2.7	2.7	2.3	2.7	2.6
	0.8	0.7	0.6	0.3	0.3	0.3	0.3
	2.9	3.0	2.5	1.4	1.2	1.2	1.3
	3.1	3.3	3.3	2.7	2.7	2.5	2.4
	1.2	1.4	1.4	1.5	1.5	1.5	1.6
	1.4	1.5	1.5	1.4	1.5	1.6	1.8
	3.0	3.4	3.2	2.7	2.7	2.8	2.8

2-7 各时期地区生产总值

Gross Domestic Product by Period

单位:万元

时　期	地区生产总值	第一产业	第二产业	第三产业
"一五"时期	368457	216703	63280	88474
"二五"时期	514945	184811	199256	130878
1963 - 1965 年	325586	151903	100010	73673
"三五"时期	790493	320111	282033	188349
"四五"时期	1157720	390419	490716	276585
"五五"时期	1744957	538626	815140	391191
"六五"时期	3248877	865330	1586600	796947
"七五"时期	7152380	1570804	3153016	2428560
"八五"时期	20685829	3093729	7920557	9671543
"九五"时期	48113446	5543961	17769952	24799533
"十五"时期	89231435	7264349	34911164	47055922
"十一五"时期	201358094	12459701	88326931	100571462
"十二五"时期	450561687	17588305	203229533	229743849

注:各计划时期对应年份为:"一五"1953 - 1957 年;"二五"1958 - 1962 年;"三五"1966 - 1970 年;"四五"1971 - 1975 年;"五五"1976 - 1980 年;"六五"1981 - 1985 年;"七五"1986 - 1990 年;"八五"1991 - 1995 年;"九五"1996 - 2000 年;"十五"2001 - 2005 年;"十一五"2006 - 2010 年;"十二五"2011 - 2015 年。

2-8 各时期地区生产总值结构

Structure of Gross Domestic Product by Period

单位:%

时　期	地区生产总值	第一产业	第二产业	第三产业
"一五"时期	100.0	58.8	17.2	24.0
"二五"时期	100.0	35.9	38.7	25.4
1963 - 1965 年	100.0	46.7	30.7	22.6
"三五"时期	100.0	40.5	35.7	23.8
"四五"时期	100.0	33.7	42.4	23.9
"五五"时期	100.0	30.9	46.7	22.4
"六五"时期	100.0	26.6	48.9	24.5
"七五"时期	100.0	22.0	44.1	33.9
"八五"时期	100.0	15.0	38.3	46.7
"九五"时期	100.0	11.5	36.9	51.6
"十五"时期	100.0	8.2	39.1	52.7
"十一五"时期	100.0	6.2	43.9	49.9
"十二五"时期	100.0	3.9	45.1	51.0

2－9 地区生产总值构成项目(2016年)

Composition of Gross Domestic Product(2016)

单位:万元

	增加值	劳动者报酬	固定资产折旧	生产税净额	营业盈余
地区生产总值	**121702335**	**56345840**	**14579939**	**15399620**	**35376936**
农、林、牧、渔业	4919744	4786288	133456	0	0
工　业	44785595	16469918	5828657	5122565	17364455
建 筑 业	7822383	4288219	452100	1625594	1456470
交通运输、仓储和邮政业	5300115	2877724	1524386	615668	282337
信息传输、软件和信息技术服务业	4782859	1286513	964975	316614	2214757
批发和零售业	8430123	3218114	342109	2514373	2355527
住宿和餐饮业	4038686	3432848	209988	292051	103799
金 融 业	14156027	5455727	743606	2060862	5895832
房地产业	7107322	914556	1821828	1639468	2731470
租赁和商务服务业	4954488	2386680	1076588	535370	955850
科学研究和技术服务业	3143809	1473810	262915	247537	1159547
水利、环境和公共设施管理业	326478	142494	142432	18002	23550
居民服务、修理和其他服务业	1580088	1418082	34943	75673	51390
教　育	2958978	2375602	388479	10476	184421
卫生和社会工作	1902169	1500349	162662	13947	225211
文化、体育和娱乐业	2146284	1448150	207745	285555	204834
公共管理、社会保障和社会组织	3347187	2870766	283070	25865	167486
第一产业	4749396	4620561	128835	0	0
第二产业	52019898	20541870	6204221	6680894	18592913
第三产业	64933041	31183409	8246883	8718726	16784023

主 要 统 计 指 标 解 释

国内生产总值 是按市场价格计算的国内生产总值的简称。它是一个国家(地区)所有常住单位在一定时期内生产活动的最终成果。国内生产总值有三种表现形态,即价值形态、收入形态和产品形态。从价值形态看,它是所有常住单位在一定时期内所生产的全部货物和服务价值超过同期投入的全部非固定资产货物和服务价值的差额,即所有常住单位的增加值之和;从收入形态看,它是所有常住单位在一定时期内所创造并分配给常住单位和非常住单位的初次分配收入之和;从产品形态看,它是最终使用的货物和服务减去进口货物和服务。在实际核算中,国内生产总值的三种表现形态表现为三种计算方法,即生产法、收入法和支出法。三种方法分别从不同的方面反映国内生产总值及其构成。

行业分类执行《国民经济行业分类》(GB/T 4754 - 2011),产业分类执行《三次产业划分规定》(国统字〔2012〕108 号)。第一产业指农、林、牧、渔业(不含农、林、牧、渔服务业);第二产业指采矿业(不含开采辅助活动),制造业(不含金属制品、机械和设备修理业),电力、热力、燃气及水生产和供应业,建筑业;第三产业指除第一产业、第二产业以外的其他行业。

按照国家统计局的统一规定,从 2004 年起省及以下 GDP 的中文称谓改为“地区生产总值”。

支出法国内生产总值 指一个国家(或地区)所有常住单位在一定时期内用于最终消费、资本形成总额,以及货物和服务的净出口总额,它反映本期生产的国内生产总值的使用构成。

最终消费 指常住单位在一定时期内对于货物和服务的全部最终消费支出,也就是常住单位为满足物质、文化和精神生活的需要,从本国经济领土和国外购买的货物和服务的支出。它不包括非常住单位在本国经济领土内的消费支出。最终消费分为居民消费和政府消费。

资本形成总额 指常住单位在一定时期内获得减去处置的固定资产和存货的净额,包括固定资产形成总额和存货增加两项。

三　人口及劳动力

简 要 说 明

主要内容

本部分反映了全市人口总量，构成及变动情况、婚姻状况、计划生育情况、劳动力资源配置、从业人员构成、工资总额等基本情况。

资料来源

人口资料来源于成都市公安局户籍统计年报资料

婚姻状况资料来源于成都市民政局、成都市中级人民法院。

计划生育资料来源于成都市人口计划生育委员会。

城镇登记失业资料及其职业介绍机构资料来源于成都就业服务管理局。

劳动仲裁受理及保险福利费用等资料来源于成都市人力资源和社会保障局。

劳动力资源配置、从业人员、工资等资料来源于成都市统计局。

年末户籍总人口（万人）

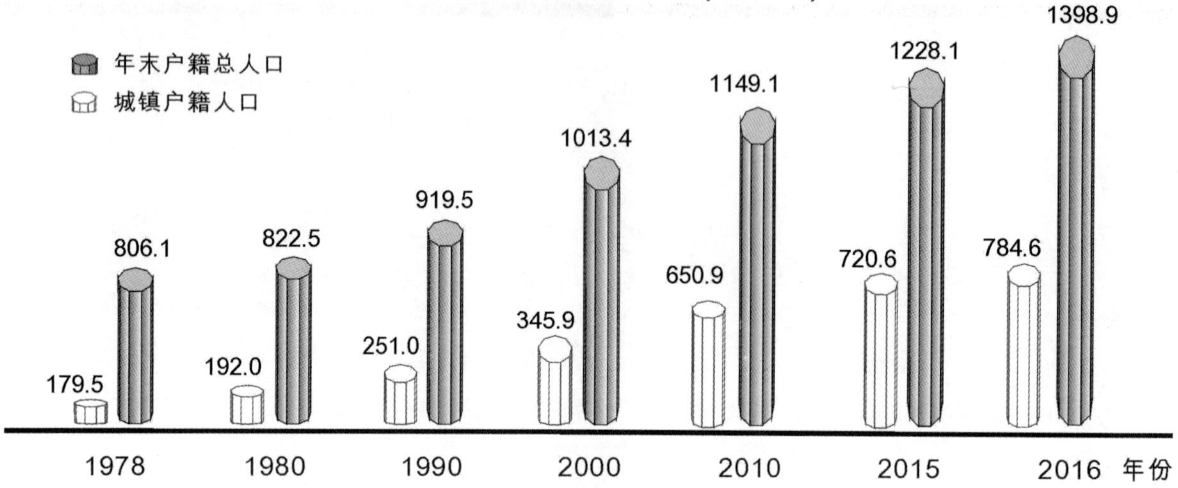

年末从业人员构成（%）

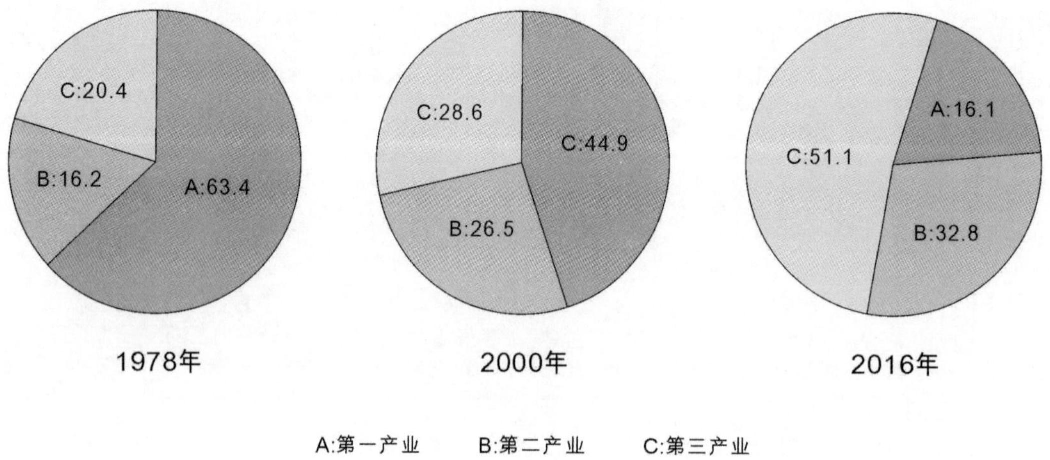

3－1 历年全市年末户籍总户数、总人口数

Total Registered Households and Population over the Years(Year－end)

年　份	总户数(万户)	市区	县(市)	总人口(万人)	市区	县(市)
1949	105.83	24.35	81.48	501.32	112.50	388.82
1950	109.24	24.51	84.73	504.80	112.43	392.37
1951	111.39	26.10	85.29	507.07	109.67	397.40
1952	115.56	27.25	88.31	511.96	113.18	398.78
1953	118.02	27.84	90.18	523.51	117.68	405.83
1954	124.56	31.11	93.45	535.98	130.23	405.75
1955	126.30	32.14	94.16	549.77	136.22	413.55
1956	129.59	34.66	94.93	577.00	155.11	421.89
1957	132.10	36.41	95.69	594.19	162.69	431.50
1958	131.47	35.91	95.56	597.06	167.22	429.84
1959	131.51	38.11	93.40	595.79	180.41	415.38
1960	127.34	35.30	92.04	570.11	179.94	390.17
1961	129.27	36.56	92.71	552.59	174.85	377.74
1962	132.84	37.13	95.71	551.34	171.65	379.69
1963	134.17	38.07	96.10	572.14	178.56	393.58
1964	137.65	39.85	97.80	588.15	181.51	406.64
1965	138.74	40.38	98.36	609.38	188.83	420.55
1966	140.88	41.50	99.38	626.22	191.54	434.68
1967	142.91	42.29	100.62	641.81	195.60	446.21
1968	146.05	43.56	102.49	663.32	200.42	462.90
1969	151.85	45.10	106.75	676.44	199.14	477.30
1970	155.95	46.95	109.00	695.21	202.84	492.37
1971	159.29	47.47	111.82	719.81	207.57	512.24
1972	161.92	48.37	113.55	735.78	210.69	525.09
1973	165.76	49.40	116.36	752.25	214.24	538.01
1974	170.24	50.85	119.39	766.04	216.94	549.10
1975	175.16	52.03	123.13	781.97	218.71	563.26
1976	180.27	53.25	127.02	789.92	220.44	569.48
1977	184.15	54.38	129.77	798.60	223.06	575.54
1978	185.56	55.46	130.10	806.06	228.80	577.26
1979	188.15	56.70	131.45	815.81	234.90	580.91
1980	192.24	58.01	134.23	822.54	238.31	584.23

3－1 续表1

年 份	总户数（万户）	市区	县（市）	总人口（万人）	市区	县（市）
1981	200.00	61.39	138.61	833.41	242.77	590.64
1982	203.94	63.44	140.50	843.25	247.25	596.00
1983	208.06	65.02	143.04	848.85	250.54	598.31
1984	212.47	67.23	145.24	854.00	253.96	600.04
1985	218.24	69.08	149.16	862.68	258.31	604.37
1986	224.18	71.15	153.03	874.73	264.24	610.49
1987	233.36	73.76	159.60	887.30	269.43	617.87
1988	244.41	76.25	168.16	898.57	273.65	624.92
1989	254.37	79.20	175.17	908.59	277.62	630.97
1990	262.61	81.12	181.49	919.50	280.81	638.69
1991	268.15	82.69	185.46	927.73	284.18	643.55
1992	274.56	84.93	189.63	936.86	288.28	648.58
1993	278.42	86.55	191.87	947.30	293.35	653.95
1994	285.05	89.83	195.22	960.39	301.47	658.92
1995	289.51	92.62	196.89	971.60	307.86	663.74
1996	295.50	96.95	198.55	980.74	317.12	663.62
1997	300.08	99.93	200.15	989.19	321.92	667.27
1998	304.29	102.16	202.13	997.00	325.98	671.02
1999	309.93	106.95	202.98	1003.56	330.29	673.27
2000	317.20	110.84	206.36	1013.35	335.86	677.49
2001	320.63	112.08	208.55	1019.90	341.52	678.38
2002	325.35	145.33	180.02	1028.48	439.79	588.69
2003	336.12	152.60	183.52	1044.31	452.57	591.74
2004	350.53	159.69	190.84	1059.69	464.54	595.15
2005	366.72	168.31	198.41	1082.03	482.07	599.96
2006	382.22	174.54	207.68	1103.40	497.15	606.25
2007	391.58	178.26	213.32	1112.28	502.70	609.58
2008	405.20	183.30	221.90	1124.96	510.16	614.80
2009	417.87	190.14	227.73	1139.63	520.86	618.77
2010	430.68	199.88	230.80	1149.07	535.15	613.92
2011	439.69	205.37	234.32	1163.28	544.78	618.50
2012	446.85	210.62	236.23	1173.35	554.18	619.17
2013	455.05	216.55	238.50	1187.99	564.94	623.05
2014	467.16	226.01	241.15	1210.74	581.63	629.11
2015	475.99	271.28	204.71	1228.05	698.14	529.91
2016	536.86	301.59	235.27	1398.93	773.85	625.08

注:2016 年郫县改为郫都区,市区人口统计中包含郫都区数据。

3－1 续表2

年 份	在总人口中:		在总人口中:		性别比 (女=100)
	乡村人口 (万人)	城镇人口 (万人)	男 (万人)	女 (万人)	
1949	399.63	101.69	259.23	242.09	107.08
1950	404.11	100.69	258.71	246.09	105.13
1951	410.71	96.36	258.90	248.17	104.32
1952	417.73	94.23	260.03	251.93	103.22
1953	427.82	95.69	265.89	257.62	103.21
1954	428.52	107.46	274.83	261.15	105.24
1955	436.71	113.06	281.21	268.56	104.71
1956	447.93	129.07	299.38	277.62	107.84
1957	455.80	138.39	305.46	288.73	105.79
1958	445.35	151.71	308.46	288.60	106.88
1959	424.82	170.97	311.51	284.28	109.58
1960	398.62	171.49	297.64	272.47	109.24
1961	391.59	161.00	284.32	268.27	105.98
1962	402.63	148.71	282.06	269.28	104.75
1963	418.06	154.08	292.06	280.08	104.28
1964	433.65	154.50	302.29	285.86	105.75
1965	446.20	163.18	311.45	297.93	104.54
1966	462.83	163.39	320.60	305.62	104.90
1967	476.23	165.58	329.52	312.29	105.52
1968	492.82	170.50	340.07	323.25	105.20
1969	512.04	164.40	344.94	331.50	104.05
1970	530.09	165.12	355.77	339.44	104.81
1971	553.70	166.11	368.47	351.34	104.88
1972	567.16	168.62	375.90	359.88	104.45
1973	581.71	170.54	384.26	367.99	104.42
1974	594.98	171.06	391.14	374.90	104.33
1975	611.03	170.94	398.20	383.77	103.76
1976	619.28	170.64	402.39	387.53	103.83
1977	625.44	173.16	406.66	391.94	103.76
1978	626.60	179.46	410.51	395.55	103.78
1979	627.99	187.82	415.43	400.38	103.76
1980	630.50	192.04	418.95	403.59	103.81

3-1 续表3

年 份	在总人口中:		在总人口中:		性别比 (女=100)
	乡村人口 (万人)	城镇人口 (万人)	男 (万人)	女 (万人)	
1981	635.67	197.74	424.56	408.85	103.84
1982	639.51	203.74	429.91	413.34	104.01
1983	639.99	208.86	432.94	415.91	104.09
1984	628.50	225.50	435.70	418.30	104.16
1985	627.75	234.93	440.43	422.25	104.31
1986	647.48	227.25	447.02	427.71	104.51
1987	654.09	233.21	453.80	433.50	104.68
1988	658.41	240.16	459.70	438.87	104.75
1989	663.25	245.34	465.21	443.38	104.92
1990	668.51	250.99	471.00	448.50	105.02
1991	671.69	256.04	475.11	452.62	104.97
1992	670.12	266.74	479.67	457.19	104.92
1993	671.16	276.14	485.09	462.21	104.95
1994	669.41	290.98	491.01	469.38	104.61
1995	670.74	300.86	496.78	474.82	104.62
1996	670.59	310.15	501.16	479.58	104.50
1997	670.69	318.50	505.50	483.69	104.51
1998	669.71	327.29	508.64	488.36	104.15
1999	667.41	336.15	511.54	492.02	103.97
2000	667.45	345.90	515.80	497.55	103.67
2001	665.12	354.78	518.89	501.01	103.57
2002	662.76	365.72	523.61	504.87	103.71
2003	658.08	386.23	531.77	512.54	103.75
2004	605.96	453.73	538.17	521.52	103.19
2005	538.10	543.93	548.40	533.63	102.77
2006	531.90	571.50	558.28	545.12	102.41
2007	516.72	595.56	561.37	550.91	101.90
2008	512.88	612.08	566.68	558.28	101.50
2009	510.25	629.38	572.74	566.89	101.03
2010	498.16	650.91	575.75	573.32	100.42
2011	457.62	705.66	582.05	581.23	100.14
2012	456.63	716.72	585.97	587.38	99.76
2013	459.28	728.71	592.16	595.83	99.38
2014	454.97	755.77	602.47	608.27	99.05
2015	507.43	720.62	610.17	617.88	98.75
2016	614.33	784.60	696.36	702.57	99.12

注:2015年起公安户籍上的农业人口和非农业人口不再统计,变更为乡村人口和城镇人口;2014年及以前仍为农业人口和非农业人口;市公安局按上级主管部门要求,对2015年户籍人口中城镇人口的统计口径进行调整。

3-2 历年户籍总人口自然变动

Statistics on Natural Changes of Total Registered Population over the Years

年 份	出 生		死 亡		自然增长	
	人 数（人）	出生率（‰）	人 数（人）	死亡率（‰）	人 数（人）	增长率（‰）
1949	133811		64491		69320	
1950	136426	27.1	65826	13.1	70600	14.0
1951	149622	29.6	77248	15.3	72374	14.3
1952	153469	30.1	73919	14.5	79550	15.6
1953	164276	31.7	67181	13.0	97095	18.7
1954	169748	32.1	58411	11.1	111337	21.0
1955	164417	30.3	62931	11.6	101486	18.7
1956	167416	29.7	58275	10.3	109141	19.4
1957	184963	31.6	74356	12.8	110607	18.8
1958	168719	28.3	115344	19.5	53375	8.8
1959	104306	17.5	230527	38.7	-126221	-21.2
1960	73974	12.7	307248	52.7	-233274	-40.0
1961	71568	12.8	151448	27.0	-79880	-14.2
1962	155735	28.2	76576	13.9	79159	14.3
1963	285634	50.9	57550	10.3	228084	40.6
1964	225550	38.9	52393	9.0	173157	29.9
1965	220307	36.8	52840	8.8	167467	28.0
1966	217252	35.3	45189	7.3	172063	27.9
1967	201477	31.8	42980	6.8	158497	25.0
1968	236703	36.3	46239	7.1	190464	29.2
1969	239366	35.8	46560	7.0	192806	28.8
1970	245224	35.9	45844	6.7	199380	29.2
1971	251582	35.7	57740	8.2	193842	27.5
1972	214835	29.5	58511	8.0	156324	21.5
1973	190465	25.6	51523	6.9	138942	18.7
1974	183811	24.2	55571	7.3	128240	16.9
1975	175745	22.7	54341	7.0	121404	15.7
1976	143973	18.3	53190	6.8	90783	11.5
1977	114031	14.4	54087	6.8	59944	7.6
1978	82372	10.3	48141	6.0	34231	4.3
1979	94811	11.7	49048	6.1	45763	5.6
1980	91450	11.2	49604	6.1	41846	5.1

3-2 续表

年 份	出 生		死 亡		自然增长	
	人 数 (人)	出生率 (‰)	人 数 (人)	死亡率 (‰)	人 数 (人)	增长率 (‰)
1981	99299	12.0	40714	4.9	58585	7.1
1982	102489	12.2	41856	5.0	60633	7.2
1983	88709	10.5	51015	6.0	37694	4.5
1984	81265	9.5	51675	6.1	29590	3.4
1985	102427	11.9	51485	6.0	50942	5.9
1986	138763	15.9	51408	5.9	87355	10.0
1987	139874	15.9	52454	6.0	87420	9.9
1988	120285	13.5	57256	6.4	63029	7.1
1989	119200	13.2	56848	6.3	62352	6.9
1990	119446	13.1	58223	6.4	61223	6.7
1991	110067	11.9	58447	6.3	51620	5.6
1992	107086	11.5	61394	6.6	45692	4.9
1993	109881	11.7	58918	6.3	50963	5.4
1994	106333	11.2	58300	6.1	48033	5.1
1995	104362	10.8	61084	6.3	43278	4.5
1996	99279	10.2	60043	6.2	39236	4.0
1997	88460	9.0	57551	5.8	30909	3.1
1998	91112	9.2	61019	6.1	30093	3.0
1999	81729	8.2	59435	5.9	22294	2.2
2000	97092	9.6	66354	6.6	30738	3.1
2001	72504	7.1	56381	5.6	16123	1.6
2002	68338	6.6	65941	6.4	2397	0.2
2003	67966	6.6	62638	6.0	5328	0.5
2004	71601	6.8	62426	5.9	9175	0.9
2005	74638	7.0	56843	5.3	17795	1.7
2006	74226	6.8	50839	4.7	23387	2.1
2007	92522	8.4	96046	8.7	-3524	-0.3
2008	100976	9.0	52889	4.7	48087	4.3
2009	91520	8.1	62950	5.6	28570	2.5
2010	97877	8.6	99671	8.7	-1794	-0.1
2011	105248	9.1	53227	4.6	52021	4.5
2012	116941	10.0	115510	9.9	1431	0.1
2013	106725	9.0	74779	6.3	31946	2.7
2014	121212	10.1	65290	5.4	55922	4.7
2015	141056	11.6	74899	6.1	66157	5.4
2016	173577	12.51	104245	7.5	69332	5.0

注:2007年和2010年全市集中开展户口应注销未注销人员清理与注销专项工作,全年死亡注销户口人数较往年大幅增加。

3－3 户籍人口构成及变动(2016年)

Composition of Registered Population and Its Variations(2016)

	单位	全市	市区	县(市)
总人口	**人**	**13989297**	**7738500**	**6250797**
人口构成				
按性别分				
男性	人	6963602	3814501	3149101
女性	人	7025695	3923999	3101696
性别比例(以女性为100)		99.12	97.21	101.53
按农业、非农业人口分				
城镇人口	人	7846038	5910840	1935198
乡村人口	人	6143259	1827660	4315599
人口自然变动				
出生人口	人	173577	106121	67456
死亡人口	人	104245	49287	54958
出生率	‰	12.51	13.89	10.81
死亡率	‰	7.51	6.45	8.81
自然增长率	‰	5.00	7.44	2.00
人口机械变动				
迁入人口	人	268651	234218	34433
迁出人口	人	115876	92518	23358
迁入率	‰	19.36	30.66	5.52
迁出率	‰	8.35	12.11	3.74
机械变动增长率	‰	11.01	18.55	1.78
附:总户数	**户**	**5368644**	**3015948**	**2352696**

3－4 常住人口及城镇化率(2000—2016 年)

Resident Population and Rate of Urban Population (2000—2016)

年 份	常住人口 (万人)	城 镇	乡 村	城镇化率 (%)
2000	1110.85	596.75	514.10	53.72
2001	1134.22	619.96	514.26	54.66
2002	1157.41	640.63	516.78	55.35
2003	1173.40	674.94	498.46	57.52
2004	1194.13	693.91	500.22	58.11
2005	1221.72	731.20	490.52	59.85
2006	1248.50	768.20	480.30	61.53
2007	1257.94	787.22	470.72	62.58
2008	1270.62	807.86	462.76	63.58
2009	1286.60	834.36	452.24	64.85
2010	1404.76	923.70	481.06	65.75
2011	1407.08	942.74	464.34	67.00
2012	1417.78	970.26	447.52	68.44
2013	1429.76	992.25	437.51	69.40
2014	1442.75	1015.26	427.49	70.37
2015	1465.75	1047.57	418.18	71.47
2016	1591.76	1124.1	467.66	70.62

注:根据第六次人口普查结果,2010 年城镇化率有修正。

3－5　婚姻登记和离婚情况

Number of Marriages and Divorces

	单　位	2012 年	2013 年	2014 年	2015 年	2016 年
准予登记结婚	对	124891	126928	128441	125085	131802
#初　婚	人	181763	182640	181612	174258	176579
再　婚	人	68019	71216	75270	75912	87025
结 婚 率	%	2.13	2.14	2.12	2.04	1.88
离婚登记	对	53362	61997	62205	65068	73401
离 婚 率	%	0.91	1.04	1.03	0.93	1.04

3－6　计划生育情况(2016 年)

Conditions of Family Planning(2016)

	单　位	全　市	市　区	县　（市）
符合政策生育率	%	98.52	99.26	97.77
一 孩 率	%	63.05	65.23	60.86
已婚育龄妇女人数	人	2722558	1229352	1493206
综合避孕率	%	80.53	79.39	81.78

3-7 历年全市年末从业人员情况(按产业分)

Number of Year-end Employees in City over the Years (According to Industry Points)

年份	从业人员(人)	第一产业	第二产业	第三产业	从业人员构成(%) 第一产业	第二产业	第三产业
1978	3722994	2358518	602615	761861	63.4	16.2	20.4
1979	3764661	2383030	609875	771756	63.3	16.2	20.5
1980	3931217	2488349	634664	808204	63.3	16.1	20.6
1981	4118652	2607106	679578	831968	63.3	16.5	20.2
1982	4276459	2732657	731275	812527	63.9	17.1	19.0
1983	4465414	2866943	785303	813168	64.2	17.6	18.2
1984	4728724	2796695	1061878	870151	59.1	22.5	18.4
1985	4933036	2736616	1315398	881022	55.5	26.7	17.8
1986	5085687	2780993	1348568	956126	54.7	26.5	18.8
1987	5268072	2884365	1353518	1030189	54.8	25.7	19.5
1988	5389769	2877430	1409976	1102363	53.4	26.2	20.4
1989	5511830	2966603	1436504	1108723	53.8	26.1	20.1
1990	5626680	3010955	1457603	1158122	53.5	25.9	20.6
1991	5809154	3046286	1531561	1231307	52.4	26.4	21.2
1992	5941185	3039578	1587082	1314525	51.2	26.7	22.1
1993	5959391	3019385	1514713	1425293	50.7	25.4	23.9
1994	6029501	2878742	1720745	1430014	47.8	28.5	23.7
1995	6037492	2835200	1806794	1395498	47.0	29.9	23.1
1996	6045850	2732497	1774346	1539007	45.2	29.3	25.5
1997	6064707	2691771	1764825	1608111	44.4	29.1	26.5
1998	5948366	2680317	1646067	1621982	45.0	27.7	27.3
1999	5829821	2538904	1529615	1761302	43.6	26.2	30.2
2000	5741347	2576208	1519515	1645624	44.9	26.5	28.6
2001	5758033	2410214	1481423	1866396	41.9	25.7	32.4
2002	5844215	2315113	1583001	1946101	39.6	27.1	33.3
2003	5932727	2209537	1666227	2056963	37.2	28.1	34.7
2004	6039731	2107853	1808403	2123475	34.9	29.9	35.2
2005	6190374	2001677	1905898	2282799	32.3	30.8	36.9
2006	6401398	1887612	1966586	2547200	29.5	30.7	39.8
2007	6871337	1793309	2102606	2975422	26.1	30.6	43.3
2008	7044940	1733032	2151504	3160404	24.6	30.5	44.9
2009	7295164	1627873	2329109	3338182	22.3	31.9	45.8
2010	7527799	1526985	2501175	3499639	20.3	33.2	46.5
2011	7731668	1445000	2675589	3611079	18.7	34.6	46.7
2012	7937488	1418336	2755449	3763703	17.9	34.7	47.4
2013	8211913	1376271	2886709	3948933	16.7	35.2	48.1
2014	8206783	1351486	2772776	4082521	16.5	33.8	49.7
2015	8264127	1352715	2835483	4075929	16.4	34.3	49.3
2016	8943813	1439065	2930596	4574152	16.1	32.8	51.1

3－8 全市年末从业人员情况(按行业分)

Number of Year－end Employees in City (According to Sector Classification)

单位:万人

	2012 年	2013 年	2014 年	2015 年	2016 年
从业人员总计	**793.75**	**821.19**	**820.68**	**826.41**	**894.38**
按国民经济行业分组					
农、林、牧、渔业	141.83	137.63	135.15	135.27	143.91
采矿业	1.15	0.88	0.82	0.77	0.72
制造业	145.34	151.3	152.3	152.69	152.32
电力、燃气及水的生产和供应业	2.82	3.1	3.44	3.48	2.81
建筑业	126.24	133.4	120.72	126.62	137.20
批发和零售业	31.77	36.83	38.81	31.98	39.46
交通运输、仓储和邮政业	11.33	17.63	18.33	19.54	28.14
住宿和餐饮业	110.8	110.88	111.65	118.92	132.51
信息传输、计算机服务和软件业	60.75	60.92	64.04	56.59	59.35
金融业	7.21	7.01	7.94	8.89	12.23
房地产业	13.27	15.67	16.14	17.21	20.04
租赁和商务服务业	26.72	27.06	27.12	27.37	31.19
科学研究、技术服务和地质勘查业	10.24	12.15	13.66	14.44	17.33
水利、环境和公共设施管理业	3.62	4.39	4.66	4.35	4.66
居民服务和其他服务业	41.53	41.6	41.94	41.72	39.87
教育	22.52	22.93	23.7	24.18	24.84
卫生、社会保障和社会福利业	13.41	13.83	15.31	16.49	18.07
文化、体育和娱乐业	5.08	5.35	5.85	6.17	8.61
公共管理和社会组织	18.12	18.65	19.12	19.76	21.11

3-9 历年全市年末从业人员情况(按经济类型分)

Situation of Year-end Employees in City over the Years (According to Economic Style)

单位:人

年 份	从业人员合 计	城 镇					乡 村
			国有经济	集体经济	其他经济	私营与个体	
1978	3722994	1101925	832123	267769		2033	2621069
1979	3764661	1126661	862966	261680		2015	2638000
1980	3931217	1165499	896191	262787		6521	2765718
1981	4118652	1224652	934221	277176		13255	2894000
1982	4276459	1273459	971687	284267		17505	3003000
1983	4465414	1292205	982389	284893		24923	3173209
1984	4728724	1470071	981600	319406	129084	39981	3258653
1985	4933036	1538595	1017857	328212	146153	46373	3394441
1986	5085687	1594578	1056750	330413	154719	52696	3491109
1987	5268072	1659937	1099618	329053	160442	70824	3608135
1988	5389769	1715929	1133013	327634	169043	86239	3673840
1989	5511830	1738376	1157857	315211	175880	89428	3773454
1990	5626680	1803394	1188123	334923	183003	97345	3823286
1991	5809154	1887157	1240718	339265	196276	110898	3921997
1992	5941185	1938010	1268306	340176	207887	121641	4003175
1993	5959391	1974864	1245842	334379	259041	135602	3984527
1994	6029501	2027232	1246100	309200	278232	193700	4002269
1995	6037492	2060424	1246900	305100	290389	218035	3977068
1996	6045850	2106542	1239409	301505	301971	263657	3939308
1997	6064707	2115747	1234089	282361	307860	291437	3948960
1998	5948366	2058912	1101636	237310	358713	361253	3889454
1999	5829821	1902480	988500	185650	361577	366753	3927341
2000	5741347	1862139	934427	171193	380722	375797	3879208
2001	5758033	1868360	884121	118072	421546	444621	3889673
2002	5844215	1980767	818698	124313	494919	542837	3863448
2003	5932727	2127096	826105	126804	507949	666238	3805631
2004	6039731	2382938	790021	121984	466426	1004507	3656793
2005	6190374	2765412	789867	108614	624188	1242743	3424962
2006	6401398	3100921	807318	101998	762300	1429305	3300477
2007	6871337	3601730	842776	99528	800211	1859215	3269607
2008	7044940	3822301	857658	83319	991910	1889414	3222639
2009	7295164	4094964	919600	85540	1051030	2038794	3200200
2010	7527799	4336984	977789	79937	1125011	2154247	3190815
2011	7731668	4663818	1019384	87634	1295162	2261638	3067850
2012	7937488	4897782	1083925	79689	1397334	2336834	3039706
2013	8211913	5246325	1078808	60313	1962932	2144272	2965588
2014	8206783	5282266	979957	55641	1972043	2274625	2924517
2015	8264127	5360593	970109	50284	1951224	2388976	2903534
2016	8943813	5672221	1000729	52766	1965966	2652760	3271592

3－10　企业、事业、机关单位数(2016年末)

Number of Enterprises, Institutions and Agencies Organizations (End of 2016)

单位:个

	合　计	国有经济	集体经济	其他经济
总　　计	**13282**	**6188**	**589**	**6505**
按企业、事业、机关分组				
企　　业	7200	666	324	6210
事　　业	3717	3391	261	65
机　　关	2121	2121		
民间非盈利组织	196		2	194
其　　他	48	10	2	36
按三次产业分组				
第一产业	67	63	1	3
第二产业	2584	129	120	2335
第三产业	10631	5996	468	4167
按国民经济行业分组				
农、林、牧、渔业	67	63	1	3
采 矿 业	3			3
制 造 业	1778	50	72	1656
电力、燃气及水的生产和供应业	81	17	2	62
建 筑 业	722	62	46	614
批发和零售业	1091	108	117	866
交通运输、仓储和邮政业	304	93	10	201
住宿和餐饮业	443	35	10	398
信息传输、计算机服务和软件业	262	19		243
金 融 业	246	173	37	36
房地产业	1363	48	2	1313
租赁和商务服务业	442	102	34	306
科学研究、技术服务和地质勘查业	631	417	4	210
水利、环境和公共设施管理业	166	121	5	40
居民服务和其他服务业	54	15	2	37
教　　育	1999	1670	2	327
卫生、社会保障和社会福利业	740	400	233	107
文化、体育和娱乐业	334	241	10	83
公共管理和社会组织	2556	2554	2	

3-11 城镇非私营单位分行业年末从业人员数(2016年末)

Number of Employed Persons in Urban Units by Sector (End of 2016)

单位:人

	总 计	国有经济	集体经济	其他经济
总 计	**2694461**	**955729**	**52766**	**1685966**
按企业、事业、机关分组				
企 业	2045367	352815	29177	1663375
事 业	457478	422223	23089	12166
机 关	179513	179513		
民间非盈利组织	7919		282	7637
其 他	4184	1178	218	2788
按三次产业分组				
第一产业	2095	1962	19	114
第二产业	1113282	198006	23802	891474
第三产业	1579084	755761	28945	794378
按国民经济行业分组				
农、林、牧、渔业	2095	1962	19	114
采 矿 业	295			295
制 造 业	578606	37135	5565	535906
电力、燃气及水的生产和供应业	21681	3345	140	18196
建 筑 业	512700	157526	18097	337077
批发和零售业	161112	8577	1158	151377
交通运输、仓储和邮政业	173461	52386	1077	119998
住宿和餐饮业	57115	4083	625	52407
信息传输、计算机服务和软件业	124665	4312		120353
金 融 业	104728	41366	1862	61500
房地产业	120070	4236	13	115821
租赁和商务服务业	69657	17454	388	51815
科学研究、技术服务和地质勘查业	119858	73170	113	46575
水利、环境和公共设施管理业	36883	20140	2384	14359
居民服务和其他服务业	7249	696	24	6529
教 育	234768	205307	51	29410
卫生、社会保障和社会福利业	149474	113121	20671	15682
文化、体育和娱乐业	26784	17687	545	8552
公共管理和社会组织	193260	193226	34	

3－12 城镇非私营单位女性从业人员数(2016年末)

Number of Female Employed Persons in Urban Units (End of 2016)

单位:人

	总 计	国有经济	集体经济	其他经济
总　计	**1003998**	**367847**	**20722**	**615429**
按企业、事业、机关分组				
企　业	690754	81182	6375	603197
事　业	241172	221005	14080	6087
机　关	64900	64900		
民间非盈利组织	4954		239	4715
其　他	2218	760	28	1430
按三次产业分组				
第一产业	821	741	11	69
第二产业	288698	23497	4012	261189
第三产业	714479	343609	16699	354171
按国民经济行业分组				
农、林、牧、渔业	821	741	11	69
采 矿 业	70			70
制 造 业	216012	10535	1524	203953
电力、燃气及水的生产和供应业	8108	943	55	7110
建 筑 业	64508	12019	2433	50056
批发和零售业	90291	2730	457	87104
交通运输、仓储和邮政业	55749	19011	141	36597
住宿和餐饮业	25201	1922	423	22856
信息传输、计算机服务和软件业	48499	1630		46869
金 融 业	62751	21777	972	40002
房地产业	46717	2036	7	44674
租赁和商务服务业	23078	2709	151	20218
科学研究、技术服务和地质勘查业	34770	21146	19	13605
水利、环境和公共设施管理业	16371	7325	1354	7692
居民服务和其他服务业	3742	179	17	3546
教　育	129484	112796	11	16677
卫生、社会保障和社会福利业	93918	70995	12709	10214
文化、体育和娱乐业	12438	7896	425	4117
公共管理和社会组织	71470	71457	13	

3－13　职业介绍机构及工作情况

Basic Conditions of Employment Services

	单　位	2012 年	2013 年	2014 年	2015 年	2016 年
年末职业介绍机构	个	151	259	213	286	366
#劳动部门办	个	21	22	22	22	22
非劳动部门办	个	130	237	191	264	344
求职登记总数	人次	855700	952083	990761	969135	998135
#介绍成功人数	人次	346100	297132	243715	252654	283157
用人登记总数（市人才市场及民办职介结构求职登记人数）	人次	504737	555457	579741	705248	813343
城镇登记失业人数（市就业局登记失业人数）	万人	6.45	13.96	15.33	17.05	18.84

3－14 历年全市年末城镇非私营单位在岗职工人数及构成(按经济类型分)

Number of Year－end Employees in Non Private Urban Units and Their Compositions (According to Economic Style)

年份	在岗职工人数(人)	国有经济单位	城镇集体经济单位	其他经济单位	构成(%)国有经济单位	城镇集体经济单位	其他经济单位
1978	1099892	832123	267769		75.7	24.3	
1979	1124646	862966	261680		76.7	23.3	
1980	1158978	896191	262787		77.3	22.7	
1981	1211397	934221	277176		77.1	22.9	
1982	1255954	971687	284267		77.4	22.6	
1983	1267282	982389	284893		77.5	22.5	
1984	1302262	981600	319406	1256	75.4	24.5	0.1
1985	1347588	1017858	328212	1518	75.5	24.4	0.1
1986	1388267	1056750	330413	1104	76.1	23.8	0.1
1987	1430713	1099618	329053	2042	76.9	23.0	0.1
1988	1463385	1133013	327634	2738	77.4	22.4	0.2
1989	1476727	1157857	315211	3659	78.4	21.3	0.3
1990	1527114	1188123	334923	4068	77.8	21.9	0.3
1991	1588060	1240718	339265	8077	78.1	21.4	0.5
1992	1618676	1268306	340172	10198	78.4	21.0	0.6
1993	1610430	1225842	334379	50209	76.1	20.8	3.1
1994	1594135	1217480	302369	74286	76.4	19.0	4.6
1995	1615166	1230768	300071	84327	76.2	18.6	5.2
1996	1540594	1148671	268049	123874	74.6	17.4	8.0
1997	1450610	1103500	248945	98165	76.0	17.2	6.8
1998	1340520	994736	198221	147563	74.2	14.8	11.0
1999	1299774	953582	182005	164187	73.4	14.0	12.6
2000	1245294	896721	166909	181664	72.0	13.4	14.6
2001	1173195	841870	115574	215751	71.8	9.8	18.4
2002	1213477	791372	119343	302762	65.2	9.8	25.0
2003	1216720	786691	119736	310293	64.7	9.8	25.5
2004	1232511	757038	117561	357912	61.4	9.5	29.1
2005	1295541	755951	105167	434423	58.4	8.1	33.5
2006	1349987	779719	98073	472195	57.8	7.3	34.9
2007	1409270	807239	97299	504732	57.3	6.9	35.8
2008	1498938	818230	80700	600008	54.6	5.4	40.0
2009	1573561	870229	82071	621261	55.3	5.2	39.5
2010	1648431	879641	75562	693228	53.4	4.6	42.0
2011	1710406	790694	82279	837433	46.2	4.8	49.0
2012	1776322	790785	68933	916604	44.5	3.9	51.6
2013	2197981	753002	52980	1391999	34.3	2.4	63.3
2014	2201939	742443	46868	1412628	33.7	2.1	64.2
2015	2188409	718392	42212	1427805	32.8	1.9	65.3
2016	2228904	739813	45330	1443761	33.2	2.0	64.8

3－15 城镇全部单位就业人员工资总额(2016年)

Total Wages Bill of Fully Employed Persons in Urban Units(2016)

单位:万元

	从业人员工资总额	国有经济	集体经济	私营经济	其他经济
总　　计	**24534429**	**7631270**	**300802**	**5439512**	**11162845**
按企业、事业、机关分					
企　　业	19067585	2431282	151109	5439512	11045682
事　　业	3908025	3693639	145653		68733
机　　关	1496802	1496802			
民间非盈利组织	38515		2382		36133
其　　他	23502	9547	1658		12297
按三次产业分					
第一产业	51820	12614	248	38723	235
第二产业	9462459	1086459	112350	2753050	5510600
第三产业	15020150	6532197	188204	2647739	5652010
按国民经济行业分					
农、林、牧、渔业	51820	12614	248	38723	235
采 矿 业	9783			6323	3460
制 造 业	5538377	317411	26492	1792975	3401499
电力、燃气及水的生产和供应业	272563	30306	1463	14508	226286
建 筑 业	3641736	738742	84395	939244	1879355
批发和零售业	1504779	79684	6745	643429	774921
交通运输、仓储和邮政业	1457256	408838	4375	110941	933102
住宿和餐饮业	491825	16918	1749	260017	213141
信息传输、计算机服务和软件业	1395250	26632		234131	1134487
金 融 业	1083002	441825	21445	43633	576099
房地产业	1092957	41241	73	315192	736451
租赁和商务服务业	924725	117480	4020	467764	335461
科学研究、技术服务和地质勘查业	1273896	615118	701	110801	547276
水利、环境和公共设施管理业	237513	139509	5628	29970	62406
居民服务和其他服务业	245021	3498	189	212958	28376
教　　育	1939484	1731841	348	50516	156779
卫生、社会保障和社会福利业	1509357	1168169	139754	103967	97467
文化、体育和娱乐业	256743	133473	2806	64420	56044
公共管理和社会组织	1608342	1607971	371		

3－16　城镇全部单位就业人员平均工资(2016年)

Average Wage of Fully Employed Persons in Urban Units(2016)

单位:元

	总　计	国有经济	集体经济	私营经济	其他经济
总　计	**61330**	**83887**	**60432**	**39404**	**67226**
按企业、事业、机关分					
企　业	56668	76358	54418	39404	67427
事　业	87498	89370	67727		58076
机　关	84667	84667			
民间非盈利组织	49020		84475		47701
其　他	53916	78707	75721		42011
按三次产业分					
第一产业	33452	64355	130842	28896	21180
第二产业	53019	64762	50295	38802	62258
第三产业	68268	88275	68642	40269	72904
按国民经济行业分					
农、林、牧、渔业	33452	64355	130842	28896	21180
采 矿 业	44959			33992	109509
制 造 业	52930	85028	47819	38042	63917
电力、燃气及水的生产和供应业	107102	90790	101590	37537	125006
建 筑 业	51237	58126	50675	40401	56179
批发和零售业	45259	89856	58650	37393	51526
交通运输、仓储和邮政业	74257	79245	38476	39411	80882
住宿和餐饮业	36808	41425	28024	33635	41302
信息传输、计算机服务和软件业	79617	61082		46456	94159
金 融 业	99534	110115	114862	42569	101845
房地产业	60214	97336	56385	47197	66659
租赁和商务服务业	52098	67896	103082	42723	66672
科学研究、技术服务和地质勘查业	92657	87145	62616	53101	119177
水利、环境和公共设施管理业	53189	68795	23519	39544	43326
居民服务和其他服务业	34847	51515	78625	33775	43276
教　育	79004	84551	68275	42543	54553
卫生、社会保障和社会福利业	92851	111441	73204	45205	62307
文化、体育和娱乐业	58859	75846	52741	38577	63751
公共管理和社会组织	84359	84355	109088		

主要统计指标解释

总人口　指一定时点、一定地区范围内的有生命的个人的总和。

年度统计的年末总人口是指每年12月31日24时的人口数。

出生率　指在一定时期内(通常为一年)平均每千人所出生的人数的比率,一般用千分率表示。计算公式:

$$出生率=\frac{年出生人数}{年平均人数}\times 1000‰$$

死亡率　指在一定时期内(通常为一年)一定地区的死亡人数与同期平均人数(或期中人数)之比,一般用千分率表示。计算公式:

$$死亡率=\frac{年死亡人数}{年平均人数}\times 1000‰$$

人口自然增长率　指在一定时期内(通常为一年)人口自然增加数(出生人数减死亡人数)与该时期内平均人数(或期中人数)之比,一般用千分率表示。计算公式:

$$人口自然增长率=\frac{本年出生人数-本年死亡人数}{年平均人数}\times 100‰$$

$$人口自然增长率=人口出生率-人口死亡率$$

从业人员　指从事一定社会劳动并取得劳动报酬或经营收入的人员。包括:

⑴全部职工

(2)再就业的离退休人员

(3)私营业主

(4)个体户主

(5)私营和个体从业人员

(6)乡镇企业从业人员

(7)农村从业人员

(8)其他从业人员(包括民办教师、宗教职业者、现役军人等)

这一指标反映了一定时期内全部劳动力资源的实际利用情况,是研究我国基本国情国力的重要指标。

各单位的从业人员是指在各级国家机关、政党机关、社会团体及企业、事业单位中工作,并取得劳动报酬的全部人员。包括在岗职工、再就业的离退休人员、民办教师以及在各单位中工作的外方人员和港、澳、台方人员。

各单位的从业人员反映了各单位实际参加生产或工作的全部劳动力。因此,从1998年开始,各单位的从业人员不包括离开本单位仍保留劳动关系的职工。

平均工资　指报告期内单位发放工资的人均水平。计算公式为:

$$平均工资=\frac{报告期工资总额}{报告期平均人数}$$

城镇私营和个体从业人员　城镇私营从业人员指在工商管理部门注册登记,其经营地址设在县城关镇(含城关镇)以上的私营企业从业人员。包括:私营企业投资者和雇工。城镇个体从业人员指在工商管理部门注册登记,并持有城镇户口或在城镇长期居住,经批准从事个体工商经营的从业人员。包括:个体经营者和在个体工商户劳动的家庭帮工和雇工。

城镇登记失业人员及失业率 指有非农业户口,在一定的劳动年龄内,有劳动能力,无业而要求就业,并在当地就业服务机构进行求职登记的人员。城镇登记失业率,指城镇登记失业人数同城镇从业人数与城镇登记失业人数之和的比。计算公式为:

$$\text{城镇登记失业率} = \frac{\text{城镇登记失业人数}}{\text{城镇从业人数} + \text{城镇登记失业人数}} \times 100\%$$

四　固定资产投资 建筑业

简 要 说 明

主要内容

固定资产投资包括：全社会范围内的固定资产投资总额、发展速度及构成；更新改造投资额及构成情况、资金状况；房地产开发投资情况等。

建筑业包括：全市建筑施工企业生产情况、财务状况及其他主要指标。

资料来源

固定资产投资和建筑业资料来源于成都市统计局。

其他需要说明的问题

建筑业统计范围：1995年以前为城镇集体及国有建筑企业;1996年起为具有建筑业资质等级四级及四级以上的各种经济类型的建筑企业。

建筑业统计原则:凡公司所在地在成都的建筑企业(含本公司在外地的生产活动)均纳入统计范围。

全社会固定资产投资额（亿元）

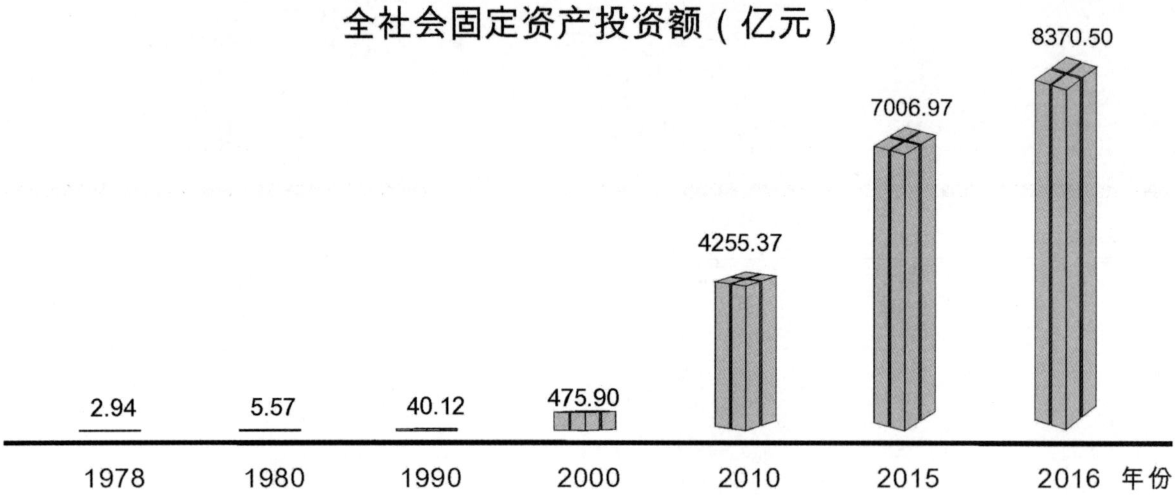

全社会建筑业总产值（亿元）

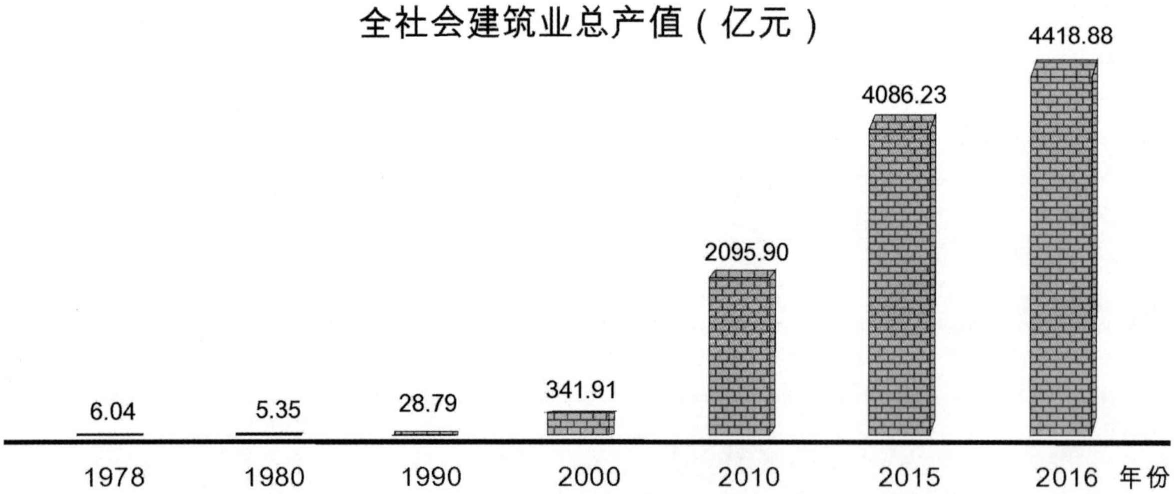

房地产投资完成额（亿元）

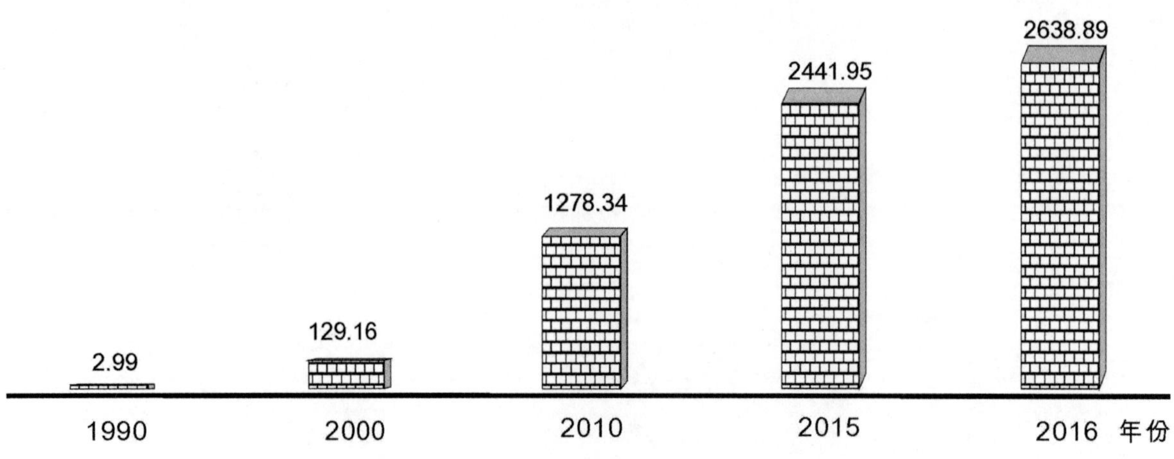

4－1 历年全社会固定资产投资(按经济类型分)

Total Investment in Fixed Assets by Ownership

单位:万元

年 份	总 计	#国有经济	#集体经济	#私营及个体经济	在总计中:住 宅
1950	58	58			5
1951	440	440			57
1952	1303	1303			157
1953	3913	3913			512
1954	4395	4395			691
1955	4308	4308			903
1956	11275	11275			2724
1957	16124	16124			2180
1958	22197	22197			1003
1959	47190	47190			2207
1960	62127	62127			2124
1961	18784	18784			1050
1962	10653	10653			604
1963	13547	13547			1276
1964	20305	20305			2161
1965	32112	32112			1731
1966	31220	31220			1036
1967	14482	14482			794
1968	11917	11917			479
1969	14293	14293			827
1970	18540	18540			970
1971	19306	19306			1158
1972	23895	23895			1620
1973	20349	20349			1741
1974	13692	13692			1433
1975	17301	17196	105		1474
1976	16504	16403	101		1180
1977	19668	19468	200		2938
1978	29391	28334	1057		4738
1979	50706	48851	1855		13022
1980	55744	52022	3722		18516

4-1 续表

单位:万元

年　份	总　计	# 国有经济	# 集体经济	# 私营及个体经济	在总计中:住　宅
1981	73229	61295	6800	5134	27456
1982	95271	81874	7100	6297	32273
1983	107318	89160	7723	10435	38566
1984	146399	103594	16667	26138	40609
1985	241874	173565	44316	23993	62835
1986	248741	185426	29631	33684	60259
1987	286695	199733	38558	48404	80648
1988	364892	241474	46717	76701	103857
1989	356684	243455	44230	68999	105130
1990	401156	282024	45853	73279	120688
1991	485147	349698	56475	78794	131234
1992	788038	523473	150423	114142	225462
1993	1413826	757296	340030	126496	380789
1994	1797908	910033	406660	188132	511760
1995	2156272	1081961	550455	217100	672640
1996	2588457	1192478	568105	308000	832200
1997	3100791	1480027	627493	332443	821886
1998	3718700	2101225	526100	364500	951400
1999	4190983	2339883	453457	365256	1064080
2000	4759020	2278569	372682	422201	1386892
2001	5822157	2869402	420045	661221	1810758
2002	7021455	3322330	479117	812526	2074475
2003	8629700	4014537	404889	1054117	2487521
2004	10574474	4417333	500981	1398723	2849689
2005	14586741	5773710	106657	1791346	3989685
2006	18979098	6829070	123274	2174166	5994888
2007	23900461	7378639	76198	3310197	7442067
2008	29938844	10184473	142602	2956647	7796308
2009	40124530	15804556	290579	3991218	9041631
2010	42553662	14296449	390218	3874959	9620925
2011	49956521	14757463	369011	4734064	12206190
2012	58900984	18885083	242747	7206969	13066328
2013	65010801	19844403	346933	8872566	14834999
2014	66203739	20866522	303360	8539481	15822496
2015	70069660	22657121	198410	9134127	18508753
2016	83705026	21245953	96084	18886677	15069085

4-2 历年全社会固定资产投资构成(按经济类型分)

Composition of Total Investment in Fixed Assets by Ownership

单位:%

年份	总计	# 国有经济	# 集体经济	# 私营及个体经济	在总计中:住宅
1978	100	96.4	3.6		16.1
1979	100	96.3	3.7		25.7
1980	100	93.3	6.7		33.2
1981	100	83.7	9.3	7.0	37.5
1982	100	85.9	7.5	6.6	33.9
1983	100	83.1	7.2	9.7	35.9
1984	100	70.8	11.4	17.8	27.7
1985	100	71.8	18.3	9.9	26.0
1986	100	74.5	11.9	13.6	24.2
1987	100	69.7	13.4	16.9	28.1
1988	100	66.2	12.8	21.0	28.5
1989	100	68.3	12.4	19.3	29.5
1990	100	70.3	11.4	18.3	30.1
1991	100	72.1	11.6	16.3	27.1
1992	100	66.4	19.1	14.5	28.6
1993	100	53.6	24.0	8.9	27.0
1994	100	50.6	22.6	10.5	28.5
1995	100	50.2	25.5	10.1	31.2
1996	100	46.1	21.9	11.9	32.2
1997	100	47.7	20.2	10.7	26.5
1998	100	56.5	14.1	9.8	25.6
1999	100	55.8	10.8	8.7	25.3
2000	100	47.9	7.8	8.9	29.1
2001	100	49.3	7.2	11.4	31.1
2002	100	47.3	6.8	11.6	29.5
2003	100	46.5	4.7	12.2	28.8
2004	100	41.8	4.7	13.2	26.9
2005	100	39.6	0.7	12.3	27.4
2006	100	36.0	0.6	11.5	31.6
2007	100	30.9	0.3	13.8	31.1
2008	100	34.0	0.5	9.9	26.0
2009	100	39.4	0.7	9.9	22.5
2010	100	33.6	0.9	9.1	22.6
2011	100	29.5	0.7	9.5	24.4
2012	100	32.1	0.4	12.2	22.2
2013	100	30.5	0.5	13.6	22.8
2014	100	31.5	0.5	12.9	23.9
2015	100	32.3	0.3	13.0	26.4
2016	100	25.4	0.1	22.6	18.0

4－3 历年全社会固定资产投资发展速度(按经济类型分)

Development Rates of Total Investment in Fixed Assets by Ownership

单位:%

年份	总计	#国有经济	#集体经济	#私营及个体经济	在总计中:住宅
1978	149.4	145.5	528.5		161.3
1979	172.5	172.4	175.5		274.8
1980	109.9	106.5	200.0		142.2
1981	131.4	117.8	182.7		148.3
1982	130.1	133.6	104.4	122.7	117.5
1983	112.6	108.9	108.8	165.7	119.5
1984	136.4	116.2	215.8	250.5	105.3
1985	165.2	167.5	265.9	91.8	154.7
1986	102.8	106.8	66.9	140.4	95.9
1987	115.3	107.7	130.1	143.7	133.8
1988	127.3	120.9	121.2	158.5	128.8
1989	97.8	100.8	94.7	90.0	101.2
1990	112.5	115.8	103.7	106.2	114.8
1991	120.9	124.0	123.2	107.5	108.7
1992	162.4	149.7	266.3	144.9	171.8
1993	179.4	144.7	226.0	110.8	168.9
1994	127.2	120.2	119.6	148.7	134.4
1995	119.9	118.9	135.4	115.4	131.4
1996	120.0	110.2	103.2	141.9	123.7
1997	119.8	124.1	110.5	107.9	98.8
1998	119.9	142.0	83.8	109.6	115.8
1999	112.7	111.4	86.2	100.2	111.8
2000	113.6	97.4	82.2	115.6	130.3
2001	122.3	125.9	112.7	156.6	130.6
2002	120.6	115.8	114.1	122.9	114.6
2003	122.9	120.8	84.5	129.7	119.9
2004	122.5	110.0	123.7	132.7	114.6
2005	137.9	130.7	121.3	128.1	140.0
2006	130.1	118.3	115.6	121.4	150.3
2007	125.9	108.0	61.8	152.3	124.1
2008	125.3	138.0	187.1	89.3	104.8
2009	134.0	155.2	203.8	135.0	116.0
2010	106.1	90.5	134.3	97.1	106.4
2011	117.4	103.2	94.6	122.2	126.9
2012	117.9	128.0	65.8	152.2	107.0
2013	110.4	105.1	142.9	123.1	113.5
2014	101.8	105.2	87.4	96.2	106.7
2015	105.8	108.6	65.4	107.0	117.0
2016	114.3	87.9	48.4	159.5	78.6

4－4 历年全社会固定资产投资(按种类和构成分)

Total Investment in Fixed Assets by Channel of Management and Use of Funds

单位:万元

年份	总计	按管理渠道分		按构成分		
		#更改投资	#房地产投资	建筑安装工程	设备工器具购置	其他费用
1978	29391			16670	10602	2119
1979	50706	4167		31002	15770	3934
1980	55744	5336		39649	12617	3478
1981	73229	26000		52427	15634	5168
1982	95271	30000		63219	22659	9393
1983	107318	27651		75420	21700	10198
1984	146399	35723		96268	35330	14801
1985	241874	56004		149299	67021	25554
1986	248741	67889		149833	69875	29033
1987	286695	85352		185231	72314	29150
1988	364892	107003		225847	101739	37306
1989	356684	109019		212140	102570	41974
1990	401156	117733	29883	253113	109338	38705
1991	485147	95843	31021	305714	126972	52461
1992	788038	151885	94446	545039	182227	60772
1993	1413826	202886	207310	939120	281104	193602
1994	1797908	308087	337506	1184909	409941	203058
1995	2156272	224222	545376	1482024	369660	304588
1996	2588457	254270	684379	1950825	304328	333304
1997	3100791	347932	730147	2074831	635973	389987
1998	3718700	469391	799675	2194308	885732	638660
1999	4190983	450020	998565	2613297	923373	654313
2000	4759020	489530	1291611	3129144	803781	826095
2001	5822157	649091	1707554	3998475	868248	955434
2002	7021455	906388	2033104	4163072	1292108	1566275
2003	8629700	1306440	2453991	4779214	1351187	2499299
2004	10574474	1847735	3089697	6280177	1522686	2771611
2005	14586741	2957605	4518628	8189462	2045539	4351740
2006	18979098	3618208	6136351	10720823	2668806	5589469
2007	23900461	5065250	9052800	13107861	3381497	7411103
2008	29938844	6835674	9125057	17268656	4223919	8446269
2009	40124530	9308386	9451356	25652691	6019225	8452614
2010	42553662	9653933	12783390	29402935	6009704	7141023
2011	49956521	10142305	15852771	36759034	6222151	6975336
2012	58900984	11540904	18900420	42857052	7493313	8550619
2013	65010801	12039666	21102665	46903751	8125738	9981312
2014	66203739	11972642	22208023	48244530	6329762	11629447
2015	70069660	13355742	24419542	49615238	8494577	11959845
2016	83705026	19559777	26388901	58021104	11458496	14225426

4-5 历年全社会固定资产投资比重(按种类和构成分)

Proportion of Total Investment in Fixed Assets by Channel of Management and Use of Funds

单位:%

年份	按管理渠道分		按构成分		
	#更改投资	#房地产投资	建筑安装工程	设备工器具购置	其他费用
1978			56.7	36.1	7.2
1979	8.2		61.1	31.1	7.8
1980	9.6		71.1	22.6	6.3
1981	35.5		71.6	21.3	7.1
1982	31.5		66.4	23.8	9.8
1983	25.8		70.3	20.2	9.5
1984	24.4		65.8	24.1	10.1
1985	23.2		61.7	27.7	10.6
1986	27.3		60.2	28.1	11.7
1987	29.8		64.6	25.2	10.2
1988	29.3		61.9	27.9	10.2
1989	30.6		59.5	28.8	11.7
1990	29.3	7.4	63.1	27.3	9.6
1991	19.8	6.4	63.0	26.2	10.8
1992	19.3	12.0	69.2	23.1	7.7
1993	14.4	14.7	66.4	19.9	13.7
1994	17.1	18.8	65.9	22.8	11.3
1995	10.4	25.3	68.7	17.1	14.2
1996	9.8	26.4	75.4	11.8	12.8
1997	11.2	23.5	66.9	20.5	12.6
1998	12.6	21.5	59.0	23.8	17.2
1999	10.7	23.8	62.4	22.0	15.6
2000	10.3	27.1	65.8	16.9	17.3
2001	11.1	29.3	68.7	14.9	16.4
2002	12.9	29.0	59.3	18.4	22.3
2003	15.1	28.4	55.4	15.6	29.0
2004	17.5	29.2	59.4	14.4	26.2
2005	20.3	31.0	56.2	14.0	29.8
2006	19.1	32.3	56.5	14.1	29.4
2007	21.2	37.9	54.8	14.1	31.1
2008	22.8	30.5	57.7	14.1	28.2
2009	23.2	23.6	63.9	15.0	21.1
2010	22.7	30.0	69.1	14.1	16.8
2011	20.3	31.7	73.6	12.4	14.0
2012	19.6	32.1	72.8	12.7	14.5
2013	18.5	32.5	72.1	12.5	15.4
2014	18.1	33.5	72.9	9.5	17.6
2015	19.1	34.9	70.8	12.1	17.1
2016	23.4	31.5	69.3	13.7	17.0

4-6 历年全社会固定资产投资发展速度(按种类分)

Development Rates of Total Investment In Fixed Assets by Channel of Management

单位:%

年　份	总　计	# 更改投资	# 房地产投资
1978	149.4		
1979	172.5		
1980	109.9	128.1	
1981	131.4	487.3	
1982	130.1	115.4	
1983	112.6	92.2	
1984	136.4	129.2	
1985	165.2	156.8	
1986	102.8	121.2	
1987	115.3	125.7	
1988	127.3	125.4	
1989	97.7	101.9	
1990	112.5	108.0	
1991	120.9	81.4	103.8
1992	162.4	158.5	304.5
1993	179.4	133.6	219.5
1994	127.2	151.8	162.8
1995	119.9	72.8	161.6
1996	120.0	113.4	125.5
1997	119.8	136.8	106.7
1998	119.9	134.9	109.5
1999	112.7	95.9	124.9
2000	113.6	108.8	129.3
2001	122.3	132.6	132.2
2002	120.6	139.6	119.1
2003	122.9	144.1	120.7
2004	122.5	141.4	125.9
2005	137.9	160.1	146.2
2006	130.1	122.3	135.8
2007	125.9	140.0	147.5
2008	125.3	135.0	100.8
2009	134.0	136.2	103.6
2010	106.1	103.7	135.3
2011	117.4	105.1	124.0
2012	117.9	113.8	119.2
2013	110.4	104.3	111.7
2014	101.8	99.4	105.2
2015	105.8	111.6	110.0
2016	114.3	138.7	106.5

4-7 历年全社会固定资产投资效果主要指标

Main Indicators of Total Investment Results in Fixed Assets over the Years

年份	施工项目（个）	全部建成投产项目（个）	建设项目投产率（%）	新增固定资产（万元）	固定资产交付使用率（%）	房屋面积竣工率（%）	住宅面积竣工率（%）
1978	693	171	24.6	29345	99.8	52.6	56.9
1979	1067	323	30.3	38966	76.8	49.4	50.7
1980	1228	535	43.6	49430	88.7	53.9	53.0
1981	1289	548	42.5	64474	87.8	68.1	70.1
1982	1633	750	45.9	71030	74.6	66.4	69.3
1983	2427	1482	61.1	82754	77.1	76.2	83.5
1984	1708	863	50.5	116641	79.7	76.7	86.8
1985	2386	1290	54.1	170909	70.7	72.1	79.7
1986	1861	929	49.9	201450	80.9	74.2	82.9
1987	1940	788	40.6	217055	75.7	71.8	80.9
1988	1855	881	47.5	271395	74.4	74.7	84.8
1989	1328	640	48.2	268313	75.2	76.2	86.8
1990	1654	736	44.5	330572	82.4	73.8	78.3
1991	2476	1431	57.8	383200	78.9	73.9	79.3
1992	3822	2089	54.7	519400	65.9	58.8	66.7
1993	4493	2639	58.7	836800	59.2	57.5	63.8
1994	3516	2305	65.6	1230700	68.5	58.1	67.2
1995	3553	2438	68.6	1379900	63.9	52.8	63.5
1996	3161	2156	68.2	1768600	68.3	59.1	68.9
1997	2948	1937	65.7	2289851	73.8	60.9	72.2
1998	4106	2826	68.8	2572400	69.1	53.2	61.9
1999	3190	2068	64.8	3180245	75.8	57.8	61.2
2000	2992	1988	66.4	3237100	68.0	56.8	61.8
2001	2145	1266	59.0	4101094	70.4	53.6	59.9
2002	2137	1251	58.5	4542637	64.7	57.5	63.6
2003	1774	668	37.7	4498586	52.1	52.6	59.2
2004	2126	1132	53.2	5704363	53.9	47.3	48.2
2005	3697	1451	39.2	5254965	36.0	30.1	29.2
2006	3820	1984	51.9	8375907	44.1	30.2	26.6
2007	4952	2746	55.5	9527738	39.9	24.9	20.3
2008	4682	2007	42.9	9960505	33.3	17.0	15.0
2009	6700	3653	54.5	26042535	64.9	26.9	26.4
2010	5229	2248	43.0	27546488	64.7	24.2	24.2
2011	4820	2168	45.0	32103672	64.3	24.3	18.0
2012	4684	2249	48.0	37280127	63.3	24.3	18.0
2013	4983	2283	45.8	36893488	56.7	16.1	16.4
2014	5522	2656	48.1	38204182	57.7	13.3	15.1
2015	6198	3482	56.2	40784349	58.2	11.9	9.9
2016	8530	4200	49.2	46332852	55.4	15.8	15.6

4-8 历年国有经济单位固定资产投资

Total Investment in Fixed Assets of State - owned Units over the Years

单位:万元

年 份	总 计	# 更改投资	# 房地产投资	在总计中: 住 宅
1978	28334			4706
1979	48851	4167		12895
1980	52022	5336		18198
1981	61295	26000		21722
1982	81874	30000		26020
1983	89160	27651		28034
1984	103594	35723		22963
1985	173565	56004		38995
1986	185426	67889		32100
1987	199733	85352		36557
1988	241474	107003		35276
1989	243455	109019		42230
1990	282024	117733	29883	52012
1991	349698	95843	31021	60897
1992	523473	151885	94446	128486
1993	757296	202886	106647	195111
1994	910033	270687	125555	209795
1995	1081961	211501	191869	304617
1996	1192478	189582	231519	324655
1997	1480027	273403	162647	253833
1998	2101225	379701	234362	356386
1999	2339883	319915	336366	447865
2000	2278569	192205	340974	441863
2001	2869402	242981	437594	577866
2002	3322330	265369	423496	566357
2003	4014537	395262	380273	513320
2004	4417333	387299	126432	646390
2005	5773710	563727	240896	772045
2006	6829070	623377	273939	1316574
2007	7378639	922934	375647	1291316
2008	10184473	1000913	410405	1699619
2009	15804556	1259753	916583	2633883
2010	14296449	1942669	734597	1643057
2011	14757463	2017610	568498	1592932
2012	18885083	2411544	888922	1488336
2013	19844403	2197029	690170	1501863
2014	20866522	2157856	659706	1557023
2015	22657121	2040214	999753	1300298
2016	21245953	2557862	1138889	1069827

4－9 历年国有经济单位固定资产投资效果主要指标

Main Indicators of Total Investment Results in Fixed Assets of State－owned Units over the Years

年　　份	施工项目（个）	全部建成投产项目（个）	建设项目投产率（%）	新　　增固定资产（万元）	固定资产交付使用率（%）	房屋面积竣工率（%）	住宅面积竣工率（%）
1978	667	158	23.7	28365	100.1	49.0	53.2
1979	1026	314	30.6	37637	77.0	48.9	50.6
1980	1135	484	42.6	45634	87.7	50.2	52.2
1981	1202	513	42.7	51242	83.6	53.6	50.8
1982	1541	710	46.1	57503	70.2	49.0	49.7
1983	2234	1356	60.7	65508	73.5	57.1	66.5
1984	1405	671	47.8	78120	75.4	49.2	60.7
1985	1969	1009	51.2	108007	62.2	46.9	52.8
1986	1532	792	51.7	141620	76.4	48.1	56.5
1987	1647	742	45.1	137999	69.1	43.1	44.4
1988	1855	881	47.5	157657	65.3	41.6	69.4
1989	1328	640	48.2	173883	71.4	46.2	54.2
1990	1488	685	46.0	202219	71.7	43.5	46.6
1991	1553	723	46.6	226324	64.7	44.8	47.1
1992	1397	542	38.8	331491	63.3	31.0	30.2
1993	1672	477	28.5	416878	55.0	39.1	40.7
1994	1070	424	39.6	656545	72.1	40.1	43.2
1995	990	437	44.1	714788	66.1	41.0	45.8
1996	1057	533	50.4	894062	75.0	44.4	54.8
1997	940	393	41.8	1147845	77.6	45.5	54.3
1998	1258	595	47.3	1307070	62.2	36.3	33.3
1999	1009	531	52.6	1752261	74.8	43.4	46.3
2000	962	470	48.9	1450128	63.6	49.9	54.5
2001	830	322	38.8	2126044	74.1	45.6	53.2
2002	794	301	37.9	1884759	56.7	41.1	47.1
2003	734	251	34.2	1766630	44.0	31.5	39.9
2004	662	282	42.6	2044878	46.3	30.6	26.1
2005	1081	294	27.2	1854286	32.1	18.8	9.9
2006	1296	625	48.2	2711640	39.7	25.1	21.3
2007	1437	798	55.5	3053096	41.4	25.1	25.5
2008	1451	541	37.3	2642377	25.9	52.7	35.9
2009	2442	1313	53.8	9397628	59.5	24.2	19.7
2010	1716	787	45.7	10156982	71.1	37.7	43.6
2011	1272	665	52.3	11239382	76.2	31.5	37.9
2012	1541	833	54.1	12377919	65.5	31.4	30.2
2013	1548	925	59.8	13664593	68.9	22.0	32.0
2014	3171	1291	40.7	23396414	54.3	12.1	13.4
2015	2170	1334	61.5	14174967	59.9	17.1	18.0
2016	2634	1465	55.6	12634136	59.5	28.3	34.3

4－10 历年更新改造投资资金来源情况

Investment in Innovation by Source of Funds

单位:万元

年 份	总 计	#国 家 预算内资金	#国内贷款	#利用外资	#自筹资金	#其他资金
1979	4167	612	624		2733	198
1980	5336	500	2000		2836	
1981	26000	2000	5000		17480	1520
1982	30000	2000	7000	300	18837	1863
1983	27651	1890	6495		18946	320
1984	35723	3016	10076	410	20833	1388
1985	56004	4003	15939	177	32655	3230
1986	67889	4073	24448	234	35282	3852
1987	87950	5271	29923	1601	44498	5228
1988	109334	3812	32137	3236	58954	11195
1989	98853	1085	30569	12716	50475	4008
1990	132356	841	54677	12023	61650	3165
1991	130875	678	59296	9620	57847	3434
1992	159697	2769	76969	3571	72176	4212
1993	206824	663	75125	589	112834	16129
1994	295427	2943	93976	25927	153916	18315
1995	224227	980	57365	18437	127089	20356
1996	282475	408	71125	19158	175668	16116
1997	363442	290	80797	26166	236442	17191
1998	455994		34298	9513	408991	3192
1999	479459	3979	118405	38740	278121	40214
2000	521816	12001	118679	13857	302408	30041
2001	659214	38523	106580	20562	421719	71830
2002	1008256	22133	179011	34290	650067	43426
2003	1410116	32175	276903	20533	979744	32839
2004	1961679	3438	388709	87319	1368631	31035
2005	2938958	14487	426747	150695	2160724	106094
2006	3961313	70390	455457	300963	2899398	116881
2007	5270855	32189	822019	283921	3721032	212644
2008	6981849	53456	727513	56998	5703363	219153
2009	9459400	70427	729299	16407	8419568	223699
2010	10536882	265048	911213	10032	8597723	519747
2011	10165823	69537	234766	5413	9627894	73855
2012	11945548	459738	190153	19253	10973122	41059
2013	12528536	160180	276234	175388	11464984	103469
2014	12562101	77018	130838	58476	11922951	234274
2015	13836310	209743	263037	189632	12603945	413487
2016	19559777	273270	561147	22400	17992945	710015

4-11 历年更新改造投资资金来源构成

Composition of Investment in Innovation by Source of Funds

单位:%

年 份	总 计	#国 家 预算内资金	#国内贷款	#利用外资	#自筹资金	#其他资金
1979	100	14.7	14.9		65.6	4.8
1980	100	9.4	37.5		53.1	
1981	100	7.7	19.2		67.3	5.8
1982	100	6.7	23.3	1.0	62.8	6.2
1983	100	6.8	23.5		68.5	1.2
1984	100	8.4	28.2	1.1	58.4	3.9
1985	100	7.1	28.5	0.3	58.3	5.8
1986	100	6.0	36.0	0.3	51.9	5.7
1987	100	6.0	34.0	1.8	50.6	6.0
1988	100	3.5	29.4	3.0	53.9	10.2
1989	100	1.1	30.9	12.8	51.1	4.1
1990	100	0.6	41.3	9.1	46.6	2.4
1991	100	0.5	45.3	7.4	44.2	2.6
1992	100	1.7	48.2	2.2	45.3	2.6
1993	100	0.3	36.3	0.3	54.6	7.8
1994	100	1.0	31.8	8.8	52.1	6.2
1995	100	0.4	25.6	8.2	56.7	9.1
1996	100	0.1	25.2	6.8	62.2	5.7
1997	100	0.1	22.2	7.2	65.1	4.7
1998	100		7.5	2.1	89.7	0.7
1999	100	0.8	24.7	8.1	58.0	8.4
2000	100	2.3	22.7	2.7	58.0	5.8
2001	100	5.8	16.2	3.1	64.0	10.9
2002	100	2.2	17.8	3.4	64.5	4.3
2003	100	2.3	19.6	1.5	69.5	2.3
2004	100	0.2	19.8	4.5	69.8	1.6
2005	100	0.5	14.5	5.1	73.5	3.6
2006	100	1.8	11.5	7.6	73.2	3.0
2007	100	0.6	15.6	5.4	70.6	4.0
2008	100	0.8	10.4	0.8	81.7	3.1
2009	100	0.7	7.7	0.2	89.0	2.4
2010	100	2.5	8.6	0.1	81.6	4.9
2011	100	0.7	2.3	0.1	94.7	0.7
2012	100	3.8	1.6	0.2	91.9	0.3
2013	100	1.3	2.2	1.4	91.5	0.8
2014	100	0.6	1.0	0.5	94.9	1.9
2015	100	1.5	1.9	1.4	91.1	3.0
2016	100	1.4	2.9	0.1	92.0	3.6

4-12 分行业项目投资完成情况

Total Investment in Poject by Sector

单位:万元

	2015 年项目投资	#更新改造	2016 年项目投资	#更新改造
总　计	**45270073**	**13355742**	**57316125**	**19559777**
农、林、牧、渔业	801800	30043	2106139	99115
采 掘 业	39409	25601	97030	84441
制 造 业	13760739	10454645	20656600	15667756
电力、煤气及自来水生产和供应业	1468303	441477	1824885	606078
#电　　力	537371	160067	704628	285619
#燃气生产和供应	196000	164093	260800	96444
#水的生产和供应	734932	117317	859457	224015
建 筑 业	241801	94945	39388	21075
交通运输、仓储及邮政业	5539885	514988	6964324	767531
#交通运输业	4767244	497895	567436	715316
#仓 储 业	760641	17093	4813331	22598
#邮 政 业	12000		70352	29617
信息传输、计算机服务软件业	782299	388968	777957	517133
#电信和其他信息传输服务业	587846	363101	596361	446907
批发和零售贸易业	1434366	87404	1011743	235802
住宿和餐饮业	1066872	34914	623039	105345
金融、保险业	139556	17047	66999	22951
房地产业	6587133	295879	7185439	156114
租赁和商务服务业	859109	49017	1591392	110366
科学研究、技术服务、地质查业	894647	195320	248956	53661
水利、环境公共设施管理业	8665481	447141	9930843	504143
#水利管理业	453759	19732	289481	28288
#环境管理业	139663	23018	133341	27440
#公共设施管理业	8072059	404391	9508021	448415
居民服务和其他服务业	68194	390	56060	16371
教　　育	1316307	64288	1725826	134558
卫生、社会保障和其他服务业	700065	136047	1075673	350981
文化、体育和娱乐业	596629	44521	767182	73217
公共管理和社会组织	307478	33107	566650	33139

4-13 历年市及市以下固定资产投资情况

Investment in Fixed Assets belong to Municipal & Below over the Years

单位:万元

年份	总计	在总计中:			在总计中:		在总计中:住宅
		#国有经济	#集体经济	#私营及个体经济	#更改投资	#房地产投资	
1978	9813	8756	1057				1600
1979	22323	20468	1855		4167		6455
1980	24761	21039	3722		5336		6895
1981	38746	24761	6800	5134	13000		8179
1982	50100	35539	7100	6297	15300		12635
1983	51823	32414	7723	10435	13528		10933
1984	82830	40025	16667	26138	19858		10124
1985	142377	70672	44316	23993	35218		19843
1986	154182	82849	29631	33684	44414		16141
1987	181954	84177	38558	48404	50934		16504
1988	263637	131235	46286	76701	82042		18059
1989	247025	120828	44230	68999	74868		22365
1990	289200	170113	45767	73279	92138	24403	37041
1991	320729	185609	56326	78794	68595	25272	42781
1992	637847	340589	150223	114142	108665	84830	194332
1993	1017088	542521	325551	126496	160845	107523	260734
1994	1240816	507611	399651	188132	136031	268622	408201
1995	1680532	643704	542426	217100	122801	509766	584518
1996	1943400	747600	545813	308000	183200	649700	765500
1997	2424949	852287	592978	324055	252409	683755	712747
1998	2897000	1451349	514500	358869	365366	720000	812675
1999	3212600	1458975	450457	365256	351443	861888	854463
2000	3707885	1443782	365419	369997	414750	1134904	942477
2001	4598998	3076144	409415	618949	478493	1533082	1616888
2002	5091006	2450773	476841	812526	721808	1842127	1915622
2003	7241321	3025894	394281	1054117	1014286	2255542	2256700
2004	9151191	3099998	500981	1346427	1560198	2672341	2625044
2005	12689408	4125996	105657	1777804	2476698	4346824	3857221
2006	16771098	5287883	114598	2287029	3125596	5843999	5683626
2007	21857418	5876360	71499	3136082	4434612	8584797	5633792
2008	27168971	8464394	142602	2863249	5999274	8610311	7358756
2009	36073329	12949092	273974	3991218	8382222	9048815	9099811
2010	37470650	10942272	383218	3874959	8493380	11911618	8863855
2011	43482055	10344780	337516	4734064	9120572	14900663	11365149
2012	53516917	14478772	301021	7206969	10903399	18111779	12440624
2013	60183648	16761622	337930	8864479	11413007	19885281	13808276
2014	60855881	16666572	293978	8539481	10616462	21304946	15138237
2015	65043806	18726873	182092	9134127	12305308	23297315	15388669
2016	77213053	17819175	79301	18438258	17437560	24799341	14203008

4－14 历年全社会房屋建筑情况

Total Construction of Buildings over the Years

单位:万平方米

年　份	施工面积	#住　宅	竣工面积	#住　宅
1978	192.63	83.55	101.35	47.54
1979	362.89	212.11	179.27	107.54
1980	448.85	275.03	242.15	145.77
1981	647.35	498.82	440.98	349.49
1982	827.20	607.12	548.85	421.02
1983	982.43	649.33	748.67	542.22
1984	1143.56	730.29	877.53	634.37
1985	1375.25	860.68	990.97	686.02
1986	1331.19	800.09	988.15	663.62
1987	1490.86	911.27	1070.43	737.40
1988	1503.38	998.10	1123.70	846.20
1989	1305.19	870.37	994.42	755.68
1990	1430.50	1031.50	1056.22	807.44
1991	1436.46	993.20	1061.68	788.02
1992	1717.90	1180.60	1010.14	787.97
1993	2348.62	1262.79	1350.48	806.04
1994	2936.40	1572.49	1706.14	1056.89
1995	3177.41	1682.58	1677.18	1068.87
1996	3274.28	1916.11	1936.29	1320.17
1997	3177.66	1950.47	1937.89	1408.19
1998	3180.07	1991.26	1690.54	1232.48
1999	3462.30	2203.34	2000.57	1348.21
2000	3627.93	2502.18	2062.11	1545.80
2001	4147.85	2833.15	2223.60	1696.85
2002	5011.98	3425.59	2881.39	2176.93
2003	5808.96	3960.84	3052.94	2344.61
2004	6624.12	4096.87	3133.47	1975.64
2005	7271.86	4306.92	2188.60	1257.50
2006	10491.10	6238.64	3172.77	1659.36
2007	12629.09	7565.93	3148.19	1534.11
2008	15417.99	8642.48	2616.89	1294.56
2009	18934.16	10941.24	5102.53	2886.43
2010	18645.24	9663.36	4503.37	2334.61
2011	22627.50	11336.63	5497.33	2044.27
2012	23187.71	11729.23	5638.04	2110.39
2013	25259.95	12348.97	4074.33	2027.81
2014	26240.91	12982.94	3491.63	1957.61
2015	26442.11	12751.42	3148.70	1262.00
2016	23976.47	12530.03	3792.66	1953.24

4-15 全社会固定资产投资主要指标(2016年)

Main Indicators of Total Investment in Fixed Assets(2016)

	单位	合计	#更新改造	#房地产开发
建设项目个数		8838	2805	1646
施工项目	个	8530	2805	1338
全部建成投产项目	个	4200	1938	128
建成项目投产率	%	49.2	69.1	9.6
投资完成额	**万元**	**83705026**	**19559777**	**26388901**
按构成分				
建筑工程	万元	51969101	8924405	16365199
安装工程	万元	6052003	1241021	2699553
设备、工具、器具购置	万元	11458496	7921822	593621
其他费用	万元	14225426	1472529	6730528
本年新增固定资产	**万元**	**46332852**	**13780211**	**11340556**
固定资产交付使用率	%			
房屋建筑面积				
施工面积	万平方米	23976.5	1261.0	19890.3
#住　宅	万平方米	12530.0	5.4	11839.4
竣工面积	万平方米	3792.7	479.1	2737.8
#住　宅	万平方米	1953.2	2.9	1740.5
房屋竣工率	%	15.8	38.0	13.8
#住　宅	%	15.6	53.0	14.7

4－16　房地产开发投资情况(1990－2016年)

Real Estate Development(1990－2016)

单位:万元

年　份	本年投资完成额	按构成分				#住　宅投　资	本年新增固定资产
		建筑安装工程	设备工具器具购置	其他费用	土地购置费		
1990	29883	20726	18	9139		23374	16543
1991	31021	19406	302	11313		25863	26278
1992	94446	47386	80	46980		74207	29717
1993	207310	123726	63	83521	67759	172211	59411
1994	337506	227361	2250	107895	53932	226016	69206
1995	545376	375634	8660	161082	73045	319019	212255
1996	684379	497252	36277	150850	65116	372952	451813
1997	730147	511129	36188	182830	57437	349139	540428
1998	799675	525943	19554	254178	172775	455224	441452
1999	998565	649077	33270	316218	257849	554029	791459
2000	1291611	842613	16968	432030	333655	867561	617708
2001	1707554	1247879	40810	418865	260481	1228045	954046
2002	2033104	1298970	33977	700157	445444	1488834	1428225
2003	2453991	1604109	24344	825538	579929	1890935	1249370
2004	3089697	1778861	45143	1265693	923860	1899704	1081187
2005	4518628	2524226	136904	1857498	1376528	2953364	1351383
2006	6136351	3495221	83366	2557764	1630964	4419478	2251461
2007	9052800	4752560	134529	4165711	2920798	5989351	2557663
2008	9125057	5548833	129783	3446441	2290995	6021184	2635238
2009	9451356	6664714	150884	2635758	1455072	6348234	4731138
2010	12783390	8828111	126808	3828471	2312584	8042936	5330101
2011	15852771	11957872	141890	3753009	2391004	10363125	5627297
2012	18900420	13615834	402850	4881736	3204476	11726003	8321899
2013	21102665	14890491	582932	5629242	4065126	12907209	8100343
2014	22208023	15132150	405956	6669917	5680883	13533974	8450183
2015	24419542	16953591	438868	7027083	5874264	14781679	6393509
2016	26388901	19064752	593621	6730528	5468969	14164154	11340556

4－16 续表

单位:万元

年　份	本年资金来源合计	#资金来源小计 预算内资金	国内贷款	债券	利用外资	自筹资金	其他资金	定金及预收款
1991	59299	462	9969			18605	13987	
1992	207851	1000	46276		1437	71642	7391	
1993	329465		72470	6783	5265	128268	68004	
1994	472142		77716	13538	20100	138614	139987	
1995	923929	1630	176119	5726	32625	203744	357226	233879
1996	1018722	200	187832	4961	46143	276698	335559	202868
1997	1152949		255653	8278	41694	264529	403460	299650
1998	1205556		256554	533	34733	296355	413933	293054
1999	1406368		270707	5000	6164	455686	451019	363095
2000	1889031		307800	3020	19996	525043	757371	521799
2001	2408900		398929		15980	444538	1142603	770449
2002	2923740		632302		17263	693930	1181835	990684
2003	3832082		682418		5857	901263	1706931	1477360
2004	4606693		555037		16910	1028008	2364846	1929043
2005	6113568		592766		140601	2139824	2479102	1804209
2006	9759911		1086355		261226	3632142	3915844	2963387
2007	15091650		2279336		575108	4727057	5977707	3810750
2008	13610612		1945289		901289	4300534	4023316	2080414
2009	18676549		2500705		119268	4534096	9119141	4587377
2010	25226376		3141389		331378	7305073	8959237	4577534
2011	40631081		3390441		664182	9980745	11299455	7605884
2012	32769750		3344414		169309	9393406	12493849	7605391
2013	39693341		5145514		323252	11106585	14360570	9429460
2014	43801428		5718632		393355	13324335	14346128	9250006
2015	45827730		6842258		9715	15065473	13468184	8150614
2016	49201352		5851211		6300	13711043	19023134	11397627

4－17　房地产开发投资(按资金来源分、2016 年)

Real Estate Development by Source of Funds(2016)

单位:万元

	按资质等级分				
	一级	二级	三级	四级	其他
本年资金来源合计	**1566347**	**6447033**	**26848547**	**236922**	**14102503**
上年末结余资金	**379679**	**1186688**	**6139672**	**65365**	**2838260**
本年资金来源小计	**1186668**	**5260345**	**20708875**	**171557**	**11264243**
国内贷款	169945	1159519	3141872	65703	1314172
利用外资			5300		1000
#外商直接投资			2300		
自筹资金	202335	1317181	7490153	49960	4651414
#自有资金	41555	570340	4135211	12240	2617682
其他资金来源	814388	2783645	10071550	55894	5297657
#定金及预收款	581624	1506886	6004809	42467	3261841
本年各项应付款合计	**160130**	**566021**	**3195331**	**53339**	**1350303**
#工 程 款	112363	266408	1815878	44914	864690

4－18 房地产投资(按工程用途分、2016 年)

Investment in Real Estate by Use(2016)

单位:万元

按经济类型分	本年完成投资	按工程用途分			
		住　宅	办公楼	商业营业用房	其　他
合　计	**26388901**	**14164154**	**2172338**	**5766327**	**4286082**
#国　有	198942	42114	24524	57368	74936
集　体	4392	4044		152	196
股份制经济	508947	293682	57179	72103	85983
私营个体经济	5626465	2760445	589657	1390494	885869
港澳台投资	1521083	836157	132441	332174	220311
外商投资	817049	414483	106502	232947	63117

4－19 房地产开发主要指标(按资质等级分、2016 年)

Main Indicators of Real Estate Development by Qualification Grades(2016)

按资质等级分	本年完成投资(万元)	#住　宅	施工面积(万平方米)	#住　宅	竣工面积(万平方米)	#住　宅	销售面积(万平方米)	#住　宅
一　级	876117	612333	1040.42	643.85	143.29	92.62	148.29	135.54
二　级	3182929	1809233	3131.70	1980.90	374.74	245.02	677.78	568.20
三　级	14518406	7940209	10699.20	6480.85	1418.12	932.34	2119.18	1794.96
四　级	127277	42278	79.62	35.98	6.62	4.98	17.68	10.78
其　他	7684172	3760101	4939.40	2697.79	795.00	465.54	972.38	776.27

4－20 房地产开发面积情况

Floor Space of Buildings of Real Estate Development

单位：万平方米

	2012 年	2013 年	2014 年	2015 年	2016 年
施工房屋面积	**14141.60**	**15240.83**	**17229.48**	**18378.46**	**19890.34**
按用途分					
住　宅	9861.89	10116.11	10720.82	11096.88	11839.36
办公楼	760.67	790.49	1045.68	1155.69	1224.13
商业营业用房	1469.59	1772.77	2211.46	2453.50	2673.30
其　他	2049.45	2561.46	3251.52	3672.39	4153.55
房屋新开工面积	**3558.17**	**4056.71**	**4651.56**	**3792.63**	**4306.27**
按用途分					
住　宅	2231.37	2555.67	2719.44	2225.99	2554.62
办公楼	286.88	177.49	335.34	244.89	207.04
商业营业用房	455.17	561.83	642.23	521.18	532.81
其　他	584.76	761.73	954.55	800.57	1011.79
房屋竣工面积	**2098.96**	**1887.76**	**2103.15**	**1463.43**	**2737.77**
按用途分					
住　宅	1590.22	1361.34	1376.79	885.40	1740.50
办公楼	105.60	86.70	123.64	80.23	115.30
商业营业用房	143.07	153.35	230.63	201.72	275.47
其　他	260.07	286.37	372.09	296.08	606.50

4－21 房地产开发销售情况

Selling of Real Estate Development

	单　　位	2012 年	2013 年	2014 年	2015 年	2016 年
商品房实际销售面积	**万平方米**	**2845. 23**	**2948. 03**	**2950. 17**	**3019. 40**	**3935. 31**
按用途分						
住　　宅	万平方米	2427. 71	2555. 42	2475. 87	2474. 61	3285. 75
办 公 楼	万平方米	147. 45	105. 36	122. 30	93. 47	116. 22
商业营业用房	万平方米	171. 90	173. 29	209. 87	232. 42	234. 88
其　　他	万平方米	98. 17	113. 96	142. 13	218. 90	298. 46
商品房实际销售额	**万元**	**20698994**	**21216129**	**20721358**	**20661948**	**29502014**
按用途分						
住　　宅	万元	16188880	17149257	16182537	16208172	24213205
办 公 楼	万元	1356312	1063011	965406	713980	1013581
商业营业用房	万元	2799090	2562125	2999161	3002300	3006270
其　　他	万元	354712	441736	574254	737496	1268958
商品房待售面积	**万平方米**	**556. 83**	**696. 82**	**1088. 72**	**1256. 95**	**1311. 54**
按用途分						
住　　宅	万平方米	299. 95	326. 17	526. 17	535. 45	371. 27
办 公 楼	万平方米	15. 47	26. 01	67. 17	80. 59	89. 42
商业营业用房	万平方米	69. 50	96. 59	163. 02	228. 35	266. 10
其　　他	万平方米	171. 90	248. 05	332. 36	412. 56	584. 75

4-22 历年全社会建筑企业基本情况

Basic Conditions of Construction Enterprises over the Years

年 份	企业数（个）	建筑业总产值（万元）	计算劳动生产率平均人数（人）	劳动生产率（元/人）	房屋建筑施工面积（万平方米）	房屋建筑竣工面积（万平方米）
1978	44	60412	185515	3256		287.55
1979	50	47391	136867	3463		150.18
1980	53	53531	148347	3608		165.39
1981	100	61993	157881	3926	416.18	212.61
1982	103	76414	172985	4417	642.27	246.19
1983	106	88100	178687	4930	500.82	247.33
1984	110	124050	183170	6772	557.91	292.13
1985	111	142044	192228	7389	656.88	266.83
1986	117	174456	212918	8194	784.67	324.43
1987	118	208230	226041	9212	830.09	355.96
1988	112	230928	228992	10085	833.64	325.93
1989	112	252416	215544	11711	764.69	299.21
1990	121	287922	225079	12792	771.76	348.72
1991	137	290981	210500	13823	805.84	334.78
1992	148	379295	229000	16563	995.60	376.70
1993	164	643554	240481	26761	1323.50	548.40
1994	168	834061	248604	33549	1652.50	608.00
1995	166	1080921	257069	42048	2120.20	571.20
1996	600	1963802	524996	37406	3413.10	1409.90
1997	669	2299019	505480	45482	3369.39	1458.69
1998	715	2554229	528796	48302	3347.05	1456.40
1999	879	2970103	586161	50670	3296.47	1644.62
2000	1017	3419146	577153	59242	3794.68	1860.41
2001	1001	3822085	659773	57930	4447.66	2246.85
2002	1005	4639105	718981	64523	5044.39	2542.58
2003	1112	5709221	832419	68586	5590.85	2801.74
2004	1522	6376470	654709	97394	5918.69	2821.62
2005	1461	7211773	617644	116762	7287.73	2618.62
2006	1343	8677195	620056	139942	9353.15	2748.42
2007	1347	10447809	728320	143451	9918.17	3055.10
2008	1364	12417244	863981	143721	10994.54	4681.56
2009	1512	16121795	938371	171806	11220.13	3968.36
2010	1524	20958969	1285343	163061	12668.80	3726.60
2011	1528	28057968	1816109	154495	15945.53	4864.35
2012	1499	33239335	—	—	17266.37	5174.79
2013	1431	36531697	—	—	22115.29	5787.99
2014	1158	38733555	—	—	22463.04	5870.98
2015	1172	40862308	—	—	23852.51	5985.54
2016	1363	44188806	—	—	23327.39	6242.71

4－23 分月固定资产投资主要经济指标(2016 年)

Main Indicators of Investment in Fixed Assets of Each Month(2016)

单位:亿元

	固定资产投资	#更新改造	#房地产
1－2 月	766.4	129.0	286.1
1－3 月	1582.2	319.2	563.6
1－4 月	2183.3	485.3	753.8
1－5 月	3157.8	675.6	1049.3
1－6 月	4183.6	947.2	1326.5
1－7 月	4781.7	1091.1	1532.4
1－8 月	5457.7	1281.7	1751.8
1－9 月	6255.8	1486.0	1998.8
1－10 月	6892.4	1657.9	2228.7
1－11 月	7615.4	1809.6	2451.0
1－12 月	8370.5	1956.0	2638.9

主要统计指标解释

全社会固定资产投资 以货币形式表现的在一定时期内全社会建造和购置固定资产的工作量以及与此有关的费用的总称。该指标是反映固定资产投资规模、结构和发展速度的综合性指标,又是观察工程进度和考核投资效果的重要依据。全社会固定资产投资按登记注册类型可分为国有、集体、联营、股份制、私营和个体、港澳台商、外商、其他等。

房地产开发投资 包括各种经济类型的房地产开发公司、商品房建设公司及其他房地产开发单位统一开发的包括统代建、拆迁还建的住宅、厂房、仓库、饭店、宾馆、度假村、写字楼、办公楼等房屋建筑物和配套的服务设施、土地开发工程,如道路、给水、排水、供电、供热、通讯、平整场地等基础设施工程的投资。包括非房地产企业实际从事房地产开发或经营活动,不包括单纯的土地交易活动。

建筑工程 是指各种房屋、建筑物的建造工程,又称建筑工作量。这部分投资额必须兴工动料,通过施工活动才能实现,是固定资产投资额的重要组成部分。

安装工程 指各种设备、装置的安装工程,又称安装工作量。在安装工程中,不包括被安装设备本身价值。

设备工器具购置 是指报告期内购置或自制的,达到固定资产标准的设备、工具、器具的价值。新建单位及扩建单位的新建车间,按照设计或计划要求购置或自制的全部设备、工具、器具,不论是否达到固定资产标准均计入“设备工器具购置”中。

其他费用 指在固定资产建造和购置过程中发生的,除建筑安装工程和设备、工器具购置投资完成额以外的应当分摊计入固定资产投资的费用,不指经营中财务上的其他费用。

新增固定资产 指已经完成建造和购置过程,并已交付生产或使用单位的固定资产的价值,包括已经建成投入生产或交付使用的工程投资和达到固定资产标准的设备、工具、器具的投资及有关应摊入的费用。属于增加固定资产价值的其他建设费用,应随同交付使用的工程一并计入新增固定资产。

建设项目投产率 指一定时期内全部建成投入生产项目个数占同期正式施工项目个数的比率。它是从项目建设速度的角度反映投资效果的指标。

固定资产交付使用率 指一定时期新增固定资产与同期完成投资额的比率。它是反映各个时期固定资产动用速度,衡量建设过程中投资效果的一个综合性指标。

未完工程占用率 指年末未完工程累计完成投资额占全年实际完成投资额的比率。它反映未完工程的相对规模,并可从资金占用的角度反映固定资产投资效果。由于未完工程是指已经开工,但尚未建成交付使用的工程,有个跨年度问题,因此未完工程占用率会出现大于1的情况。

建筑业总产值 指以货币表现的建筑业企业在一定时期内生产的建筑业产品和服务的总和。建筑业总产值包括建筑工程产值、安装工程产值和其他产值三部分内容。

房屋施工面积 指报告期内施工的全部房屋建筑面积。包括本期新开工的房屋建筑面积、上期跨入本期继续施工的房屋建筑面积、上期停缓建在本期恢复施工的房屋建筑面积、本期竣工的房屋建筑面积以及本期施工后又停缓建的房屋建筑面积。多层建筑应填各层建筑面积之和。

房屋新开工面积 指报告期内新开工建设的房屋建筑面积,以单位工程为核算对象,即整栋房屋的全部建筑面积,不能分割计算。不包括在上期开工跨入报告期继续施工的房屋建筑面积和上期停缓建而在本期恢复施工的房屋建筑面积。房屋的开工应以房屋正式开始破土刨槽(地基处理或打永久桩)的日期为准。

房屋竣工面积 指报告期内房屋建筑按照设计要求已全部完工,达到住人和使用条件,经验收鉴定合格或达到竣工验收标准,可正式移交使用的各栋房屋建筑面积的总和。

竣工面积以房屋单位工程(栋)为核算对象,在整栋房屋符合竣工条件后按其全部建筑面积一次性计算,而不是按各栋施工房屋中已完成的部分或层次分割计算。

计算房屋竣工面积,要求严格执行房屋竣工验收标准。民用建筑一般应按设计要求在土建工程和房屋本身附属的水、电、卫(包括设计中有的煤气、暖气)工程已经完工,通风、电梯等设备已经安装完毕,做到水通、灯亮,经验收鉴定合格,并正式交付给使用单位后,才能计算竣工面积。工业及科研等生产性房屋建筑一般应按设计要求在土建工程(包括水、暖、电、卫、通风)及属于房屋组成部分的生活间、操作间等已经完成(不包括安装设备的基础工程),可以进行工艺设备和管线安装时,方可计算房屋竣工面积。

商品房销售面积 指报告期内出售商品房屋的合同总面积(即双方签署的正式买卖合同中所确定的建筑面积)。本月销售面积指从本月1日起至本月最后一天止出售商品房屋的合同总面积。商品房销售面积由现房销售面积和期房销售面积两部分组成。现房销售面积:指在报告期内正式签订买卖合同、已经竣工达到入住条件的商品房屋建筑面积。包括以一次性付款方式和分期付款方式销售的现房建筑面积。期房销售面积:指在报告期内正式签订买卖合同、正在建设尚未竣工交付使用的商品房屋建筑面积。包括以一次性付款方式和分期付款方式销售的商品房屋建筑面积。期房销售建筑面积竣工后不再结转为现房销售建筑面积。

商品房销售额 指报告期内出售商品房屋的合同总价款(即双方签署的正式买卖合同中所确定的合同总价)。本月销售额指从本月1日起至本月最后一天止出售商品房屋的合同总价款。该指标与商品房销售面积同口径,由现房销售额和期房销售额两部分组成。现房销售额:指报告期内销售的已竣工商品房屋的合同总价款。包括现房销售前期预收的定金、预收款、首付款及全部按揭贷款的本金等款项。该指标与现房销售面积同口径。期房销售额:指报告期内销售的正在建设尚未竣工的商品房屋的合同总价款。包括预售房屋前期预收的定金、预收款、首付款及全部按揭贷款的本金等项。该指标与期房销售面积同口径。

五　能源购进、消费与库存

简 要 说 明

主要内容

本部分资料反映成都市能源基本情况。包括规模以上工业企业万元工业总产值综合能源消费量,主要能源购进、消费与库存，主要能源按工业行业分组消费量，工业企业综合能源消费量按行业分类，工业企业水消费按行业分类等资料。

资料来源

本部分资料来源于成都市统计局。

5－1 规模以上工业企业万元工业总产值综合能源消费量

Per 10000 Yuan Gross Industrial Output Value Consumption of Energy

项目	能源合计（吨标煤）	原煤（吨）	原油（吨）	焦炭（吨）	天然气（立方米）	汽油（吨）	煤油（吨）	柴油（吨）	电力（千瓦时）
2005 年	0. 4590	0. 3414		0. 0572	104. 3185	0. 0013	0. 0008	0. 0019	435. 4632
2006 年	0. 4210	0. 2249		0. 0658	91. 7754	0. 0023	0. 0007	0. 0020	558. 3733
2007 年	0. 3032	0. 1821		0. 0430	71. 9796	0. 0010	0. 0005	0. 0016	379. 3602
2008 年	0. 2245	0. 1380		0. 0304	60. 9299	0. 0011	0. 0004	0. 0015	304. 5253
2009 年	0. 1937	0. 1228		0. 0231	50. 1368	0. 0004	0. 0004	0. 0009	280. 0156
2010 年	0. 1657	0. 1090		0. 0196	40. 4926	0. 0003	0. 0004	0. 0008	268. 0947
2011 年	0. 1328	0. 1017		0. 0131	33. 7243	0. 0005	0. 0003	0. 0009	224. 3223
2012 年	0. 1200	0. 0847		0. 0120	29. 0640	0. 0005	0. 0002	0. 0008	217. 6970
2013 年	0. 1042	0. 0612		0. 0088	28. 4607	0. 0004	0. 0002	0. 0007	183. 6400
2014 年	0. 1162	0. 0473	0. 0597	0. 0070	24. 4414	0. 0003	0. 0001	0. 0005	167. 9165
2015 年	0. 1157	0. 0400	0. 0687	0. 0016	20. 8583	0. 0003	0. 0001	0. 0005	170. 6851
2016 年	0. 1071	0. 0331	0. 0574	0. 0004	19. 7902	0. 0003	0. 0001	0. 0005	169. 1004

5－2 规模以上工业企业主要能源购进、消费及库存(2016 年)

Energy Purchasing Consumption and Inventory of Industrial Enterprises above the Set Scale (2016)

项目	购进量	消费量合计	#工业生产消费	年末库存
原煤(吨)	4008523. 20	4023465. 86	4022575. 07	279215. 81
洗精煤(吨)		30. 21		
其他洗煤(吨)	104404. 81	105475. 61	105309. 83	3700. 04
煤制品(吨)	17501. 80	16469. 31	16469. 31	129. 76
焦炭(吨)	43505. 51	43850. 66	43799. 76	1131. 35
天然气(万立方米)	239973. 47	240258. 66	238252. 02	0. 23
原油(吨)	6861864. 30	6967355. 30	6967348. 00	311598. 00
汽油(吨)	30729. 20	31738. 84	13335. 34	348. 36
煤油(吨)	10302. 28	10414. 09	10401. 44	99. 13
柴油(吨)	62068. 83	60412. 55	45424. 97	1905. 05
燃料油(吨)	1685. 14	113483. 14	113483. 14	52. 00
液化石油气(吨)	79301. 52	199265. 52	199244. 77	
其他石油制品(吨)	707374. 73	791361. 12	791340. 26	2114. 96
热力(百万千焦)	2279938. 39	17571288. 73	17547195. 39	
电力(万千瓦时)	1988065. 58	2052929. 77	2024821. 34	
煤矸石用于燃料(吨)	254483. 28	280157. 00	280157. 00	16779. 60
城市垃圾用于燃料(吨)	1426084. 06	1816951. 00	1816951. 00	19263. 00
其他燃料(吨标准煤)	46831. 26	46855. 05	46844. 59	

5－3　主要能源按工业行业分组消费量(2016 年)

Volume of Main Energy Consumption by Industrial Sector (2016)

行业分类	原煤 (吨)	天然气 (万立方米)	汽油 (吨)	柴油 (吨)	燃料油 (吨)	电力 (万千瓦时)
总　　计	**4023465.86**	**240258.66**	**31738.84**	**60412.55**	**113483.14**	**2052929.77**
#石油和天然气开采业						389.62
农副食品加工业	95842.29	4206.64	1310.90	1194.50	42.00	41499.24
食品制造业	23930.60	6803.67	1099.34	1081.53		43529.24
酒、饮料和精制茶制造业	30606.26	5207.37	282.75	623.80		30732.22
烟草制品业		1150.94	370.71	38.78		7910.78
纺 织 业	68417.94	550.30	163.68	51.00		15209.28
纺织服装、服饰制造业	4834.91	203.25	132.23	71.18		5140.29
皮革、毛皮、羽毛及其制品和制鞋业	23847.86	990.79	626.33	272.42		11548.71
木材加工和木、竹、藤、棕、草制品业	9883.00	390.55	227.35	661.24		38561.01
家具制造业	60.70	1726.24	742.46	1846.68		78456.96
造纸和纸制品业	74523.76	2381.92	573.92	1111.04		50214.40
印刷和记录媒介复制业	113716.55	919.81	940.93	476.88		41909.52
文教、工美、体育和娱乐用品制造业	18.40	141.67	105.51	41.13	3.49	3396.65
石油加工、炼焦和核燃料加工业		62093.93	50.18		111798.00	178184.39
化学原料和化学制品制造业	156844.22	50837.33	2060.98	1485.80	91.00	165109.23
医药制造业	47237.12	7085.83	1325.17	727.17		53486.24
化学纤维制造业	147700.44	541.87	73.02	29.41		13728.36
橡胶和塑料制品业	101246.20	1577.38	1295.18	1725.24		88919.57
非金属矿物制品业	1552799.17	51106.23	2292.25	30457.61	1543.65	249913.36
黑色金属冶炼和压延加工业	62800.14	10328.19	547.45	799.37		227328.44
有色金属冶炼和压延加工业	2976.56	2991.77	535.29	843.77		27376.06
金属制品业	736.17	4347.93	2401.89	822.17		71235.17
通用设备制造业	5252.74	4641.93	3782.11	2470.20		105814.45
专用设备制造业	50.52	2254.79	1250.51	834.02	5.00	34472.90
汽车制造业	3063.00	9059.49	3008.92	4636.35		140278.18
铁路、船舶、航空航天和其他运输设备制造业	681.00	167.52	339.80	101.64		8780.19
电气机械和器材制造业	5845.46	2811.84	2279.21	648.84		74652.82
计算机、通信和其他电子设备制造业		1327.93	1310.04	261.03		143402.33
仪器仪表制造业	79.21	184.52	393.15	57.27		5870.43
其他制造业		119.08	221.93	80.00		3232.30
废弃资源综合利用业	15218.09	48.83				2156.32
金属制品、机械和设备修理业		117.29	273.89	709.75		2024.74
电力、热力生产和供应业	1475245.85	2979.33	304.12	452.04		44592.58
燃气生产和供应业		596.98	858.36	32.41		6008.71
水的生产和供应业	7.70	365.52	559.28	298.28		34474.08

5-4 规模以上工业企业综合能源消费量按行业分类

Volume of Overall Energy Consumption of Industrial Enterprises above the Set Scale by Sector

单位:吨标准煤

	2012 年	2013 年	2014 年	2015 年	2016 年
总　计	**9445854**	**9554385**	**12058562**	**12655287**	**12996249**
#石油和天然气开采业	2870	1329	619	560	479
农副食品加工业	205034	214446	155707	167652	199717
食品制造业	166600	167985	159218	155946	170475
酒、饮料和精制茶制造业	152614	172849	131995	137112	143040
烟草制品业	29700	28625	27450	25693	22400
纺 织 业	72035	64032	50588	44058	59105
纺织服装、服饰制造业	11670	9812	8568	6801	12635
皮革、毛皮、羽毛及其制品和制鞋业	81805	71042	53976	47464	44699
木材加工和木、竹、藤、棕、草制品业	49566	104613	97434	113859	104151
家具制造业	126291	118041	106110	109897	121476
造纸和纸制品业	175158	193820	192942	211814	182038
印刷和记录媒介复制业	99138	81992	78700	77147	127122
文教、工美、体育和娱乐用品制造业	3550	2612	2506	3309	6146
石油加工、炼焦和核燃料加工业	39961	321745	4050981	5193121	5352183
化学原料和化学制品制造业	1411729	1448565	895443	877964	991412
医药制造业	340945	246901	191697	189748	203296
化学纤维制造业	62336	63323	86548	87421	117037
橡胶和塑料制品业	159340	136234	124963	128176	191474
非金属矿物制品业	2074537	2269392	2012864	2055149	2151601
黑色金属冶炼和压延加工业	1618584	1412027	1258605	621669	458165
有色金属冶炼和压延加工业	138669	114074	90584	85417	78818
金属制品业	146161	168643	134908	142428	148846
通用设备制造业	171794	161227	130238	115837	198134
专用设备制造业	128380	85833	87370	93744	77693
汽车制造业	158149	230167	251969	262139	309406
铁路、船舶、航空航天和其他运输设备制造业	85180	91421	20034	18483	13337
电气机械和器材制造业	164838	122671	140024	125419	132289
计算机、通信和其他电子设备制造业	159382	143618	134315	178261	188942
仪器仪表制造业	18183	11950	11938	15808	13531
其他制造业	5050	6122	14197	15286	19315
废弃资源综合利用业	5034	6741	5582	3902	14311
金属制品、机械和设备修理业	29372	24420	8152	6413	6347
电力、热力生产和供应业	1321588	1229718	1305651	1290676	1061927
燃气生产和供应业	12532	8585	6958	13672	15713
水的生产和供应业	18073	19809	28709	32535	46852

5-5 规模以上工业企业水消费按行业分类(2016年)

Volume of Water Consumption of Industrial Enterprises above the Set Scale by Sector (2016)

单位:万立方米

行业分类	工业取水总量			重复用水总量
	合计	#自来水	#地下及地表水	
总计	**172573.10**	**66422.52**	**103546.43**	**180628.52**
#石油和天然气开采业	5.46	5.23	0.22	
农副食品加工业	570.88	340.77	224.03	30.10
食品制造业	773.71	509.51	264.16	28.02
酒、饮料和精制茶制造业	1342.73	1164.25	172.79	1464.09
烟草制品业	81.85	48.07	33.58	17.97
纺织业	265.20	39.12	226.07	8.44
纺织服装、服饰制造业	98.89	94.27	4.61	0.08
皮革、毛皮、羽毛及其制品和制鞋业	246.74	52.26	193.22	18.20
木材加工和木、竹、藤、棕、草制品业	126.11	72.78	50.82	15.98
家具制造业	302.96	155.23	147.29	44.66
造纸和纸制品业	880.63	153.84	726.74	981.16
印刷和记录媒介复制业	630.34	85.52	543.69	325.75
文教、工美、体育和娱乐用品制造业	21.53	19.76	1.77	0.70
石油加工、炼焦和核燃料加工业	1700.41	1697.22	3.18	124442.86
化学原料和化学制品制造业	3748.37	429.29	864.39	11046.48
医药制造业	1323.71	967.96	353.28	383.10
化学纤维制造业	484.34	17.59	466.75	4765.46
橡胶和塑料制品业	274.34	168.22	105.41	876.45
非金属矿物制品业	1366.29	631.75	732.16	7897.32
黑色金属冶炼和压延加工业	539.93	246.34	184.60	7896.42
有色金属冶炼和压延加工业	169.69	139.96	29.60	726.06
金属制品业	387.42	341.27	45.69	57.82
通用设备制造业	345.15	281.94	63.09	62.81
专用设备制造业	348.13	284.52	63.44	78.36
汽车制造业	1250.53	1150.91	98.55	6264.97
铁路、船舶、航空航天和其他运输设备制造业	71.32	67.29	4.01	0.86
电气机械和器材制造业	587.17	505.88	80.83	3499.64
计算机、通信和其他电子设备制造业	1463.96	1448.12	15.74	4927.54
仪器仪表制造业	74.72	72.33	2.39	6.28
其他制造业	86.95	12.68	74.27	0.02
废弃资源综合利用业	4.29	2.89	1.40	1.59
金属制品、机械和设备修理业	54.08	48.24	5.84	133.62
电力、热力生产和供应业	1580.28	59.29	1520.99	4624.62
燃气生产和供应业	37.09	37.06	0.03	1.07
水的生产和供应业	151318.99	55071.16	96241.80	

5－6 规模以上工业企业工业产值综合能耗按行业分类(2016年)

Overall Energy Consumption of Industrial Enterprises above the Set Scale by Sector (2016)

	综合能源消费量 (吨标准煤)	产值能耗 (吨标准煤/万元)
总　　计	**12996249**	**0.1071**
#石油和天然气开采业	479	0.0112
农副食品加工业	199717	0.0377
食品制造业	170475	0.0478
酒、饮料和精制茶制造业	143040	0.0554
烟草制品业	22400	0.0120
纺 织 业	59105	0.1167
纺织服装、服饰制造业	12635	0.0210
皮革、毛皮、羽毛及其制品和制鞋业	44699	0.0445
木材加工和木、竹、藤、棕、草制品业	104151	0.1274
家具制造业	121476	0.0335
造纸和纸制品业	182038	0.1872
印刷和记录媒介复制业	127122	0.0906
文教、工美、体育和娱乐用品制造业	6146	0.0111
石油加工、炼焦和核燃料加工业	5352183	1.3324
化学原料和化学制品制造业	991412	0.2697
医药制造业	203296	0.0433
化学纤维制造业	117037	0.8323
橡胶和塑料制品业	191474	0.0758
非金属矿物制品业	2151601	0.4445
黑色金属冶炼和压延加工业	458165	0.1438
有色金属冶炼和压延加工业	78818	0.0387
金属制品业	148846	0.0348
通用设备制造业	198134	0.0331
专用设备制造业	77693	0.0202
汽车制造业	309406	0.0169
铁路、船舶、航空航天和其他运输设备制造业	13337	0.0097
电气机械和器材制造业	132289	0.0245
计算机、通信和其他电子设备制造业	188942	0.0069
仪器仪表制造业	13531	0.0297
其他制造业	19315	0.0583
废弃资源综合利用业	14311	0.0680
金属制品、机械和设备修理业	6347	0.0301
电力、热力生产和供应业	1061927	0.4916
燃气生产和供应业	15713	0.0051
水的生产和供应业	46852	0.1167

主要统计指标解释

能源购进量 根据企业生产、经营性质划分,购进量分两种情况,一种是能源经销企业(批发、零售企业)用于销售的能源购进数量,另一种是能源使用企业用于消费的能源购进数量,分别在不同表式中统计。

能源经销企业能源购进量,指能源经销企业在报告期内购入的、用于销售的各种一次能源和二次能源。能源经销企业能源购进量由能源经销企业(批发、零售企业)填报。

能源使用企业能源购进量,指能源使用单位在报告期内外购的、用于企业消费的各种一次能源和二次能源。能源使用企业能源购进量由能源使用企业填报。

购进量金额 指本单位在报告期实际购进的、已办理验收入库手续的各种一次能源和二次能源的金额。其金额以购货发票上的总金额(含增值税)计算,统计原则、范围与购进量相同。

能源消费量 指能源使用单位在报告期内实际消费的一次能源或二次能源的数量。

能源消费量统计的原则是:

(1)谁消费、谁统计。

(2)何时投入使用,何时计算消费量。

(3)在计算综合能源消费量时,不应重复计算,应扣除二次能源的产出量和余热、余能的回收利用量。

(4)耗能工质(如水、氧气、压缩空气等),不论是外购的还是自产自用的,均不统计在能源消费量中(计算单位产品能耗时应根据具体的指标规定将某些耗能工质包括在内)。

(5)企业自产的能源,凡作为企业生产另一种产品的原材料、燃料,又分别计算产量的,消费量要统计,但产品生产过程中消费的半成品和中间产品,不统计消费量。

工业企业能源消费量 工业企业能源消费包括工业企业在生产过程中作为燃料、动力、原料、辅助材料使用的能源以及工艺用能、非生产用能;作为能源加工转换企业,还要包括能源加工转换的投入量.

工业生产能源消费 指工业企业为进行工业生产活动所使用的能源。

综合能源消费量 指报告期内工业企业在工业生产活动中实际消费的各种能源的总和净值。计算综合能源消费量时,需要先将使用的各种能源折算成标准燃料后再进行计算。

能源库存量 本制度中所涉及的能源库存量是指企业能源库存量,它是企业在报告期的某时间点所拥有的各种能源数量。根据企业的生产经营活动性质,企业库存量分为生产企业产成品库存、经销企业(批发、零售企业)用于经营销售的库存、使用企业用于消费的库存。

库存量的核算原则:(1)时点性原则;(2)实际数量原则;(3)库存量的核算,以验收合格、办理完入库手续为准,未经验收或不合格的不能计入库存;(4)能源生产企业产成品库存和能源经销企业(批发、零售企业)用于经营销售的库存按照能源的所有权原则统计,能源使用企业用于消费的库存按照能源的使用权原则统计(建筑业库存按照"谁管理,谁统计"的原则统计)。

工业取水总量 指工业企业法人单位从各种水源提取的新水量。

六　财政、金融和保险

简 要 说 明

主要内容

本部分包括全市财政收支情况;全市税收情况、金融机构及国家银行信贷收支情况；全市保险机构在本市的保险业务开办情况。

资料来源

财政资料来源于成都市财政局。

税收资料来源于成都市国家税务局和成都市地方税务局。

金融资料来源于中国人民银行成都分行营业管理部。

保险资料来源于四川省保险行业协会。

其他需要说明的问题

金融机构及国家银行信贷收支统计数含省级在蓉金融机构和国家银行在本市发生的信贷收支数。

财政收入与支出（亿元）

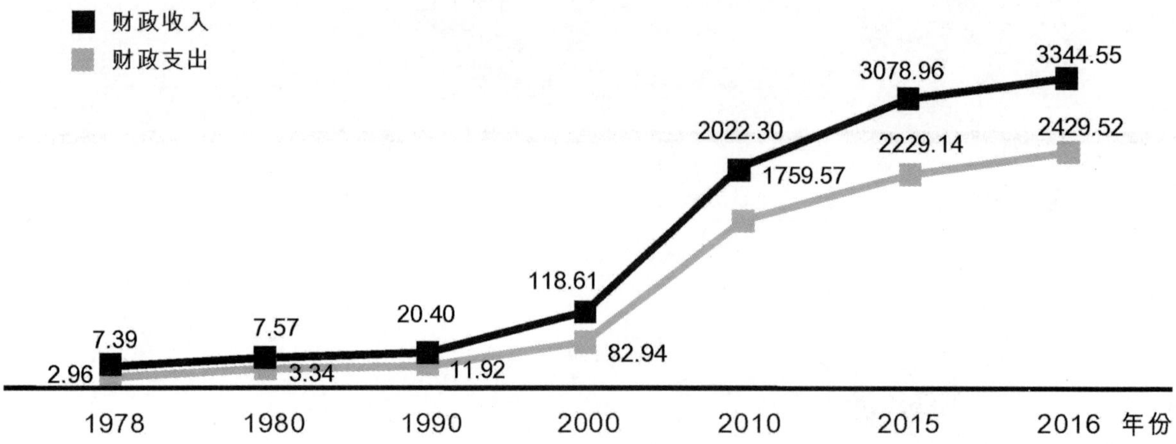

金融机构人民币年末存贷款余额（亿元）

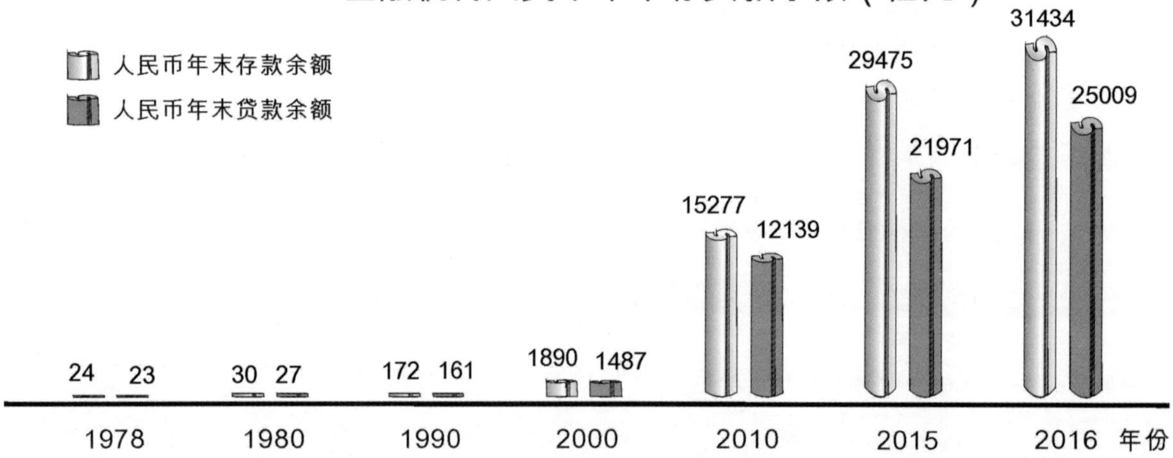

城乡居民储蓄余额（亿元）

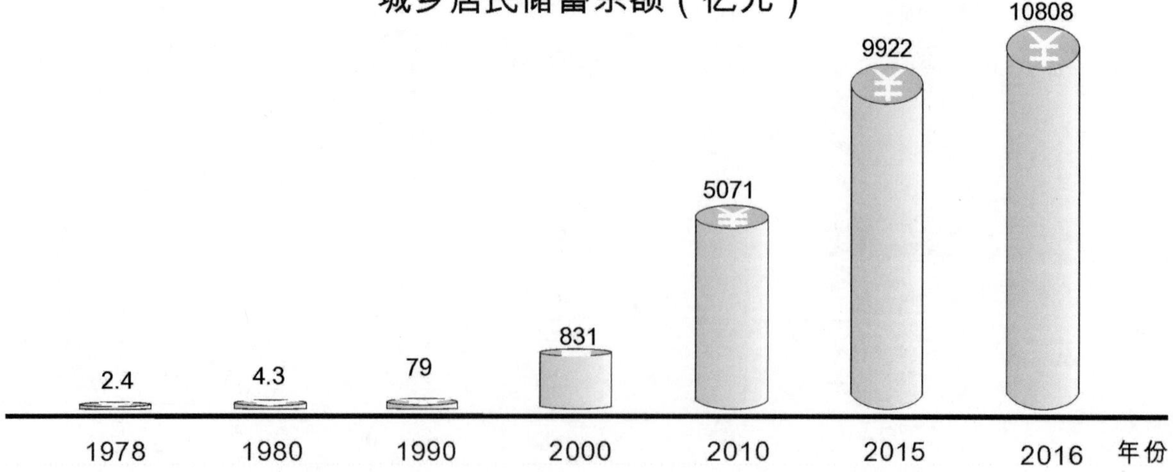

6-1 历年财政收入与财政支出

Government Financial Revenue and Expenditures over the Years

年份	财政收入(万元)	财政支出(万元)	财政收支差额(万元)	增长速度(%)		相当于本地生产总值比例(%)	
				财政收入	财政支出	财政收入	财政支出
1950	52	83	-31			0.1	0.2
1951	282	463	-181	4.4倍	4.6倍	0.6	1
1952	794	1407	-613	1.8倍	2.0倍	1.6	2.8
1953	9409	2723	6686	10.9倍	93.5	15.1	4.4
1954	9614	2887	6727	2.2	6.0	14.5	4.4
1955	10520	3188	7332	9.4	10.4	15.1	4.6
1956	12141	4635	7506	15.4	45.4	15.3	5.8
1957	15334	4923	10411	26.3	6.2	17.0	5.5
1958	25431	12174	13257	65.8	1.5倍	24.5	11.7
1959	40407	17679	22728	58.9	45.2	32.2	14.1
1960	60046	26489	33557	48.6	49.8	46.9	20.7
1961	21690	8613	13077	-63.9	-67.5	27.2	10.8
1962	14346	4997	9349	-33.9	-42.0	18.5	6.5
1963	20010	5996	14014	39.5	20.0	23.6	7.1
1964	19321	10375	8946	-3.4	73.0	18.5	10.0
1965	21776	11314	10462	12.7	9.1	16.0	8.3
1966	25184	11583	13601	15.7	2.4	15.1	6.9
1967	18501	9730	8771	-26.5	-16.0	12.6	6.6
1968	9991	7327	2664	-46.0	-24.7	8.4	6.1
1969	18803	12430	6373	88.2	69.6	12.4	8.2
1970	27519	13991	13528	46.4	12.6	13.4	6.8
1971	33571	17326	16245	22.0	23.8	14.5	7.5
1972	35024	18636	16388	4.3	7.6	15.7	8.3
1973	33229	17077	16152	-5.1	-8.4	14.4	7.4
1974	29519	15734	13785	-11.2	-7.9	13.3	7.1
1975	40904	18989	21915	38.6	20.7	16.5	7.7
1976	39098	20009	19089	-4.4	5.4	17.6	9.0
1977	50167	21368	28799	28.3	6.8	17.5	7.5
1978	73882	29626	44256	47.3	38.7	20.6	8.3
1979	74864	34597	40267	1.3	16.8	18.1	8.4
1980	75687	33359	42328	1.1	-3.6	16.4	7.2

注:①增长速度为同口径可比增速;②1950-1952年属新中国建立初期经济恢复时期,我市尚未建立地方级财政,该时期主要税收均由国家、省直接征收,地方仅有极少部份税收项目收入,故数据偏小。

6-1 续表

年份	财政收入(万元)	财政支出(万元)	财政收支差额(万元)	增长速度(%)		相当于本地生产总值比例(%)	
				财政收入	财政支出	财政收入	财政支出
1981	70933	30410	40523	-6.3	-8.8	14.5	6.2
1982	73839	30466	43373	4.2	0.2	13.3	5.5
1983	86090	35018	51072	16.6	15.0	13.7	5.6
1984	95642	45790	49852	11.1	30.8	13.4	6.4
1985	116497	59707	56790	21.8	30.4	13.5	6.9
1986	133535	68105	65430	14.6	14.1	14.1	7.2
1987	138508	72036	66472	3.7	5.8	12.0	6.2
1988	163280	81158	82122	17.9	12.7	11.2	5.6
1989	195905	105061	90844	20.0	29.2	12.0	6.4
1990	203981	119179	84802	4.1	13.4	10.5	6.1
1991	224354	144965	79389	10.0	21.6	9.6	6.2
1992	249041	167589	81452	11.0	15.6	8.5	5.7
1993	337751	244909	92842	35.6	46.1	8.7	6.3
1994	458905	284996	173909	35.9	16.4	9.0	5.6
1995	528933	352085	176848	15.3	23.5	8.2	5.4
1996	654185	444024	210161	23.7	26.1	8.5	5.7
1997	772534	528323	244211	18.1	19.0	8.8	6.0
1998	894140	600676	293464	15.7	13.7	9.3	6.2
1999	1047867	722136	325731	17.2	20.2	10.0	6.9
2000	1186106	829432	356674	15.3	14.9	10.3	7.2
2001	1453175	1056589	396586	22.5	27.4	11.0	8.0
2002	1819760	1296823	522937	22.8	22.7	12.2	8.7
2003	2161256	1545576	615680	15.1	19.5	12.7	9.1
2004	2751491	1875653	875838	27.1	21.4	13.5	9.2
2005	3657817	2417938	1239879	28.8	27.2	15.4	10.2
2006	4890756	3369189	1521567	30.0	37.3	17.6	12.2
2007	9966100	7536223	2429877	36.0	38.7	29.6	22.4
2008	11322983	9322280	2000703	12.2	22.8	28.7	23.6
2009	12793694	10458917	2334777	14.3	11.5	28.4	23.2
2010	20222972	17595722	2627250	58.1	74.4	36.4	31.7
2011	22694571	17942741	4751830	13.6	2.6	32.7	25.8
2012	23312621	17704420	5608201	3.8	-1.2	28.6	21.8
2013	28100196	21508149	6592047	19.2	22.8	30.8	23.6
2014	30961856	23296247	7665609	10.2	8.3	30.8	23.2
2015	30789634	22291350	8498284	-0.6	-4.3	28.5	20.6
2016	33445538	24295200	9150338	8.6	9.0	27.5	20.0

6－2　分级地方公共财政收支情况(2016年)

Revenue and Expenditures in Local Public Finance by Grade and Source(2016)

单位:万元

	全　市	分级收支		占全市比重(%)	
		市本级	区县级	市本级	区县级
一般公共预算收入	**11754109**	**3197103**	**8557006**	**27.2**	**72.8**
增值税	2030882	452253	1578629	22.3	77.7
营业税	1102301	205544	896757	18.6	81.4
企业所得税	1065714	304904	760810	28.6	71.4
个人所得税	534104	191575	342529	35.9	64.1
其他收入	7021108	2042827	4978281	29.1	70.9
一般公共预算支出	**15958949**	**3432334**	**12526615**	**21.5**	**78.5**
#一般公共服务支出	1577380	222748	1354632	14.1	85.9
公共安全支出	1092012	283189	808823	25.9	74.1
教育支出	2275985	277004	1998981	12.2	87.8
社会保障和就业支出	1748489	263169	1485320	15.1	84.9
医疗卫生与计划生育支出	1137597	384994	752603	33.8	66.2
城乡社区支出	3055139	560751	2494388	18.4	81.6
资源勘探信息等支出	1341081	272884	1068197	20.3	79.7
粮油物资储备支出	24479	6677	17802	27.3	72.7
商业服务业等支出	287655	148640	139015	51.7	48.3
金融支出	99504	11780	87724	11.8	88.2

6－3 全市税收情况(2016年)

Main Indicators of Taxes Revenue(2016)

单位:万元

	合　　计	内资企业			
		小　　计	#国有企业	#集体企业	#联营企业
总　　计	**21668938**	**16861368**	**1831111**	**53402**	**2493**
#增 值 税	6712054	5380847	415636	23687	643
消 费 税	1969244	1526132	216495	26	
营 业 税	2243617	2049964	116347	11447	787
企业所得税	3827607	3000448	162131	8796	429
个人所得税	1669302	1263588	65520	3880	241
资 源 税	7664	5738	952	28	
城市维护建设税	717375	582198	45215	1917	104
房 产 税	475675	335116	20874	1666	128
印 花 税	165045	137372	8606	279	16
城镇土地使用税	317600	280479	12004	807	138
土地增值税	879580	666718	4404	504	
车船使用税	142175	134676	138	2	
车船购置税	618960	86856	1432	279	7

6－3 续表

	内　资　企　业		港澳台外商投资企业	个体经营
	#股份公司	#私营企业		
总　　计	**12388659**	**1924680**	**3297344**	**1510225**
#增 值 税	4137182	743980	1126592	204615
消 费 税	1307667	1944	442556	556
营 业 税	1577289	190281	153828	39825
企业所得税	2356966	444699	827160	
个人所得税	842320	182378	228317	177397
资 源 税	4402	348	1847	79
城市维护建设税	456037	64785	125813	9364
房 产 税	251706	53841	110036	30523
印 花 税	108649	18303	23413	4260
镇土地使用税	225925	37860	35331	1790
土地增值税	537087	87807	200094	12768
车船使用税	133682	685	5803	1696
车船购置税	63116	12217	3474	528631

6-4 各项税收

Taxes of All Kinds

单位:万元

指　　标	2014 年		2015 年		2016 年	
	数值	增长%	数值	增长%	数值	增长%
产业税收	**19857723**	**12.4**	**21378045**	**7.7**	**21668938**	**1.4**
第一产业	88712	66.4	28856	-67.5	21350	-26.0
第二产业	6913397	15.7	7650862	10.7	7811267	2.1
采矿业	118681	-5.7	139926	17.9	90335	-35.4
制造业	5284952	17.6	5672093	7.3	5699621	0.5
电力、燃气及水的生产和供应业	323593	6.5	461147	42.5	395413	-14.3
建筑业	1186171	12.8	1377696	16.1	1625899	18.0
第三产业	12855614	10.5	13698327	6.6	13836321	1.0
交通运输、仓储及邮政业	296467	-13.2	369400	24.6	361103	-2.2
批发和零售业	1954158	-1.8	2300547	17.7	2441234	6.1
金融业	1572211	25.7	1664783	5.9	1764551	6.0
信息传输、计算机服务和软件业	539967	5.4	539161	-0.1	520705	-3.4
租赁和商务服务业	737854	13.9	869012	17.8	1097976	26.3
房地产业	4801157	6.0	4662245	-2.9	4801461	3.0
其他行业	2953800	10.5	3293178	11.5	2849291	-13.5

6－5 国税税收收入

Revenue of National Taxation

单位:万元

项 目	2013 年	2014 年	2015 年	2016 年
税收收入合计	**8725557**	**10163402**	**10629934**	**12664190**
按税种分				
#增值税收入	4310195	4172040	5134359	6646947
#一般纳税人	3424357	3975199	4214466	5910772
消费税收入	1478687	1808646	1979888	1969244
企业所得税	2234096	2498165	2648397	2677295
个人所得税	371	73	67	24
按行业分				
第一产业	48295	85510	22035	10581
第二产业	4177953	4889739	5168346	5705788
#工　　业	4112094	4813893	5064654	5181831
第三产业	4499309	5188153	5439553	6947821
#交通运输仓储及邮政业	88682	173667	213023	211328

6－6 地税税收收入

Revenue of Local Taxation

单位:万元

项 目	2013 年	2014 年	2015 年	2016 年
税收收入合计	**8936619**	**9694321**	**10748111**	**9004748**
按税种分				
#营业税	3854372	3633122	3403304	2243617
企业所得税	1005235	1060601	1052313	1150312
个人所得税	1074122	1228668	1384053	1669278
城市维护建设税	602976	633834	624720	717375
房产和城市房地产税	294498	368997	430148	475675
印花税	144960	158460	143922	165045
城镇土地使用税	248291	286794	332075	317600
土地增值税	704036	837134	953580	879580
按行业分				
第一产业	5567	3202	6821	10769
第二产业	2082291	2023658	2482516	2105479
#工　　业	1037912	913333	1208512	1003537
第三产业	7642944	7667461	8258774	6888500
#交通运输仓储及邮政业	252995	122800	156377	149775

6-7 历年信贷及现金收支情况

Income and Expenditures on Credit and Cash over the Years

单位:万元

年份	金融机构信贷收支		国家银行现金收支		净投放(+) 净回笼(-)
	年末存款余额	年末贷款余额	现金收入	现金支出	
1950	2510	51	3361	4082	721
1951	4641	404	8338	10083	1745
1952	11245	716	13534	15058	1524
1953	8843	6958	18325	20657	2332
1954	18101	40420	30256	29425	- 831
1955	22201	23503	34121	33743	- 378
1956	14481	18563	45538	47125	1587
1957	20936	21878	55374	54497	- 877
1958	38853	37297	63388	63251	- 137
1959	103889	79316	70858	67662	- 3196
1960	77298	143748	75006	73085	- 1921
1961	101189	130652	73303	71947	- 1356
1962	70450	90614	60100	55569	- 4531
1963	74314	61371	64128	60651	- 3477
1964	69339	68163	70908	69027	- 1881
1965	88541	90464	78669	77925	- 744
1966	112231	126901	84284	82863	- 1421
1967	103697	125694	89287	85540	- 3747
1968	102058	145786	78624	79804	1180
1969	106782	159196	87936	84430	- 3506
1970	143296	169548	89822	82611	- 7211
1971	161042	182252	95408	89627	- 5781
1972	168218	178822	106045	101187	- 4858
1973	158311	187762	114147	108213	- 5934
1974	164467	186970	115292	110170	- 5122
1975	158736	195459	118666	111249	- 7417
1976	156813	183154	114897	111929	- 2968
1977	223387	193600	122723	116698	- 6025
1978	237967	225304	144048	139022	- 5026
1979	281399	250258	184524	180083	- 4441
1980	303681	274013	230362	224825	- 5537
1981	324079	294740	257694	247998	- 9696

6-7 续表

单位:万元

年份	金融机构信贷收支		国家银行现金收支		净投放(+)净回笼(-)
	年末存款余额	年末贷款余额	现金收入	现金支出	
1982	375890	297258	285665	274832	-10833
1983	414984	301860	336814	324651	-12163
1984	561629	631535	419970	416516	-3454
1985	590613	539559	591895	575088	-16807
1986	814434	797886	673159	654730	-18429
1987	1000047	942447	913920	887621	-26299
1988	1121097	1139779	1358685	1388848	30163
1989	1327700	1322547	1545823	1467073	-78750
1990	1723157	1605300	1751065	1616964	-134101
1991	2227217	1996183	2256416	2046852	-209564
1992	2975379	2485056	3356674	3199444	-157230
1993	3494672	3091224	5237439	5097752	-139687
1994	4522346	3880226	7241492	6982354	-259138
1995	6019448	4978719	10189352	9467860	-721492
1996	7596120	5990567	12919604	11849209	-1070395
1997	9068225	7022430	15063348	13661810	-1401538
1998	10870715	8160632	16789857	15762008	-1027849
1999	16364174	13742177	24126046	22950528	-1175518
2000	18904394	14871362	28189459	27026857	-1162602
2001	22571432	17622699	33919325	33100139	-819186
2002	26356135	21817846	41130487	40728767	-401720
2003	32407873	25879425	48819720	48347133	-472587
2004	37715442	28598705	53991306	52923407	-1067899
2005	44774948	30187025	58027002	57195480	-831522
2006	54853432	36313698	68830779	66898658	-1932121
2007	63932505	41192044	70844015	68400632	-2443383
2008	83170849	54097178	68423488	66097068	-2326420
2009	124159316	98694021	—	—	—
2010	152772464	121394256	—	—	—
2011	170980221	137668497	—	—	—
2012	203541672	156303941	—	—	—
2013	236622059	176175139	—	—	—
2014	267975023	197789312	—	—	—
2015	294749203	219706426	—	—	—
2016	314336886	250092017	—	—	—

6-8 金融机构信贷收入与支出

Credit Income and Expenditures of Financial Institutions

单位:万元

	2013 年	2014 年	2015 年	2016 年
年末存款余额	**236622059**	**267975023**	**294749203**	**314336886**
#企业存款	134865147	144211924	105420004	113497694
住户存款	81515890	89769401	99221841	108075605
1. 活期存款			37845309	42937951
2. 定期存款			61376531	65137655
年末贷款余额	**176175139**	**197789312**	**219706426**	**250092017**
#短期贷款	52425815	57878891	56526570	53840463
#个人贷款及透支	9153995	12546821	11046974	9410125
单位普通贷款及透支	41536570	43808233	45479596	44430338
#固定资产贷款	373411	137495	382819	1021082
中长期贷款	121101733	136836923	157625805	190307939
#个人贷款	33630358	38757586	43923106	53558423
单位普通贷款	74208045	82649111	113702699	136749516

注:指标“住户存款”2014 年及以前为“城乡居民储蓄存款”。

6-9 国家银行信贷收入与支出

Credit Income and Expenditures of State Banks

单位:万元

	2013 年	2014 年	2015 年	2016 年
年末存款余额	**102200521**	**110374887**	**121538016**	**135131383**
#企业存款	52693601	57066964	61400357	68918994
城镇居民储蓄存款	46555667	50551429	55097215	60940875
年末贷款余额	**69638330**	**77724443**	**85240166**	**96738914**
#短期贷款	11731244	13499673	13265793	13437857
#个人贷款及透支	1826392	3126162	2963782	2917351
单位普通贷款及透支	9267127	9759784	10302010	10520506
#固定资产贷款	51929	39090	57798	504787
中长期贷款	57712186	63824871	70750334	82161595
#个人贷款	20222618	23992181	27911125	33934886
单位普通贷款	33798367	35701133	42839210	48226709

6－10 国家银行分机构信贷收入与支出(2016 年)

Credit Income and Expenditures of State Banks by Institutions(2016)

单位:万元

	合　计	# 工商银行	# 农业银行	# 中国银行	# 建设银行
年末各项存款	**135131383**	**38455011**	**29584856**	**20003729**	**47087787**
#企业存款	68918994	19810770	11729591	10835950	26542683
城镇储蓄存款	60940875	17095693	16435720	8424405	18985057
年末各项贷款	**96738914**	**27705497**	**24460892**	**16634378**	**27938147**
#短期贷款	13437857	2130640	5124721	2790907	3391590
中长期贷款	82161595	25276992	19310315	13673490	23900798

6-11 全市金融机构外汇信贷收支情况

Foreign exchange credit revenue & disbursement of Financial Institutions

单位:万美元

	2015 年	2016 年		2015 年	2016 年
年末存款余额	**1304189**	**1649539**	短期贷款	369641	472562
单位存款	1097457	1357974	其中:个人贷款及透支	1174	1124
其中:活期存款	184266	191510	单位普通贷款及透支	368467	471438
个人存款	153982	262191	中长期贷款	387268	246088
其中:储蓄存款	153797	261840	其中:个人贷款	37	24
年末贷款余额	**908514**	**957525**	单位普通贷款	387230	246064
境内贷款	761763	724154			

6-12 保 险 业 务

Economic and Technical Indicators of Insurance Companies

单位:万元

	保 费		赔付支出	
	2015 年	2016 年	2015 年	2016 年
总 计	**5745823**	**8642503**	**1889449**	**2055249**
财产保险	2084216	2263393	1053132	994548
#企业财产险	87979	95854	39494	33515
机动车辆险	1723965	1835309	880355	825399
货物运输险	7187	6705	4377	2378
人寿保险	3661607	6379110	836317	1060701
#意外伤害险	102899	115811		
健 康 险	570140	1357293		
寿 险	2911812	4902403		
#满期给付			528036	657227
死伤医疗给付			79116	98520

主要统计指标解释

财政收入 包括:(1)各项税收包括增值税、营业税、消费税、土地增值税、城市维护建设税、资源税、城市土地使用税、印花税、固定资产投资方向调节税、个人所得税、企业所得税、关税、农牧业税和耕地占用税等。(2)专项收入包括征收排污费、征收城市水资源费收入,教育费附加收入等。(3)其他收入包括基本建设贷款归还收入、国家能源交通重点建设基金收入、国家预算调节基金等。(4)国有企业计划亏损补贴这项为负收入,冲减财政收入。

财政支出 主要包括:基本建设支出、企业挖潜改造资金、地质勘探费用、科技三项费用、支援农村生产支出、农林水利气象等部门的事业费用、工业交通商业等部门的事业费用、文教科学卫生事业费、抚恤和社会福利救济费、国际支出、行政管理费、价格补贴支出等。

属于地方财政的收入包括营业税、地方企业所得税、个人所得税、城镇土地使用税、固定资产投资方向调节税、城镇维护建设税、房产税、车船使用税、印花税、屠宰税、农牧业税、农业特产税、耕地占用税、契税、增值税25%部分,证券交易税(印花税)的50%部分和除海洋石油资源税以外的其他资源税。

地方财政支出 地方财政支出主要包括地方行政管理和各项事业费,地方统筹的基本建设、技术改造支出,支援农村生产支出,城市维护和建设经费,价格补贴支出等。

预算外资金收支 预算外资金是有关单位凭借国家权力或由国家授权而取得的没有纳入国家预算管理的财政性资金。其收入包括地方财政部门的各项附加收入,集中事业收入,专项收入等,事业行政单位的专用基金,经营性服务纯收入,行政事业性收费,专项资金,中小学勤工俭学收入,税收分成等。其支出包括固定资产投资支出,城市维护支出,福利奖励支出,行政事业支出等。

信贷资金 国家银行用于发放贷款的资金叫信贷资金。中国人民银行信贷资金的来源有各项存款、对国际金融机构负债、流通中货币、银行自有资金及当年结益等。信贷资金的运用有各项贷款、黄金占款、外汇占款、财政借款及在国际金融机构中的资产等。

存款 企业、机关、团体或居民根据可以收回的原则,把货币资金存入银行或其他信用机构保管并取得一定利息的一种信用活动形式。根据存款对象的不同可划分为企业存款、财政存款、机关团体存款、基本建设存款、城镇储蓄存款、农村存款等科目。它是银行信贷资金的主要来源。

贷款 银行或其他信用机构根据必须归还的原则,按一定利率,为企业、个人等提供资金的一种信用活动形式。我国银行贷款分为流动资金贷款、固定资产贷款、城乡个体工商户贷款以及农业贷款等科目。

保费 又叫保险费。是保险人根据保险合同的有关规定,为被保险人取得因约定危险事故发生所造成的经济损失补偿(或给付)权利,付给保险人的代价。包括财产险和人身险储金收入。

赔付支出 事故发生后,经查证确属保险责任范围以内的保险标的损失,保险人根据保险合同的规定履行赔偿义务,给予被保险人的款项叫做赔款。赔款可分为已决赔款和未决赔款两种。

七　人民生活、物价

简 要 说 明

主要内容

本部分反映人民生活状况与物价变动情况。主要包括：市区居民家庭抽样调查的人口、收入、支出总量与结构指标；城市居民家庭人均食物消费量、穿用商品及耐用消费品拥有量情况。农村居民家庭的人口、文化程度、收支、居住情况以及农村居民家庭消费结构、消费量和耐用消费品拥有量。历年城市居民消费价格指数及商品零售价格指数等。

资料来源

本部分统计资料来源于国家统计局成都调查队。

城乡居民收入（元）

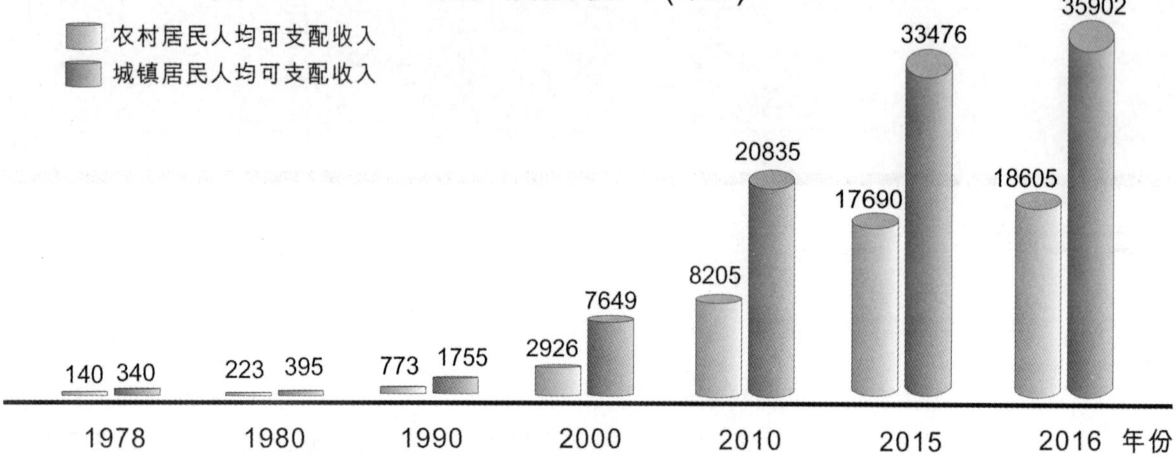

城乡居民人均生活消费支出构成（%）

城镇居民

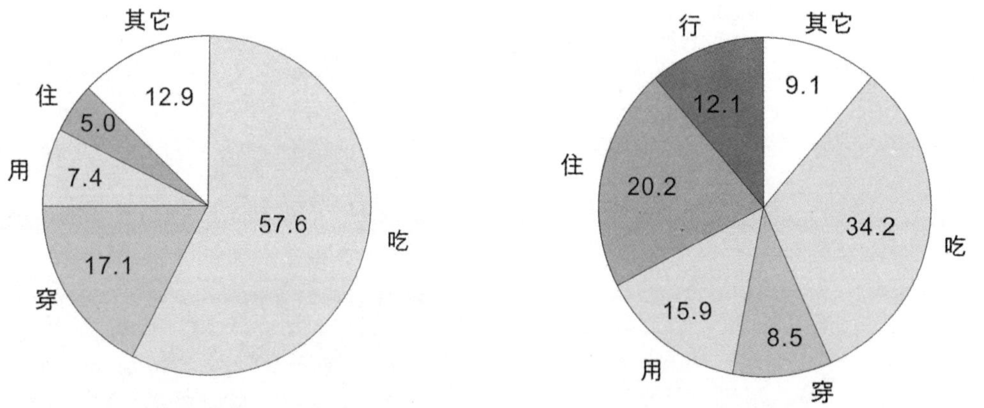

1978年　　2016年

农村居民

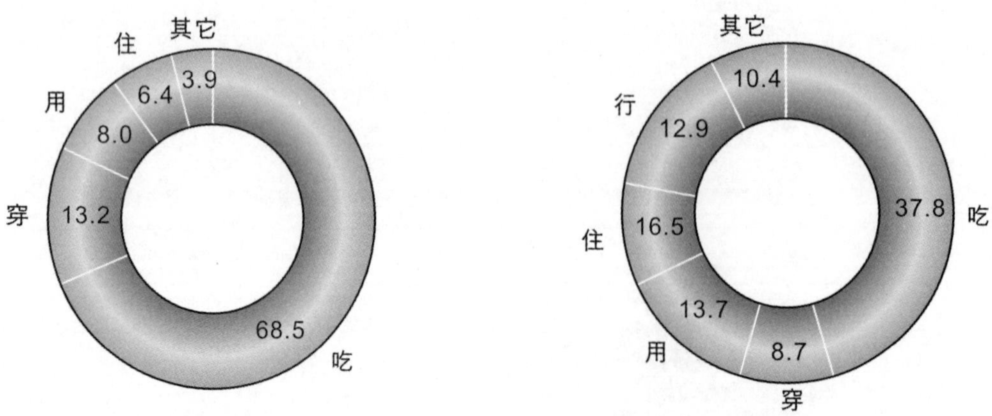

1978年　　2016年

7－1 历年城镇居民家庭基本情况

Basic Conditions of Urban Households over the Years

年　份	调查户数（户）	户均家庭人口（人）	户均就业人口（人）	每一就业者负担人数（人）	平均每户就业面（%）
1954	300	3.91	1.21	3.23	30.95
1955	300	3.90	1.24	3.15	31.79
1956	300	3.72	1.25	2.98	33.60
1957	300	3.62	1.35	2.68	37.29
1958	300	3.64	1.31	2.78	35.99
1959	300	3.80	1.42	2.68	37.37
1960	300	3.31	1.42	2.33	42.90
1961	300	3.61	1.40	2.58	38.78
1962	300	4.34	1.40	3.10	32.26
1963	300	5.88	1.37	4.29	23.30
1964	300	5.18	1.52	3.41	29.34
1965	300	5.25	1.53	3.43	29.14
1966	300	5.10	1.57	3.25	30.78
1967	300	5.00	1.35	3.70	27.00
1968	300	5.01	1.31	3.82	26.15
1969	300	4.66	1.20	3.88	25.75
1970	300	4.52	1.15	3.93	25.44
1971	300	4.54	1.28	3.55	28.19
1972	300	4.50	1.28	3.52	28.44
1973	300	4.44	1.35	3.29	30.41
1974	300	4.37	1.49	2.93	34.10
1975	300	4.29	1.59	2.70	37.06
1976	300	4.12	1.60	2.58	38.83
1977	300	4.09	1.67	2.45	40.83
1978	300	4.19	1.74	2.41	41.53
1979	300	4.39	1.86	2.36	42.34
1980	300	3.84	1.97	1.95	51.30
1981	300	4.00	2.09	1.92	52.17
1982	300	3.82	2.07	1.85	54.14
1983	300	3.80	2.11	1.81	55.39
1984	300	3.75	2.10	1.79	56.00
1985	300	3.40	2.05	1.66	60.26

7－1 续表

年　份	调查户数（户）	户均家庭人口（人）	户均就业人口（人）	每一就业者负担人数（人）	平均每户就业面（%）
1986	300	3.32	1.98	1.68	59.68
1987	300	3.42	2.10	1.63	61.25
1988	300	3.28	1.87	1.76	56.95
1989	300	3.17	1.78	1.78	56.05
1990	300	3.15	1.79	1.76	56.93
1991	300	3.05	1.72	1.77	56.44
1992	300	3.03	1.66	1.83	54.79
1993	300	2.90	1.51	1.92	52.18
1994	300	2.88	1.56	1.85	54.17
1995	300	2.96	1.71	1.73	57.95
1996	300	2.97	1.76	1.69	59.26
1997	300	2.99	1.77	1.69	59.26
1998	300	2.97	1.72	1.73	57.91
1999	300	2.92	1.72	1.70	58.84
2000	300	2.88	1.44	2.00	50.12
2001	300	2.98	1.39	2.14	46.81
2002	300	2.92	1.33	2.20	45.55
2003	400	2.89	1.35	2.14	46.71
2004	400	2.89	1.48	1.95	51.21
2005	400	2.87	1.39	2.06	48.43
2006	400	2.98	1.56	1.90	52.70
2007	400	2.90	1.54	1.88	53.10
2008	396	2.74	1.43	1.92	52.21
2009	400	2.74	1.43	1.92	52.19
2010	400	2.79	1.53	1.82	54.84
2011	400	2.75	1.44	1.91	52.36
2012	400	2.81	1.43	1.97	50.89
2013	403	2.82	1.41	2.00	50.00
2014	2106	2.89	1.49	1.94	51.56
2015	2549	2.93	1.47	1.99	50.17
2016	2672	2.98	1.50	1.99	50.25

注:2008 年在“5.12”地震期间,个别调查户无法正常记账,故年平均户数为 396 户。

7－2 历年城镇居民家庭就业人口情况

The Number of Employee of Urban Households over the Years

单位:人

年份	调查户家庭人口	就业人口	国有经济单位职工	集体经济单位职工	个体劳动者	其他劳动者
1978	1257	522				
1979	1318	558				
1980	1152	591				
1981	1200	626	479	144		3
1982	1147	621	488	128		5
1983	1141	632	497	132		3
1984	1125	630	507	113	5	5
1985	1019	614	456	143	12	3
1986	997	595	447	135	5	8
1987	1027	629	467	145	6	11
1988	985	561	428	105	8	20
1989	951	533	432	76	7	18
1990	945	538	454	59	4	21
1991	916	517	398	87	12	20
1992	909	498	383	90	11	14
1993	870	454	339	87	14	14
1994	864	468	365	56	20	27
1995	887	514	426	59	11	18
1996	891	528	437	68	8	15
1997	896	531	431	69	17	14
1998	891	516	423	60	21	12
1999	877	516	416	60	20	20
2000	864	433	320	35	37	41
2001	893	418	238	49	72	59
2002	876	399	240	27	75	57
2003	1156	540	328	28	68	116
2004	1156	592	356	20	80	136
2005	1148	556	292	16	84	164
2006	1184	624	296	24	24	280
2007	1160	616	224	20	40	332
2008	1086	567	158	12	52	345
2009	1096	572	168	8	48	348
2010	1116	612	180	12	36	384
2011	1100	576	152	20	36	368
2012	1124	572	152	16	48	356
2013	1146	573	153	18	44	358
2014	6130	3150	543			2607
2015	7546	3731	—	—	—	—
2016	7995	3978	—	—	—	—

注:1980 年以前就业人口未分经济类型;1997 年以前的国有经济单位职工为全民职工;2015 年就业人口未分经济类型。

7-3 历年城镇居民家庭人均现金收入情况

Per Capita Cash Income of Urban Households over the Years

单位:元

年份	家庭总收入	#可支配收入	储蓄借贷收入	家庭总支出	#消费性支出
1954	159.78	153.85	20.35	157.38	138.48
1955	178.66	167.40	31.21	175.44	152.16
1956	186.48	173.16	37.80	179.64	166.32
1957	250.68	224.40	56.16	243.84	217.44
1958	228.36	202.20	40.56	215.04	188.88
1959	212.18	209.99	42.33	223.49	197.79
1960	217.68	196.92	31.08	193.68	179.64
1961	208.44	190.80	34.09	204.27	190.32
1962	199.20	187.56	31.44	210.48	198.84
1963	203.24	188.04	24.96	207.72	192.72
1964	214.80	201.48	24.72	210.84	197.52
1965	208.08	194.52	25.20	211.80	198.24
1966	223.79	208.12	26.34	219.48	204.12
1967	208.77	194.57	24.69	204.35	189.85
1968	201.23	186.94	30.30	197.82	186.23
1969	207.88	193.54	28.79	208.76	195.36
1970	204.10	183.69	33.21	199.87	181.49
1971	208.64	193.82	37.69	201.22	183.12
1972	229.35	213.75	32.03	213.45	190.69
1973	241.11	224.59	28.79	237.56	218.61
1974	284.04	264.64	35.74	279.89	261.13
1975	291.86	272.89	37.23	281.24	254.79
1976	314.03	293.30	32.66	311.03	286.42
1977	342.77	327.08	38.77	341.67	329.13
1978	364.55	340.25	39.88	347.83	328.32
1979	389.60	352.44	42.73	366.92	341.67
1980	420.92	395.04	60.48	415.29	391.26

注:1992年以前家庭总收入为家庭实际收入,可支配收入为生活费收入;1992年以前家庭总支出为家庭实际支出。

7-3 续表

年 份	家 庭 总收入	# 可支配 收 入	储蓄借贷 收 入	家 庭 总支出	#消费性 支 出
1981	484.62	457.68	58.56	479.48	451.98
1982	516.04	485.74	53.20	490.39	459.64
1983	567.11	520.59	64.22	545.11	513.60
1984	657.09	603.06	66.49	627.57	591.13
1985	852.91	786.74	143.43	851.67	810.26
1986	991.39	913.19	166.26	999.65	946.17
1987	1101.07	1015.64	151.64	1072.05	1006.60
1988	1340.35	1243.12	266.10	1400.45	1318.01
1989	1661.91	1564.62	256.91	1607.25	1511.89
1990	1870.91	1755.37	246.34	1767.28	1680.77
1991	2062.98	1924.71	262.35	1941.01	1845.11
1992	2254.44	2101.87	443.38	2217.68	1988.08
1993	2807.35	2624.20	532.88	2745.09	2428.32
1994	4239.48	3940.47	682.96	3907.62	3641.19
1995	5075.82	4708.99	676.28	4857.78	4502.46
1996	5700.71	5265.64	808.60	5432.62	4925.45
1997	6046.84	6018.74	1204.41	6083.39	4959.48
1998	6490.18	6446.44	1529.18	6458.53	5482.28
1999	7140.96	7098.01	1321.76	6639.39	5797.97
2000	7694.95	7649.09	1527.74	7174.33	6423.48
2001	8181.60	8128.39	1624.51	7672.85	6801.19
2002	9026.38	8971.91	2616.02	9373.40	6874.17
2003	10177.34	9641.00	2261.10	9582.58	7057.68
2004	11057.90	10394.10	4052.10	12876.30	8996.97
2005	12039.21	11358.81	3275.11	12921.01	9642.45
2006	13646.97	12789.44	3866.76	14263.24	10302.37
2007	15939.29	14849.23	2971.12	14165.27	11702.77
2008	18320.39	16942.62	3421.98	16244.74	12849.93
2009	20410.71	18659.40	6033.15	20145.92	14087.79
2010	22946.69	20835.34	4848.83	20620.59	15510.91
2011	26087.45	23932.08	4463.24	22778.76	17795.00
2012	29893.91	27193.65	4174.45	24704.55	19053.89
2013	32452.00	29968.00	3862.37	26704.26	20362.00
2014	35074.77	32665.00	2570.4	28323.00	21711.00
2015	37350.00	33476.00	—	32682.00	21825.00
2016	40624.00	35902.00	—	34957.00	23514.00

注:“存入储蓄款”在2002年以前为“存入银行与储金会款”。

7-4 城镇居民家庭人均消费性支出情况

Per Capita Annual Living Expenditures of Urban Households

单位:元

	1980 年	1990 年	2000 年	2010 年	2015 年	2016 年
消费性支出	**391.26**	**1680.77**	**6423.48**	**15510.91**	**21825.00**	**23513.64**
食品烟酒	226.15	863.63	2491.43	5732.45	7437.00	8038.49
#粮　　食	45.02	70.15	160.36	392.01	548.87	647.74
油 脂 类		25.80	90.41	179.08	197.31	213.22
#食用植物油		25.80	72.25	172.92	189.46	190.21
肉禽及制品		225.33	599.14	1272.7	1687.37	1823.27
蛋　　类		34.06	61.82	114.17	135.16	132.28
水产品类		22.39	71.58	203.09	231.61	237.05
蔬菜和食用菌		102.22	240.15	638.82	872.72	871.99
#鲜　　菜		94.14	227.44	592.44	749.99	769.34
糖　　类		13.51	35.58	56.29	44.71	49.89
烟 草 类		61.73	112.05	337.36	400.03	429.28
酒和饮料		28.34	106.30	218.43	313.25	338.40
干鲜瓜果类		54.93	127.83	379.19	521.19	519.00
奶及奶制品		19.84	137.00	322.74	379.20	416.42
衣　　着	60.21	246.07	580.47	1487.4	1952.95	2004.67
#衣　　类		104.02	417.10	1084.5	1571.03	1568.86
服装材料		62.38	14.26	7.49	6.54	5.27
鞋　　类		43.12	146.56	383.96	381.92	431.29
生活用品及服务	34.74	200.00	565.00	882.47	1228.98	1337.65
#耐用消费品		73.83	306.02	359.71	220.15	222.69
#洗 衣 机		31.92	9.71	80.00	28.48	33.22
电 冰 箱		75.01	34.60	28.93	29.78	33.17
医疗保健	5.11	25.24	417.32	827.3	1157.21	1261.08
交通和通讯	4.23	22.31	378.95	2652.83	2559.72	2842.76
#交　　通	3.84	20.67	156.16	1624.01	1669.05	1872.84
通　　信	0.39	1.64	222.8	1028.82	890.66	969.92
教育文化娱乐服务	27.94	176.05	828.75	2032.58	2175.30	2392.03
#文化娱乐用品		98.64	211.67	476.22	309.69	300.69
教　　育	5.88	28.54	440.23	654.95	692.14	704.41
文化娱乐服务	12.46	29.86	176.85	901.41	1483.16	1386.93
居　　住	17.88	81.91	764.31	1113.17	4407.07	4745.67
其他用品和服务	15.00	65.56	397.26	782.70	906.18	891.29
#首饰及手表			21.97	39.14	279.31	267.97
理发美容洗浴			44.70	195.99	298.06	348.08

注:1990 年以前蛋类为鲜蛋;“家庭设备用品及服务”指日用品;“教育”未含教材及参考书;“交通”未含交通工具。

7-5 城镇居民家庭人均食品消费量

Per Capita Foods Consumption of Urban Households

单位:千克

	2011 年	2012 年	2013 年	2014 年	2015 年	2016 年
食用植物油	11.29	10.62	11.53	11.16	11.80	11.62
猪　　肉	29.91	29.42	31.89	32.06	33.72	33.05
牛 羊 肉	3.62	3.05	2.53	2.66	2.94	3.22
鲜　　蛋	9.41	9.93	7.29	7.06	8.58	8.47
鲜　　菜	134.12	131.95	109.22	120.35	134.59	134.33
白　　酒	2.06	1.89	2.89	2.85	3.15	2.97
果　　酒	0.15	0.09	0.16	0.10	0.12	0.11
啤　　酒	2.63	1.69	2.75	3.02	2.84	2.77
碳酸饮料	0.70	0.35	0.42	—	—	—
茶　　叶	0.40	0.35	0.39	0.32	0.32	0.30
糕　　点	4.34	4.40	3.95	3.69	3.18	2.98
鲜 乳 品	21.04	20.81	19.20	16.29	16.91	17.90
奶　　粉	1.00	0.92	0.86	0.75	0.82	0.88

注:鲜蛋包括鸡蛋、鸭蛋和鹅蛋等。

7-6 城镇居民家庭人均食品消费额

Per Capita funds Consumption of Urban Households

单位:元

	2011 年	2012 年	2013 年	2014 年	2015 年	2016 年
粮　　食	429.98	455.42	475.00	504.00	548.87	647.74
油 脂 类	177.07	187.81	196.00	191.00	197.31	213.22
#食用植物油	171.24	183.45	188.68	183.35	189.46	190.21
猪　　肉	823.26	789.93	812.00	808.00	892.97	992.63
家禽及制品	353.06	348.37	367.00	346.00	396.30	399.63
蛋　　类	128.02	129.68	135.00	132.00	135.16	132.28
#鲜　　蛋	118.38	116.41	98.00	96.44	122.30	118.94
鲜　　菜	634.23	685.82	708.00	662.84	749.99	769.34
干菜及菜制品	32.62	29.33	30.54	36.25	28.54	30.61
酒　　类	136.34	131.65	204.56	210.35	206.92	228.40
#白　　酒	100.39	97.04	113.00	120.00	166.16	181.84
果　　酒	13.83	12.84	8.89	7.61	10.52	12.69
啤　　酒	19.35	17.18	19.30	23.02	23.46	25.09
茶　　叶	60.25	63.86	56.79	51.59	57.20	55.35
鲜 乳 品	171.82	214.60	184.45	157.37	180.87	190.05
奶　　类	352.46	411.02	445.00	463.00	379.20	416.42

7－7 历年城镇居民家庭每百人购买穿用商品情况

Consumption of Clothing and Using Per 100 Citizens over the Years

年　份	服　装 (件)	煤　炭 (公斤)	液　化 石油气 (公斤)	金银珠宝 饰　品 (元)	美　容 化妆品 (元)
1980	235.2	16974	51.6		
1981	242.0	16800	32.6		
1982	251.1	14400	22.8		
1983	275.4	16400	30.6		
1984	330.6	14251	62.6		
1985	423.3	18600	46.4	154.4	
1986	448.2	17242	51.7	149.7	
1987	441.4	16675	29.2	120.2	
1988	424.6	19454	36.6	702.1	
1989	244.2	18060	106.0	1613.8	
1990	309.2	13939	122.2	1360.9	
1991	314.7	21121	90.1	1967.4	
1992	591.1	20973	181.5	858.4	904.2
1993	557.9	19972	440.6	1422.5	1340.9
1994	595.1	11874	319.5	3174.7	1828.1
1995	661.1	6528	222.3	2958.0	2967.9
1996	639.6	5279	242.3	1663.9	3646.6
1997	594.2	4087	262.3	536.2	3430.6
1998	658.1	2989	264.5	672.2	4800.4
1999	741.3	2663	239.0	1648.9	5174.7
2000	681.1	3715	305.1	2197.2	4436.0
2001	721.3	4007	279.7	1298.6	4526.3
2002	731.7	5036	345.9	2428.3	5116.2
2003	651.0	3972	350.0	793.0	5070.0
2004	648.0	1235	237.0	1355.0	7286.0
2005	723.0	1059	174.0	700.0	8637.0
2006	756.0	1296	185.0	1775.0	9919.0
2007	665.0	1025	228.0	678.0	9247.0
2008	516.0	35	48.0	1747.0	8974.0
2009	579.0	—	104.0	2344.0	13505.0
2010	594.0	—	77.0	3914.0	19102.0
2011	639.0	—	180.0	7123.0	23036.0
2012	684.0	—	220.0	6387.0	20536.0
2013	706.0	—	210.0	9090.0	10469.0
2014	—	—	819.0	14441.0	10238.0
2015	—	—	760.0	—	—
2016	—	—	669.0	—	—

7-8 历年城镇居民家庭平均每百户年末耐用消费品拥有量

The Number of Major Durable Consumer Goods Owned Per 100 Urban Households over the Years

年 份	洗衣机（台）	电冰箱（台）	彩 电（台）	摩托车（辆）	照相机（架）	电 话（部）	电 脑（台）	汽 车（辆）
1978								
1979			0.3		2.7			
1980			0.7		3.0			
1981			0.7		3.7			
1982			1.3		5.0			
1983			3.0		10.7			
1984			8.7		11.7			
1985	63.7	8.7	26.7	0.7	18.3			
1986	25.3	7.8	42.3	0.7	26.7			
1987	80.3	33.3	49.3	0.7	29.0			
1988	82.0	45.7	65.3	0.3	32.0			
1989	85.7	60.3	79.3		38.7			
1990	93.0	76.0	92.0	0.7	43.3			
1991	87.0	72.3	88.0	0.7	42.3			
1992	86.7	70.7	92.3		40.7	4.7		
1993	86.0	72.3	89.0	0.3	36.0	5.3		
1994	92.0	83.7	100.0	0.3	40.7	15.3		
1995	95.7	89.0	111.3	1.7	49.0	25.3		
1996	95.7	88.7	114.0	2.0	51.0	35.3		
1997	99.0	91.3	117.7	4.0	50.0	57.0	2.7	
1998	97.3	93.0	119.3	7.3	53.7	65.3	9.0	
1999	99.7	93.7	124.0	6.7	56.0	70.7	9.3	0.7
2000	96.0	94.0	141.0	5.0	64.3	81.0	17.7	1.3
2001	99.3	94.0	145.0	4.7	63.3	91.3	25.0	3.3
2002	98.5	96.6	140.4	4.3	54.2	93.8	26.4	3.4
2003	98.3	96.1	143.4	4.1	46.7	92.1	30.2	3.1
2004	99.3	98.5	147.1	5.5	56.1	94.5	42.1	8.5
2005	98.3	96.5	145.8	5.3	60.0	95.0	50.5	8.8
2006	99.0	98.0	151.3	2.8	58.5	93.8	58.5	9.3
2007	100.7	99.0	148.0	1.0	50.5	92.6	65.1	9.9
2008	96.3	94.8	133.8	2.2	42.7	76.9	65.7	18.1
2009	99.3	97.2	145.5	2.1	49.9	80.5	76.6	17.7
2010	100.5	100.9	151.9	2.4	59.7	76.9	89.2	22.6
2011	99.3	99.8	144.8	3.7	56.6	65.8	86.6	28.2
2012	98.8	98.6	146.3	5.2	59.4	70.3	99.6	30.6
2013	94.5	95.1	145.2	5.0	—	65.5	86.8	31.0
2014	95.9	95.7	141.4	5.5	—	54.6	88.9	34.0
2015	98.6	98.2	135.3	12.0	37.6	53.1	81.2	42.1
2016	99.2	99.8	136.5	10.5	32.0	45.0	81.9	44.6

7－8 续表

年　　份	钢　琴 (架)	组合音响 (套)	空调器 (台)	中高档 乐　器 (件)	热水器 (台)	抽　排 油烟机 (台)	健身器材 (件)	移动电话 (部)
1978								
1979								
1980								
1981								
1982								
1983								
1984								
1985				4.3				
1986				6.3				
1987				7.7				
1988				13.0				
1989		1.3		11.0				
1990		3.0		13.0				
1991		1.0		7.3				
1992	0.3	6.0		8.0	41.7	19.0		
1993	0.3	7.3		9.3	44.3	18.7		
1994	1.0	14.0	1.3	9.0	72.7	28.7		
1995	1.0	18.3	3.0	8.7	78.0	33.7		
1996	0.7	21.0	6.0	9.0	76.0	33.3		
1997	1.3	25.7	8.7	8.0	83.0	47.7	2.0	0.7
1998	1.3	32.3	13.7	9.7	80.0	42.7	3.3	3.7
1999	2.7	40.0	25.7	10.3	87.0	48.0	5.6	8.3
2000	2.3	33.7	34.3	8.7	87.0	45.0	6.0	25.7
2001	1.7	42.3	47.7	11.0	90.3	51.7	8.0	54.7
2002	0.7	40.3	44.9	7.1	89.4	55.8	3.3	68.3
2003	0.8	38.5	55.2	6.1	89.2	45.6	2.9	94.9
2004	2.0	46.9	90.2	7.3	94.5	48.9	4.5	137.3
2005	2.8	45.5	103.8	5.5	96.5	54.5	4.3	165.3
2006	2.5	43.0	114.3	5.0	97.5	57.0	3.0	185.0
2007	2.5	41.6	108.9	3.2	98.3	—	4.0	186.4
2008	4.6	34.6	111.9	2.6	98.9	—	4.2	175.3
2009	3.9	33.1	131.5	5.5	99.3	—	4.6	200.2
2010	3.3	37.0	143.6	4.3	99.3	—	5.7	228.5
2011	3.0	30.0	133.7	2.1	98.2	—	4.9	222.6
2012	3.3	24.9	149.2	2.4	100.2	—	3.3	226.4
2013	—	21.1	148.3	1.0	94.8	—	1.0	225.1
2014	—	15.6	136.1	—	91.8	—	—	236.2
2015	—	11.6	125.1	4.5	95.0	71.1	4.2	244.3
2016	—	8.8	127.9	4.7	94.8	71.3	4.5	252.0

7 - 9　农村居民家庭基本情况

Basic Conditions of Rural Households

	单　位	1980 年	1990 年	2000 年	2010 年	2015 年	2016 年
调查户数	**户**	**162**	**1380**	**2240**	**5000**	**1218**	**1340**
人口状况							
平均每户人口	人	5. 20	4. 20	3. 60	3. 42	3. 24	3. 31
平均每一劳动力赡养人口	人	2. 00	1. 40	1. 40	1. 31	1. 29	1. 32
劳动者文化程度构成							
文盲或半文盲	%		11. 60	2. 40	1. 98	2. 30	2. 87
小学程度	%		45. 40	33. 70	19. 43	24. 48	27. 99
初中程度	%		35. 50	51. 20	57. 21	53. 68	51. 43
高中程度	%		7. 00	10. 20	14. 57	14. 46	13. 45
中专程度	%		0. 40	1. 80	3. 36	—	—
大专程度	%		0. 10	0. 60	3. 45	3. 88	3. 25
人均收入状况							
可支配收入	元	223	773	2926	8205	17690	18605
人均居住情况							
年末住房面积	平方米	10. 04	20. 61	34. 85	48. 80	54. 48	55. 02
#砖木结构面积	平方米		11. 43	17. 08	19. 15	15. 25	13. 02
钢筋混凝土结构面积	平方米		2. 26	15. 29	24. 98	32. 51	40. 75
年末住房价值	元	156	917	4835	24898	56800	56922
人均生产性固定资产情况							
年末生产性固定资产原值	元		214. 8	1404. 8	3246. 8	2305. 5	2542. 1
#役畜、产品畜	元		26. 7	66. 8	308. 7	138. 2	198. 8
大中型铁木农具	元		29. 7	89. 8	45. 9	—	—

注:2015 年以前均为农村居民人均纯收入,2015 年为农村居民人均可支配收入。

7－10 农村居民家庭人均总收入

Per Capita Annual Gross Income of Rural Households

单位：元

	1980 年	1990 年	2000 年	2010 年	2015 年	2016 年
全年总收入	**262.06**	**1195.27**	**4298.28**	**10625.82**	**22529.00**	**25493.85**
工资性收入	42.41	130.20	1006.78	3776.44	9211.00	9217.67
家庭经营收入	190.57	1003.28	2911.70	5299.93	7854.00	10315.66
#农业收入	111.16	491.52	1210.01	1980.01	3386.28	3610.55
林业收入	0.67	7.74	40.83	96.52	480.96	487.13
牧业收入	71.88	355.61	895.43	1433.17	1873.22	3019.98
渔业收入	0.22	4.26	60.59	107.27	111.53	170.36
工业收入		24.72	88.06	177.59	153.88	211.04
建筑业收入		21.82	80.90	242.22	107.96	44.28
交通运输仓储和邮政业	3.33	18.04	97.25	363.35	260.74	808.25
批发零售业或住宿和餐饮业		20.53	153.12	522.57	825.04	1350.66
居民服务修理和其他服务业		19.61	92.68	183.31	354.83	292.79
转移性和财产性收入	29.08	61.79	379.80	1549.44	5464.38	5960.52

注：从 2003 年起转移性和财产性收入不含“调查补贴”等项。

7－11　农村居民家庭人均现金收支情况

Per Capita Cash Income and Expenditure of Rural Households

单位:元

	1980 年	1990 年	2000 年	2010 年	2015 年	2016 年
全年现金收入	**160.79**	**995.95**	**3302.32**	**10083.51**	**21399.45**	**24110.65**
工资性收入	42.41	130.20	1006.48	3747.94	9113.19	9062.55
家庭经营收入	98.34	668.39	1922.96	4793.65	7241.78	9397.88
#农　　业	90.90	210.60	479.54	1445.15	2973.71	2917.58
牧　　业		309.07	679.12	1450.22	1703.56	2836.39
建筑业现金收入		21.82	80.90	241.25	107.96	44.28
交通运输仓储和邮政业	3.33	18.04	97.25	363.35	260.74	808.25
转移性和财产性收入	9.62	76.14	372.89	1541.91	5044.47	5650.21
非收入所得	**10.42**	**121.22**	**326.27**	**1087.57**	**1992.14**	**2291.94**
全年现金支出	**154.45**	**949.23**	**2922.27**	**8280.47**	**19083.94**	**21798.42**
#生产费用支出	29.29	286.07	915.30	2137.51	3404.70	5112.66
生活消费支出	103.31	459.39	1769.71	5443.67	10379.78	10958.29

7-12 农村居民家庭人均支出情况

Per Capita Expenditure of Rural Households

单位:元

	1980 年	1990 年	2000 年	2010 年	2015 年	2016 年
全年总支出	**234.84**	**1124.89**	**3495.51**	**8695.98**	**21548.58**	**24466.72**
家庭经营费用支出		354.23	999.79	2102.57	3538.22	5311.50
#农业支出		86.96	240.59	477.53	963.38	1022.74
牧业支出		229.36	618.72	962.58	1442.68	2101.22
购置生产性固定资产		16.40	46.14	77.67	160.69	115.27
生活消费支出	185.70	692.92	2200.74	5796.33	12710.89	13427.75
食品烟酒	129.90	440.96	1126.03	2359.11	4885.6	5078.42
衣　　着	18.69	46.12	146.76	517.00	1215.25	1170.13
居　　住	16.56	114.68	320.79	624.54	1990.43	2220.90
生活用品及服务	13.31	28.19	113.72	378.43	712.44	740.54
医疗保健	0.93	16.43	99.72	324.59	794.4	955.78
交通通信	1.21	10.91	120.10	821.91	1540.74	1733.55
教育文化娱乐	5.10	31.67	209.37	489.03	1113.59	1104.00
其他商品和服务		3.96	64.25	114.56	458.43	424.43
财产转移性支出		14.97	169.46	693.37	1013.71	1245.34

7－13　农村居民家庭人均可支配收入

Per Capita Disposable Income of Rural Households

单位:元

	2011 年	2012 年	2013 年	2014 年	2015 年	2016 年
可支配收入	**9895**	**11501**	**12985**	**14478**	**17690**	**18605**
工资性收入	4661	5440	6424	7349	9211	9218
家庭经营收入	3505	4040	4187	4328	4032	4673
#农业收入	1630	1883	1954	1958	2330	2502
林业收入	63	63	51	66	358	365
牧业收入	573	576	607	653	377	869
渔业收入	71	61	50	57	48	23
工业收入	26	20	－2	28	15	－0.4
建筑业收入	238	276	347	287	－50	－55
交通运输仓储和邮政业收入	184	220	274	299	108	454
批发零售贸易餐饮业收入	382	461	458	613	391	732
居民服务修理和其他服务业	179	247	274	173	253	－397
转移性收入	827	989	1150	1460	2755	2930
财产性收入	902	1032	1224	1341	1692	1785

注:2014 年及以前为农村居民家庭人均纯收入。

7－14 农村居民家庭人均主要实物消费量

Major Foods Consumption Per Capita of Rural Households

	单 位	1980 年	1990 年	2000 年	2010 年	2015 年	2016 年
粮 食	千克		301.81	230.77	159.03	141.2	144.80
蔬 菜	千克	122.63	203.51	117.63	76.51	111.22	111.75
植物油	千克	3.14	4.07	7.90	5.69	9.71	12.23
动物油	千克	0.65	1.29	1.69	0.67	0.63	0.71
猪 肉	千克	12.20	22.55	30.10	26.49	33.28	32.13
蛋 类	千克	1.23	2.95	5.67	5.14	7.72	7.26
家 禽	千克	1.40	1.82	5.09	6.42	11.53	12.43
鱼 虾	千克	0.11	0.59	2.83	4.81	5.42	5.88
糖 类	千克	1.12	1.62	1.63	1.02	1.48	1.38
酒 类	千克	2.04	5.29	8.19	10.78	11.86	11.30
水 果	千克		4.40	18.07	18.20	31.83	34.14

7－15 农村居民家庭每百户耐用物品拥有量

The Number of Durable Consumer Goods Owned Per 100 Rural Households

	单 位	1980 年	1990 年	2000 年	2010 年	2015 年	2016 年
自行车	辆	68	161	149	92.5	—	—
热水器	台				50.4	74.2	79.2
洗衣机	台		8.3	50.1	94.1	97.2	99.8
电冰箱	台		0.3	16.9	81.4	95.9	101.1
摩托车	辆		0.7	39.9	65.6	67.6	60.0
微波炉	台				14.2	13	12.63
抽油烟机	台			1.6	14.1	14.9	14.6
彩色电视机	台		4.0	69.1	124.6	137.7	142.4
摄像机	台				2.6	1.2	1.1
照像机	架		0.4	5.0	9.6	8.6	7.01
空调机	台			1.2	21.1	37.3	45.0
电话机	部			29.8	40.5	11.7	10.0
移动电话	部			9.2	200.5	267.9	273.8
家用计算机	台			3.0	17.5	36.7	36.4

7－16　农村居民家庭平均每百户生产性固定资产原值

Original Value of Productive Fixed Assets Owned Per 100 Rural Households

单位:元

	1990 年	2000 年	2010 年	2015 年	2016 年
合　　计	**90094**	**500273**	**1105403**	**746852**	**840184**
役畜、产品畜	11178	23788	105092	44571	65699
大中型铁木农具	12446	31979	15630	—	—
农林牧渔业机械	4066	25069	41067	101445	35891

7－17　农村居民家庭平均每百户拥有生产性固定资产数量

The Number of Productive Fixed Assets Owned Per 100 Rural Households

	单　位	1990 年	2000 年	2010 年	2015 年	2016 年
汽　　车	辆	0. 30	1. 90	4. 52	—	—
大中型拖拉机	台	0. 36	0. 80	0. 31	0. 59	0. 28
小型及手扶拖拉机	台	2. 23	2. 72	1. 04	1. 07	1. 91
机动脱粒机	台	0. 30	10. 76	5. 93	4. 18	4. 3
胶轮大车	辆	0. 51	5. 40	1. 08	—	—
农用水泵	台	2. 13	19. 33	26. 77	—	—
役　　畜	头	8. 12	9. 72	10. 72	5. 65	3. 4
产 品 畜	头	30. 09	45. 31	62. 34	43. 61	55. 22

7－18　历年农村居民家庭每百人购买穿用商品

The Purchase of Clothing and Using Per 100 Rural Residents over the Years

年　份	服　装（件）	电　话（部）	电视机（部）	#彩　电	收录机（部）
1983			1.09		0.13
1984			1.75		0.31
1985			1.28	0.07	0.21
1986			1.58	0.07	0.51
1987			2.20	0.02	0.53
1988			2.14	0.15	0.65
1989			1.09	0.10	0.77
1990			1.19	0.21	0.36
1991			1.38	0.11	0.55
1992			1.46	0.47	0.47
1993			2.17	0.68	0.52
1994			1.11	0.42	0.50
1995			1.18	0.62	0.62
1996			1.16	0.69	0.38
1997			1.24	1.01	0.36
1998			1.53	1.27	0.26
1999			2.05	1.81	0.21
2000	121.79	2.47	1.70	1.60	0.24
2001	141.58	1.97	1.70	1.65	0.31
2002	148.03	2.23	1.66	1.65	0.60
2003	243.68	1.94	1.93	1.87	0.13
2004	251.09	1.85	1.53	1.49	0.24
2005	259.63	2.66	1.39	1.36	0.13
2006	295.54	1.63	1.46	1.42	0.13
2007	297.38	1.91	1.43	1.43	0.18
2008	295.74	1.32	1.65	1.61	0.15
2009	310.70	2.95	1.15	1.15	0.10
2010	345.30	1.35	1.76	1.74	0.08
2011	425.23	1.77	1.98	1.94	0.15
2012	408.22	0.82	1.85	1.85	0.51
2013	412.14	0.78	1.72	1.66	0.37
2014	—	1.00	2.00	2.00	—
2015	—	0.73	2.77	2.77	—
2016	—	0.31	3.14	3.14	—

7－18 续表

年　份	自行车（辆）	洗衣机（台）	电风扇（台）	电冰箱（台）	摩托车（辆）	手　机（部）
1983	3.03		0.20			
1984	3.65	0.03	0.12			
1985	3.29	0.09	0.31			
1986	3.33	0.10	0.58			
1987	3.62	0.24	0.98			
1988	4.14	0.42	1.44			
1989	2.29	0.33	0.82			
1990	2.49	0.14	0.79			
1991	3.50	0.28	1.71			
1992	3.46	0.47	1.42			
1993	4.46	0.71	2.72			
1994	3.21	0.50	2.55			
1995	2.72	0.45	3.43			
1996	1.74	0.45	2.70			
1997	1.97	0.66	1.71			
1998	1.68	0.55	2.46			
1999	2.07	0.58	1.86	0.35	1.25	
2000	2.98	0.66	2.37	0.23	0.94	0.30
2001	2.72	0.93	2.81	0.46	1.21	0.71
2002	2.82	0.94	2.55	0.37	1.52	2.12
2003	3.25	1.11	2.22	0.55	1.38	3.27
2004	2.49	1.21	1.98	0.64	1.43	3.31
2005	2.21	1.50	1.76	0.60	1.12	3.67
2006	2.15	1.42	3.59	0.92	1.11	4.39
2007	1.54	1.24	2.47	1.90	1.60	7.11
2008	1.80	1.38	2.14	2.27	1.40	8.30
2009	1.52	1.31	2.18	1.90	1.13	8.78
2010	1.66	1.16	2.86	2.00	1.06	8.54
2011	1.99	1.62	3.65	1.32	1.22	9.10
2012	1.89	1.56	3.11	0.98	0.97	10.90
2013	2.11	1.37	3.52	0.88	0.59	10.25
2014	2.00	2.00	—	1.00	1.00	16.00
2015	1.80	1.89	—	1.66	0.77	17.92
2016	1.88	2.45	—	1.79	0.66	18.24

7－19 历年居民消费价格指数与商品零售价格指数(以上年同期为100)

Consumer Price Indices and Retail Price Indices over the Years(Preceding Year＝100)

年份	居民消费价格指数	#食品类	#衣着类	#家庭设备用品及维修服务	#娱乐教育文化用品及服务	#医疗保健	商品零售价格指数
1951	114.8	114.0	107.7	112.3	98.2	128.8	113.8
1952	110.6	112.6	96.7	97.8	80.8	93.1	110.3
1953	102.2	103.9	101.3	93.1	89.9	89.9	102.1
1954	103.2	100.8	99.3	97.3	90.8	87.3	103.1
1955	103.6	106.2	98.2	101.7	100.0	103.9	103.1
1956	104.9	107.4	96.4	100.3	103.2	102.9	103.4
1957	106.0	103.9	99.9	101.0	97.7	136.2	104.3
1958	101.0	100.5	99.8	101.0	99.7	98.5	100.1
1959	100.3	99.5	100.2	101.2	100.1	102.7	100.2
1960	100.6	101.1	100.0	98.9	102.2	98.8	100.9
1961	116.0	130.0	100.0	100.0	100.1	99.6	117.7
1962	99.8	99.0	101.4	109.1	109.4	106.3	99.5
1963	91.2	93.0	101.6	101.7	100.3	101.5	90.0
1964	94.4	94.6	99.1	92.8	96.4	88.1	93.8
1965	97.5	93.5	99.2	95.9	94.9	94.3	98.1
1966	100.7	103.0	100.5	99.9	99.7	99.0	101.2
1967	102.0	104.0	99.4	99.2	96.5	91.7	102.0
1968	100.2	100.2	100.0	100.1	98.8	100.0	100.2
1969	100.1	100.0	100.0	100.0	100.0	87.3	99.8
1970	99.5	100.2	100.0	100.0	100.0	77.7	99.5
1971	100.2	100.1	100.0	100.0	100.0	98.7	100.2
1972	100.5	100.8	100.2	99.9	99.1	97.2	100.5
1973	100.0	99.9	100.0	99.6	97.6	99.2	99.9
1974	100.2	100.2	100.0	100.7	100.9	98.9	100.2
1975	100.3	100.1	100.0	99.9	100.3	99.6	100.3
1976	100.0	100.0	100.0	100.0	101.2	100.0	100.0
1977	100.2	99.6	100.0	100.0	100.0	100.7	100.2
1978	101.1	101.1	100.0	100.0	100.0	103.1	101.1
1979	102.0	104.6	99.4	100.4	100.5	103.7	102.1
1980	106.6	110.6	99.6	101.2	100.3	101.3	107.1
1981	102.1	101.7	100.3	100.6	100.5	103.7	102.1
1982	101.9	103.6	99.2	97.4	100.0	100.8	102.0
1983	100.3	100.7	98.8	98.8	97.0	103.8	100.0
1984	104.6	105.3	101.4	100.0	100.1	101.8	103.8
1985	111.4	115.0	102.2	102.5	102.3	106.1	111.3

注:居民消费价格指数中1994年以前“家庭设备及用品”指日用品类;“娱乐教育文化用品”指文化娱乐用品类;“医疗保健”指药及医疗用品类。

7-19 续表

年份	居民消费价格指数	#食品类	#衣着类	#家庭设备用品及维修服务	#娱乐教育文化用品及服务	#医疗保健	商品零售价格指数
1986	104.8	104.9	104.8	104.8	100.4	97.3	104.7
1987	108.8	112.4	102.6	107.4	103.4	113.2	109.4
1988	124.6	130.5	115.6	115.0	122.8	132.0	125.7
1989	116.2	113.6	125.0	113.1	111.0	125.9	116.1
1990	103.5	102.5	106.4	103.4	95.3	100.6	102.9
1991	105.2	105.8	102.6	105.0	94.3	100.9	104.7
1992	110.8	113.5	101.4	100.4	94.3	102.6	108.5
1993	115.9	118.7	107.2	108.9	102.4	115.0	115.1
1994	126.5	136.2	123.1	111.3	113.6	107.2	123.3
1995	117.5	124.2	107.4	106.4	104.3	109.3	114.5
1996	109.7	109.4	109.5	102.1	112.3	109.0	106.5
1997	105.7	104.1	102.1	103.2	100.3	105.5	102.9
1998	100.3	96.9	103.3	99.7	100.4	102.0	98.4
1999	98.3	96.3	99.3	98.4	96.5	101.2	97.1
2000	100.2	96.3	100.2	99.2	94.0	102.2	98.2
2001	100.8	101.6	98.4	99.4	103.9	97.0	100.7
2002	98.7	98.4	98.0	99.0	98.3	99.2	98.8
2003	102.1	103.0	100.8	99.4	99.1	102.3	100.2
2004	103.9	107.6	97.1	98.0	106.0	104.1	101.4
2005	102.3	104.5	91.0	98.0	107.8	101.2	99.8
2006	101.8	102.5	100.9	103.7	99.4	100.3	101.2
2007	105.2	112.4	101.1	102.7	100.0	101.7	104.2
2008	104.3	112.9	94.9	102.9	98.6	101.4	104.5
2009	100.3	103.1	94.4	100.0	99.9	100.3	99.0
2010	103.0	106.4	94.5	100.4	98.7	107.9	102.4
2011	105.4	112.6	98.9	104.0	97.3	102.8	104.3
2012	103.0	103.9	111.6	101.6	100.7	101.9	101.4
2013	103.1	105.5	101.6	103.0	101.3	101.9	101.7
2014	101.3	102.6	100.2	101.5	100.3	100.4	100.4
2015	101.1	102.0	100.1	100.9	102.3	101.3	99.5

年份	居民消费价格指数	#食品烟酒	#衣着	#生活用品及服务	#教育文化和娱乐	#医疗保健	商品零售价格指数
2016	102.2	104.0	99.2	100.4	104.1	102.7	100.8

说明：由于2016年基期年，CPI八大类结构发生较大变化，部分指数较基期前可比性不强，因而将指数调整为现有指数。

7－20 居民消费价格分类指数(以上年同期为100)

Consumer Price Indices by Category(Preceding Year＝100)

	2016年		2016年
居民消费价格指数	**102.2**	奶　类	**98.2**
食品烟酒类	104.0	烟　酒	100.5
食　品	104.9	衣着类	99.2
#粮　食	101.0	生活用品及服务	100.4
食用油	100.7	医疗保健	102.7
畜肉类	112.4	交通和通信类	99.0
蛋　类	95.9	教育文化和娱乐	104.1
水产品	103.5	居住类	101.8
菜	107.2	**服务项目价格指数**	**103.0**
干鲜瓜果类	**99.9**		

7－21 商品零售价格分类指数(以上年同期为100)

Retail Price Indices by Category(Preceding Year＝100)

	2015年	2016年		2015年	2016年
商品零售价格指数	**99.5**	**100.8**	体育娱乐用品类	102.0	99.5
食品类	102.2	104.7	交通、通信用品类	96.5	98.5
#粮　食	102.9	101.0	家具类	102.2	98.5
饮料、烟酒类	100.7	100.5	化妆品类	100.3	102.4
服装、鞋帽类	100.0	99.2	金银珠宝类	93.2	106.1
纺织品类	99.6	100.0	中西药品及医疗保健用品类	101.2	106.6
家用电器及音像器材类	96.9	98.9	书报杂志及电子出版物类	105.8	102.0
文化办公用品类	98.9	95.0	燃料类	89.2	99.4
日用品类	100.4	99.3	建筑材料及五金电料类	96.6	99.5

7－22 工业生产者购进价格指数(以上年同期为100)

Purchasing Price Indices of Industrial Producers(Preceding Year＝100)

	2012 年	2013 年	2014 年	2015 年	2016 年
工业生产者购进价格指数	**100.2**	**98.2**	**99.1**	**97.2**	**98.6**
燃料、动力类	102.6	101.1	102.2	101.1	97.3
黑色金属材料类	95.7	93.9	95.0	91.6	97.6
有色金属材料类	96.5	95.8	95.9	95.3	98.3
化工原料类	96.8	95.0	99.7	95.9	98.6
木材及纸浆类	96.6	98.1	98.7	100.0	102.2
建筑材料及非金属矿类	99.0	103.8	105.4	92.3	97.8
农副产品类	108.1	99.5	99.9	98.7	98.6
其他工业原材料及半成品类	100.0	98.8	97.6	97.2	101.0
纺织原料类	103.7	97.2	97.4	96.4	99.3

7－23 工业生产者出厂价格指数(以上年同期为100)

Ex－factory Price Indices of Industrial Producers(Preceding Year＝100)

	2015 年	2016 年		2015 年	2016 年
工业生产者出厂价格指数	**98.0**	**99.6**	#生产资料	96.9	99.4
			采掘工业	99.7	84.5
#轻 工 业	100.3	100.3	原材料工业	98.5	101.9
以农产品为原料	100.2	100.4	加工工业	96.6	98.9
以非农产品为原料	100.6	99.9	生活资料	100.2	100.2
重 工 业	96.9	99.4	食　　品	100.1	101.3
采掘工业	99.7	84.5	衣　　着	100.8	100.2
原材料工业	98.1	101.6	一般日用品	99.4	99.4
加工工业	96.6	99.0	耐用消费品	100.9	99.3

7－24 分月居民消费价格指数

Monthly Consumer Price Indices

	全 年 (2016)	1月	2月	3月	4月
居民消费价格指数	**102.2**	**101.5**	**102.4**	**102.5**	**102.2**
非食品(原口径)指数	101.5	100.9	100.7	100.6	100.6
服务项目价格指数	103.0	102.6	102.1	101.9	101.3
扣除鲜菜鲜果总指数	102.1	101.6	101.7	101.6	101.8
消费品价格指数	**101.8**	**100.8**	**102.6**	**102.9**	**102.7**
一、食品烟酒	104.0	103.2	106.5	107.6	106.4
二、衣　　着	99.2	99.3	99.3	99.9	99.3
三、居　　住	101.8	101.3	101.4	101.3	101.3
四、生活用品及服务	100.4	100.4	100.3	100.2	100.4
五、交通和通信	99.0	97.9	98.2	96.6	98.4
六、教育文化和娱乐	104.1	103.7	102.0	102.4	100.6
七、医疗保健	102.7	101.4	101.6	102.3	102.1
八、其他用品和服务	104.8	101.3	102.4	102.6	102.0
商品零售价格总指数	**100.8**	**99.8**	**100.8**	**101.2**	**101.6**
一、食 品 类	104.7	103.4	107.8	109.3	107.7
二、饮料、烟酒类	100.5	103.1	102.2	102.6	102.1
三、服装、鞋帽类	99.2	99.3	99.2	99.8	99.2
四、纺织品类	100.0	99.9	100.0	100.3	99.9
五、家用电器及音像器材	98.9	99.0	99.0	99.0	99.6
六、文化办公用品	95.0	95.5	96.3	97.2	97.4
七、日用品类	99.3	100.4	100.4	100.1	99.6
八、体育娱乐用品	99.5	98.6	98.9	96.8	99.6
九、交通、通信用品	98.5	96.1	95.9	96.2	100.3
十、家　　具	98.5	99.6	99.7	98.9	98.8
十一、化妆品类	102.4	100.2	100.4	100.7	101.9
十二、金银珠宝类	106.1	94.0	100.2	103.2	101.4
十三、中西药品及医疗保健用品类	106.6	103.7	104.1	105.9	105.4
十四、书报杂志及电子出版物类	102.0	101.6	101.6	101.6	101.6
十五、燃 料 类	99.4	97.9	98.5	95.9	96.4
十六、建筑材料及五金电料类	99.5	99.8	99.9	100.1	100.1

及商品零售价格指数(以上年同月为100)

and Retail Price Indices(preceding month = 100)

5月	6月	7月	8月	9月	10月	11月	12月
101.7	**102.0**	**101.7**	**101.2**	**102.4**	**102.7**	**103.2**	**103.2**
100.2	101.2	101.2	101.1	102.3	102.4	103.0	103.3
100.9	102.5	102.5	102.0	104.2	104.5	105.3	105.7
101.7	102.4	101.9	101.5	102.4	102.5	103.0	103.2
102.1	**101.7**	**101.2**	**100.7**	**101.3**	**101.6**	**102.0**	**101.6**
105.5	103.9	102.5	101.1	102.3	103.1	103.3	102.3
99.1	98.6	98.2	98.0	98.0	99.7	100.7	100.7
101.3	101.3	101.2	102.1	102.3	102.3	103.1	103.1
100.4	100.8	100.8	100.5	100.5	100.2	100.3	100.3
97.9	99.1	99.8	100.6	100.3	98.9	99.4	100.9
99.0	103.6	103.7	100.6	106.7	107.9	109.0	109.2
102.3	102.7	102.9	103.1	103.3	103.3	103.5	104.3
103.3	103.7	104.5	104.3	108.6	108.4	108.3	107.9
101.3	**101.2**	**101.0**	**100.7**	**100.7**	**100.4**	**100.6**	**100.5**
106.5	104.7	102.9	101.1	102.6	103.6	103.9	102.7
101.9	100.5	99.5	98.8	98.8	99.0	99.0	98.4
99.0	98.7	98.2	98.1	98.1	99.7	100.8	100.7
99.8	100.6	100.1	100.0	99.7	99.9	99.9	99.9
99.6	99.7	99.4	99.2	99.1	98.3	97.8	97.6
96.5	95.9	96.0	94.6	93.3	92.8	92.7	91.7
99.6	99.3	99.0	98.5	98.5	98.6	98.8	98.7
99.2	99.6	100.0	100.9	100.6	100.7	99.4	99.4
100.6	101.4	101.8	102.0	99.5	95.9	96.0	96.9
98.1	98.7	98.7	97.8	97.6	97.8	98.0	98.2
102.4	103.1	103.4	103.4	103.1	103.5	103.8	103.4
102.3	105.2	111.7	113.9	113.4	109.1	112.5	108.2
105.8	106.9	107.2	107.6	108.0	108.1	108.5	107.6
101.7	101.7	102.8	102.3	102.2	102.2	102.2	102.2
95.4	97.2	98.1	99.7	102.5	102.5	103.6	106.4
100.1	99.8	99.7	98.6	98.9	98.9	98.9	98.8

7－25 城乡居民家庭人均收入及恩格尔系数(1978－2016年)

Per Capita Annual Income and Engle Coefficient of Urban and Rural Households(1978－2016)

年份	农村居民家庭人均可支配收入		城镇居民家庭人均可支配收入		农村居民家庭恩格尔系数(%)	城镇居民家庭恩格尔系数(%)
	绝对值(元)	指数(1978＝100)	绝对值(元)	指数(1978＝100)		
1978	140	100	340	100		
1979	175	125	352	104		
1980	223	159	395	116		
1981	276	197	458	135		
1982	310	221	486	143		
1983	334	239	521	153		
1984	366	261	603	177		
1985	413	295	787	231		
1986	458	327	913	268		
1987	526	376	1016	298		
1988	632	451	1243	365		
1989	693	495	1565	455		
1990	773	552	1755	516		51.4
1991	832	594	1925	566		52.7
1992	903	645	2102	618		54.7
1993	1029	735	2624	771		53.4
1994	1303	931	3941	1158		51.9
1995	1649	1178	5047	1483		50.5
1996	2051	1465	5669	1666		50.3
1997	2427	1734	6019	1769		50.4
1998	2631	1879	6446	1895		44.4
1999	2783	1988	7098	2086		43.9
2000	2926	2090	7649	2248		38.8
2001	3178	2270	8128	2389		37.4
2002	3377	2412	8972	2637		39.1
2003	3655	2611	9641	2834		38.3
2004	4072	2909	10394	3055		35.4
2005	4485	3204	11359	3338		35.3
2006	4905	3504	12789	3759		33.9
2007	5642	4030	14849	4364		39.1
2008	6481	4629	16943	4979	41.4	37.4
2009	7129	5092	18659	5483	40.8	37.5
2010	8205	5861	20835	6123	41.9	37.0
2011	9895	7068	23932	7033	42.0	37.0
2012	11501	8215	27194	7998	41.1	35.4
2013	12985	9275	29968	8814	40.4	35.1
2014	14478	10341	32665	9607	39.8	34.8
2015	17690	12636	33476	9846	38.4	34.1
2016	18605	13289	35902	10559	37.8	34.2

主要统计指标解释

城镇居民家庭实际收入 指被调查城镇居民家庭全部的实际现金收入,包括经常或固定得到的收入和一次性收入。不包括周转性收入,如提取银行存款、向亲友借入款、收回借出款以及其他各种暂收款。

城镇居民家庭总收入 指调查户中生活在一起的所有家庭成员在调查期得到的工薪收入、经营净收入,财产性收入、转移性收入的总和,不包括出售财物收入和借贷收入。

城镇居民家庭可支配收入 指调查户可用于最终消费支出和其它非义务性支出及储蓄的总和,即居民家庭可以用来自由支配的收入。它是家庭总收入扣除交纳的所得税、个人交纳的社会保障费以及调查户的记账补贴后的收入。计算公式:可支配收入=家庭总收入-交纳所得税-个人交纳的社会保障支出-记账补贴。

城镇居民家庭消费支出 指调查户用于本家庭日常生活的全部支出,包括食品、衣着、家庭设备用品及服务、医疗保健、交通和通讯、娱乐教育文化服务、居住、杂项商品和服务八大类。包括用于赠送的商品或服务。

农村居民可支配收入 指农村居民获得的经过初次分配与再分配后的收入。可支配收入可用于农村居民的最终消费、非义务性支出以及储蓄。其计算方法是:

农村居民可支配收入=全年总收入-家庭经营费用支出-税费支出-生产性固定资产折旧-调查补贴-财产性支出-转移性支出中除赠送农村内部亲友支出外的所有支出-亲友赠送收入+农村外部亲友赠送收入。

农村居民家庭纯收入 指农村常住居民家庭总收入中,扣除相应的各项费用支出后,归农民所有的收入。它可以用于生产、非生产投资,改善物质和文化生活,以及用于再分配的支出和结余的收入。它是反映农民家庭实际收入水平的综合性的主要指标。农民家庭纯收入,既包括从事生产性和非生产性的经营收入,又包括取自在外人口寄回带回和国家财政救济、各种补贴等非经营性收入;既包括货币收入,又包括自产自用的实物收入。但不包括向银行、信用社和向亲友借款等属于借贷性的收入。其计算方法是:

纯收入=全年总收入-家庭经营费用-税费支出-固定资产折旧-亲友赠送收入+城市亲友赠送收入+一次性工伤补贴+保险公司赔付

农村居民生活消费支出 指农村常住居民家庭年内用于物质生活和精神生活方面的实际支出,直接反映农民的生活水平,是研究农民消费结构变化的基本指标。农民家庭生活消费支出,包括食品、衣着、居住、家庭设备、用品及服务、医疗保健、交通和通讯、文化教育娱乐用品及服务、其他商品和服务等消费支出。

城乡居民储蓄存款余额 城乡居民储蓄存款,包括城镇居民储蓄存款和农民个人储蓄存款两部分。不包括居民的手存现金和工矿企业、部队、机关团体等集团存款。储蓄存款余额,是指城乡居民存入银行及农村信用社储蓄的时点数(存入数扣除取出数的余额),如月末、季末或年末数额。

商品零售价格指数 是反映市场商品零售价格变动趋势和变动程度的一种经济指数。零售物价的调整变动直接影响到居民的生活支出和国家的财政收入,影响居民购买力和市场供需平衡,影响消费与积累的比例。

居民消费价格指数 是反映一定时期内居民所消费商品及服务项目的价格水平变动趋势和变动程度。

工业生产者价格指数 包括工业企业产品第一次出售时的出厂价格和企业作为中间投入的原材料、燃料、动力购进价格,即工业生产者出厂价格和工业生产者购进价格。通常,我们把工业生产者出厂价格指数称为PPI。

八 城市公用事业

简 要 说 明

主要内容

本部分资料反映城市基本情况，主要包括：城市规模、建设用地，城市绿化、环境卫生、道路、桥梁、自来水、天然气等城市基础设施情况；城市公共交通，全市及分行业用电量情况，工业企业主要污染物排放及处理利用情况。

资料来源

城市基础设施建设资料来源于成都市建设委员会。

用电量资料来源于成都电业局。

环保资料来源于成都市环境保护局。

城市公共交通来源于成都市交通运输委员会。

其他需要说明的问题

城市基础设施建设资料为市区范围内全社会统计口径，即包括建设系统内外两部分。

用电量资料仅为成都电业局售给成都地区的售电量，不含各县（市）未入网的自行发电量。

环保资料为全社会统计口径。

建成区面积与绿地面积

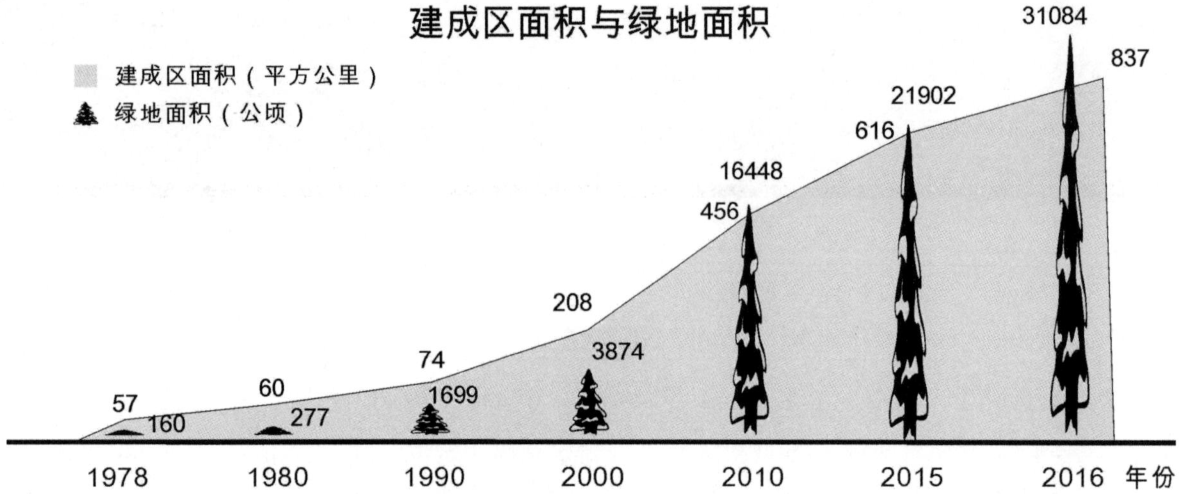

生活垃圾无害处理量（万吨）

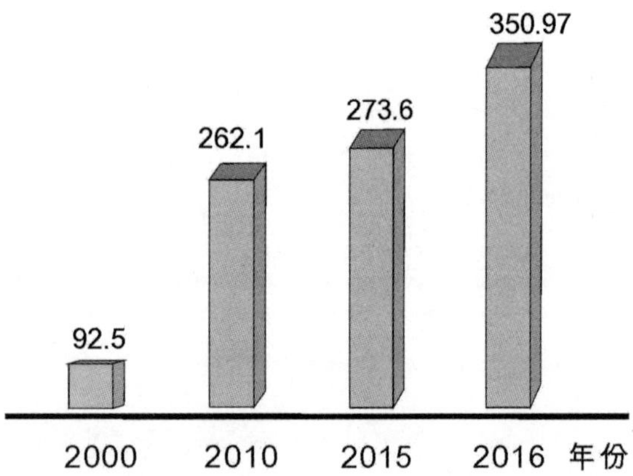

全市用电量（亿千瓦小时）

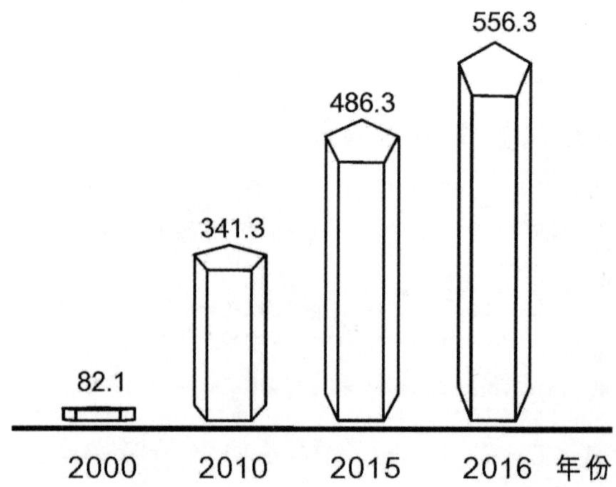

城市供水量（万吨）

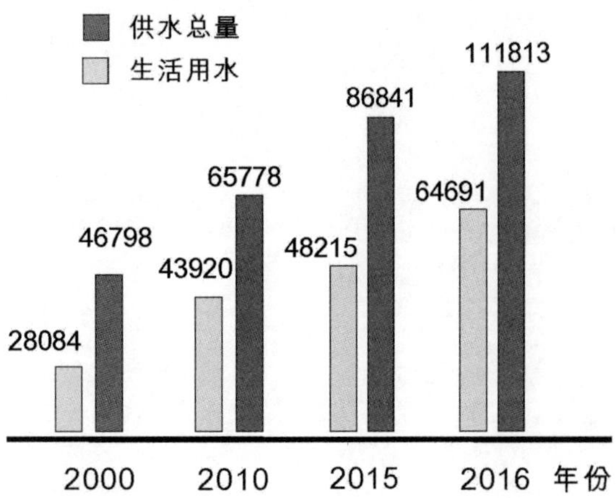

城市供天然气量（亿立方米）

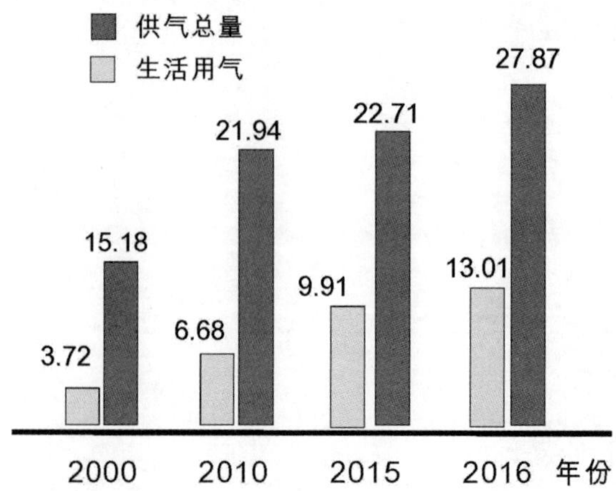

8－1 城市规模和建设用地情况

Urban Scale and Construction Land

	单 位	2015 年	2016 年		单 位	2015 年	2016 年
市区人口	万人	594.24	773.66	#居住用地	平方公里	217.12	257.34
市区面积	平方公里	2172.69	4241.81	公共设施用地	平方公里	10.39	83.36
建成区面积	平方公里	615.71	837.27	工业用地	平方公里	81.19	114.7
#城　　区	平方公里	402.00	407.25	交通设施用地	平方公里	100.06	127.28
城市建设用地面积	平方公里	604.07	770.78	物流仓储用地	平方公里	6.08	17.81

注:2016 年市区范围较上年增加了双流区、郫都区、成都天府新区(下同)。

8－2 市政设施水平

Level of Urban Public Facilities

	单 位	2015 年	2016 年		单 位	2015 年	2016 年
用水普及率	%	99.22	94.95	人均公园绿地面积	平方米	14.59	14.23
用气普及率	%	98.34	95.01	建成区绿地率	%	35.57	36.49
人均拥有道路面积	平方米	14.62	13.89	建成区绿化覆盖率	%	39.84	41.39

8-3 市政工程设施情况

Municipal Engineering Facilities

	单 位	2015 年	2016 年		单 位	2015 年	2016 年
年末实有铺装道路长度	公里	2738. 7	3699. 9	排水管道长度	公里	7878	10668
年末实有铺装道路面积	万平方米	7709. 9	9590. 3	#污水管道	公里	3630	4274
#人行道面积	万平方米	1849. 3	2430. 4	污水排放量	万立方米	82301	94747
路灯盏数	千盏	205	300	污水处理厂座数	座	19	24
桥 梁 数	座	661	843	污水处理厂处理能力	万立方米/日	239	269
#立 交 桥	座	102	151	污水处理总量	万立方米	78592	89349

8-4 自来水供应情况

Basic Statistics of Tap Water Supply

	单 位	2015 年	2016 年		单 位	2015 年	2016 年
年末供水综合生产能力	万吨/日	301. 8	375. 9	全年供水量	万吨	86841	111813
#地 下 水	万吨/日	18. 3	19. 1	#生活用水	万吨	48215	64691
供水管道长度	公里	7685	13964	用水人口	万人	523. 2	655. 5

8-5 天然气、液化石油气情况

Basic Statistics of Urban Supply for Natural Gas and Liquefied Petroleum Gas

	单 位	2015 年	2016 年		单 位	2015 年	2016 年
天 然 气				**液化石油气**			
输气管道长度	公里	12472	17493	供气量	吨	104422	107008
供气总量	万立方米	227092	278703	#家庭用量	吨	48345	47144
#家庭用量	万立方米	99127	130058	用气人口	万人	29.9	28.6
用气人口	万人	488.6	627.3				

8-6 城市公共交通

Public Traffic in City

	单 位	2015 年	2016 年		单 位	2015 年	2016 年
公共汽车				年末营运线路	条	418	502
年末公共营运汽车	辆	11294	10781	**年末出租汽车**	**辆**	**13993**	**11374**
年末公共营运汽车	标台	14636	13748	**地 铁**			
年末全市公交线路长度	公里	6785	6777	运营线路长度	公里	86	106
全年公交客运总量	万人次	172950	141826	客运总量	万乘次	33933	56217

注:本表数据为城区口径。

8－7 园林绿化情况

Basic Statistics of Parks, Gardens and Green Areas

	单　位	2012 年	2013 年	2014 年	2015 年	2016 年
绿地面积	**公顷**	**18519**	**19082**	**19757**	**21902**	**31084**
#建 成 区	公顷	18363	19082	19629	21902	30550
#城　　区	公顷	13200	13326	13672	13746	13938
年末公园绿地面积	**公顷**	**6262**	**6310**	**6899**	**7695**	**9821**
绿化覆盖面积	**公顷**	**20757**	**21246**	**22156**	**24530**	**35231**
#建 成 区	公顷	20301	21246	21664	24530	34658
#城　　区	公顷	10721	14727	14932	15529	15734

注:本表中城区口径为五城区(含高新区)。

8－8 城市维护建设资金收支情况

Revenue and Expenditures of urban Maintenance and Construction Funds

单位:万元

	2016 年		2016 年
一、城市维护建设资金收入	**4847955**	国有土地使用权出让收入	865328
#城市维护建设税	598819	**二、城市维护建设资金支出**	**4045685**
城市公用事业附加	16058	#城乡社区规划与管理支出	42332
市政公用设施有偿使用费	148597	市政公用设施维护与管理支出	619742
城市基础设施配套费	379961	其他支出	3259098

8－9 历年全市用电量

Total Electricity Consumption over the Years

单位:万千瓦小时

年　　份	用电量	# 工业用电	# 交通运输用电	# 城乡居民生活用电
1950	770	377		
1951	1019	591		
1952	1141	722		
1953	1540	909		
1954	1929	1206		
1955	2331	1457		
1956	3426	2209		
1957	4276	2777		
1958	8386	6559		
1959	21717	18984		
1960	47508	43455		
1961	42103	38514		
1962	35633	30704		
1963	37319	32107		
1964	46417	42619		
1965	70084	62821	25	
1966	96492	86855	63	
1967	77595	68445	147	
1968	44587	35257	123	
1969	85931	72706	267	
1970	147391	127357	3637	
1971	163559	137687	6098	
1972	165761	140600	6093	
1973	173619	147826	5389	
1974	181273	152666	6457	
1975	138626	112246	1100	
1976	135847	115992	1765	
1977	162564	140421	2125	
1978	197000	171281	2268	
1979	219477	188343	2174	
1980	236796	200477	2160	

8 - 9 续表

单位:万千瓦小时

年　　份	用电量	# 工业用电	# 交通运输用电	# 城乡居民生活用电
1981	232955	192777	1879	
1982	242919	199843	2032	
1983	262682	217953	2206	
1984	269408	220028	4625	
1985	273763	218888	5771	
1986	283501	233569	8362	
1987	297163	237476	8862	
1988	302933	236183	7353	
1989	337198	263915	6964	
1990	356117	269271	7112	
1991	405748	310748	7139	
1992	446621	335390	9110	
1993	511759	374196	9526	
1994	555674	391665	10206	
1995	594427	410396	10415	
1996	647423	424693	11740	
1997	678070	425725	14004	
1998	699964	427596	11861	
1999	734982	431075	13570	
2000	821001	453625	15699	191046
2001	903557	476157	23247	209509
2002	1115973	625479	27461	236596
2003	1181635	632120	47087	256962
2004	1318347	691741	37818	292576
2005	1465839	760470	24318	334690
2006	1671532	867800	34905	382409
2007	2399000	1311200	29277	502204
2008	2610793	1351903	37628	586859
2009	2961226	1534439	42441	657674
2010	3413139	1766106	57531	746640
2011	3858208	1971939	72363	826941
2012	4117967	2098735	81215	874030
2013	4449331	2289153	98572	916529
2014	4780323	2440120	97826	976000
2015	4863458	2339117	109169	1048009
2016	5562783	2652744	150387	1253832

注:用电量2007年及以后为全口径,2007年以前为直供口径。

8－10 分行业用电量

Electricity Consumption by Sector

单位：万千瓦小时

	2012 年	2013 年	2014 年	2015 年	2016 年
总　计	**4117967**	**4449331**	**4780323**	**4863458**	**5562783**
农、林、牧、渔、水利业	24835	27355	29440	34922	40092
工　业	2098735	2289153	2440120	2339117	2652744
建筑业	143345	162549	142951	123043	127944
交通运输、仓储和邮政业	98471	116085	113412	125724	150387
商业、住宿和餐饮业	311895	336612	373030	402547	441217
城乡居民生活用电	874030	916529	976000	1048009	1253832
城　镇	608742	624671	698213	762110	890233
乡　村	265288	291858	277787	285899	363599

8－11 工业主要污染物排放及处理利用情况

Discharge, Treatment and Utilization of Industrial Pollutants

	单　位	2015 年	2016 年		单　位	2015 年	2016 年
工业废水				**一般工业固体废物**			
排放总量	万吨	11453	9262	产生量	万吨	294	296
工业废气				综合利用量	万吨	283	228
排放总量	亿标立方米	1711	2105	贮存量	万吨	0.03	0.38
工业烟(粉)尘				处置量	万吨	11.6	70.5
排放量	万吨	2.07	1.25				

8－12 分月全社会用电情况(2016年)

Monthly Total Electricity Consumption(2016)

单位:万千瓦时

	用电量	# 工业	# 城市居民	# 农村居民
总　计	**5562782.93**	**2652743.59**	**890232.78**	**363599.26**
一季度	**1256431.07**	**547090.91**	**235421.39**	**87291.86**
1月	475776.36	216275.70	83998.05	28258.14
2月	395371.00	150223.68	87324.56	32805.22
3月	385283.71	180591.53	64098.78	26228.50
二季度	**1329380.88**	**691074.39**	**177229.86**	**85156.32**
4月	406206.58	206722.04	58657.12	23876.72
5月	454179.96	236374.26	58973.71	34638.51
6月	468994.34	247978.09	59599.03	26641.09
三季度	**1640817.27**	**732587.76**	**291954.01**	**110149.22**
7月	511921.01	244145.11	79459.80	31206.15
8月	580881.63	267457.71	100758.78	37730.68
9月	548014.63	220984.95	111735.43	41212.38
四季度	**1336153.71**	**681990.54**	**185627.53**	**81001.86**
10月	413005.90	201914.42	57880.21	25681.82
11月	457572.87	246371.56	59076.78	26316.12
12月	465574.95	233704.56	68670.55	29003.92

主要统计指标解释

自来水生产能力 指城建部门管理的自来水厂和自备水源的社会单位取水、净化、送水、出厂输水干管等环节的实际生产能力。

城市人口用水普及率 指城市用水的人口数(不包括临时人口和流动人口)与城市总人口数之比。计算公式:

用水普及率=(城市用水的人口数÷城市总人口数)×100%

城市用气普及率 指使用煤气(包括人工煤气、液化石油气、天然气)的城市总人口数(不包括临时人口和流动人口)与城市人口总数之比。计算公式:

$$城市煤气普及率=\frac{城市用气的人口数}{城市总人口数}\times 100\%$$

城市污水日处理能力 指污水处理厂每昼夜处理污水量的设计能力。

营运线路长度 指设置的固定营运线路长度,包括郊区营运线路长度。不包括临时行驶的线路长度。

城市园林绿地面积 指城市公共绿地、专用绿地、生产绿地、防护绿地、郊区风景名胜区的全部面积。

公共绿地 指供游览休息的各种公园、动物园、植物园、陵园以及花园、游园和供游览休息用的林荫道绿地、广场绿地。不包括一般栽植的行道树及林荫道的面积。

工业废水排放量 指经过企业厂区所有排放口排到企业外部的工业废水量。包括生产废水、外排的直接冷却水、超标排放的矿井地下水和与工业废水混排的厂区生活污水,不包括外排的间接冷却水(清污不分流的间接冷却水应计算在内)。

工业废水排放达标量 指各项指标都达到国家或地方排放标准的外排工业废水量,包括未经处理外排达标的和经过处理后外排达标的两部分。国家排放标准见 GB8978-88。

工业废气排放量 指企业厂区内燃料燃烧和生产工艺过程中产生的各种排入空气的含有污染物的气体的总量,以标准状态[273K,101325Pa]计。

工业粉尘排放量 指企业在生产工艺过程中排放的颗粒物重量。如钢铁企业的耐火材料粉尘、焦化企业的筛焦系统粉尘、烧结机的粉尘、石灰窑的粉尘、建材企业的水泥粉尘等。不包括电厂排入大气的烟尘。

工业固体废物产生量 指企业在生产过程中产生的固体状、半固体状和高浓度液体状废弃物的总量,包括危险废物、冶炼废渣、粉煤灰、炉渣、煤矸石、尾矿、放射性废物和其他废物等;不包括矿山开采的剥离废石和掘进废石(煤矸石和呈酸性或碱性的废石除外)。酸性或碱性废石是指采掘的废石其流经水、雨淋水的pH值小于4或pH值大于10.5者。

工业固体废物综合利用量 指通过回收、加工、循环、交换等方式,从固体废物中提取或者使其转化为可以利用的资源、能源和其他原材料的固体废物量(包括当年利用往年的工业固体废物累计贮存量)。如用作农业肥料、生产建筑材料、筑路等。综合利用量由原产生固体废物的单位统计。

工业固体废物贮存量 指以综合利用或处置为目的,将固体废物暂时贮存或堆存在专设的贮存设施或专设的集中堆存场所内的量。专设的固体废物贮存场所或贮存设施必须有防扩散、防流失、防渗漏、防止污染大气、水体的措施。工业固体废物处置量指将固体废物焚烧或者最终置于符合环境保护规定要求的场所并不再回取的工业固体废物量(包括当年处置往年的工业固体废物累计贮存量)。处置方法如:填埋(其中危险废物应安全填埋)、焚烧、专业贮存场(库)封场处理、深层灌注、回填矿井等。

九 农 业

简 要 说 明

主要内容

本部分资料反映全市农业生产和农村经济的基本情况，主要包括农村基层组织、乡村从业人员和农、林、牧、渔业产值及其主要产品产量、农业机械拥有量、水利设施、林业生产等方面的统计资料。

资料来源

农林牧渔业产值、产量及其有关资料来源于成都市统计局。

农业机械资料来源成都市农业委员会。

林业生产资源来源于成都市林业和园林局。

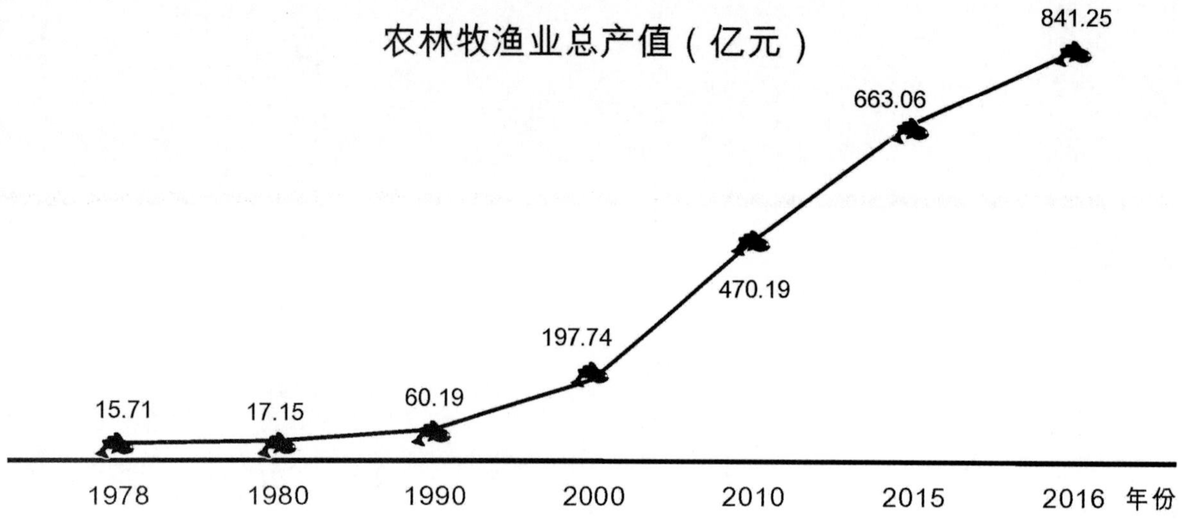

农林牧渔业总产值（亿元）
15.71
17.15
60.19
197.74
470.19
663.06
841.25
1978
1980
1990
2000
2010
2015
2016
年份

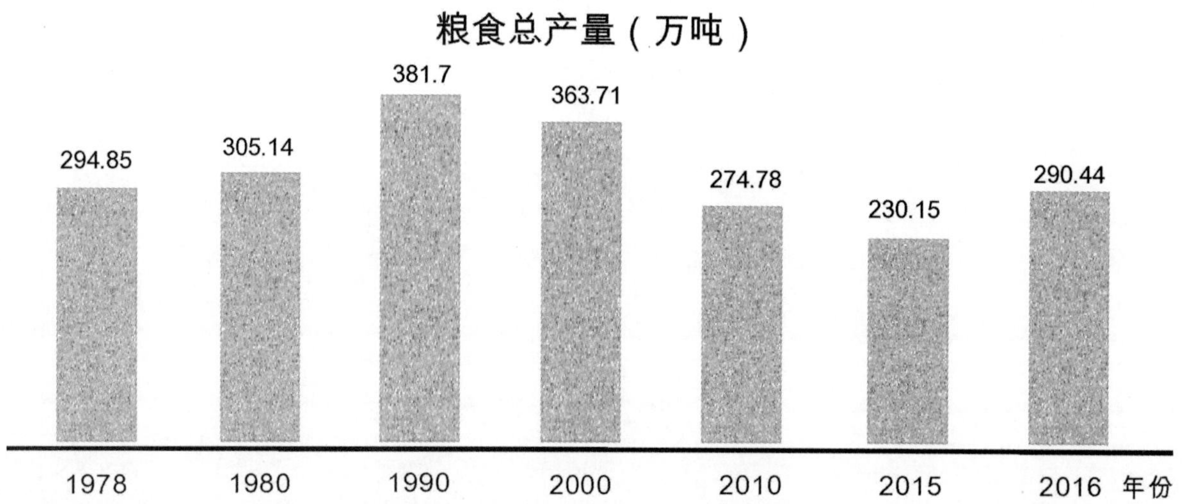

粮食总产量（万吨）
294.85
305.14
381.7
363.71
274.78
230.15
290.44
1978
1980
1990
2000
2010
2015
2016
年份

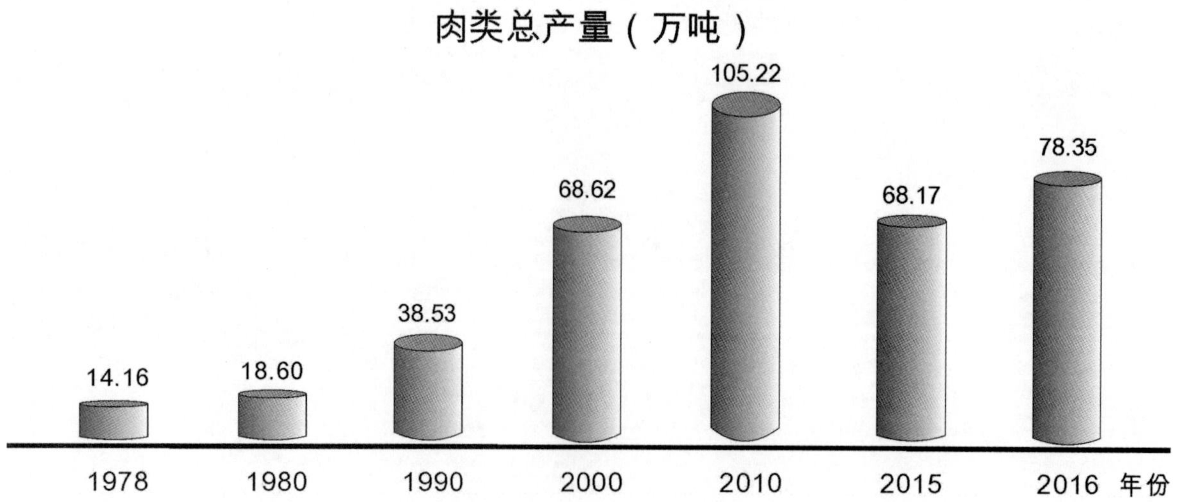

肉类总产量（万吨）
14.16
18.60
38.53
68.62
105.22
68.17
78.35
1978
1980
1990
2000
2010
2015
2016
年份

9－1　农村基层组织及农业生产条件

Basic Conditions of Rural Grassroots Units and Agriculture

	单 位	1978 年	1990 年	2000 年	2010 年	2015 年	2016 年
农村基层组织							
乡镇个数	个	394	408	338	221	220	258
#镇 个 数	个		78	208	194	189	206
村委会个数	个	4575	4651	4582	2529	2420	3205
乡村户数、人口与从业人员							
乡村户数	户	1445797	1977835	2081843	2276745	2220448	2611443
乡村人口数	人	6348345	6918256	6841033	6715987	6327406	7578389
#乡村从业人员	人	2635876	3916699	4088305	4063402	3759442	4365590
#转移出省的从业人员	人		13904	126959	272350	253203	364821
按性别分							
男	人	1342399	2028586	2113385	2152128	1996271	2322173
女	人	1293477	1888113	1974920	1911274	1763171	2043417
按行业分							
农、林、牧、渔业	人	2413646	3051316	2440924	1526538	1345141	1526022
工　　业	人	87706	348459	412239	647603		
建 筑 业	人	40133	158749	351166	646895		
交通运输仓储业及邮电通讯业	人	6126	52632	101882	180518		
批发、零售贸易业	人	9452	110166	258698	262461		
其他行业	人	78813	195377	523396	799387		

注：①2008 年以来交通运输仓储业及邮电通讯业包含计算机服务和软件业；其他行业包含住宿和餐饮业。②2012 年以来乡镇、村委会个数包含涉农街道、乡镇及村委会。③2011 年起取消分行业人数指标。

9-1 续表

	单 位	1978 年	1990 年	2000 年	2010 年	2015 年	2016 年
农村社会基础设施							
自来水受益村数	个			1897	1670	2055	2342
通有线电视村数	个					2361	3149
通宽带村数	个					2379	2950
农业主要能源及物质消耗							
农村用电量	万千瓦小时	12033	77482	222405	315870	321190	363262
农用化肥施用量(折纯)	万吨	15.59	15.78	21.42	17.17	15.49	18.58
#氮　　肥	万吨	11.50	11.67	9.42	6.85	5.83	7.19
磷　　肥	万吨	4.09	2.99	4.58	3.77	3.20	3.65
钾　　肥	万吨		0.38	1.73	1.95	1.90	1.97
复 合 肥	万吨		0.74	5.69	4.60	4.31	5.77
农用塑料薄膜使用量	吨		1131	7331	10548	12042	12804
#地膜使用量	吨			4449	7308	7973	8483
地膜覆盖面积	万公顷			4.67	5.67	6.16	7.91
农用柴油	万吨			2.42	2.49	2.43	3.40
农药使用量	吨		4080	7146	5897	5066	5584
机耕面积	公顷				839067	432513	464667
机播面积	公顷				41162	171737	190667

9－2 历年农林牧渔业总产值

Gross Output Value of Farming, Forestry, Animal Husbandry and Fishery over the Years

单位:万元

年份	农林牧渔业总产值	其中:			
		农业	林业	牧业	渔业
1950	35140	30850	1070	3192	28
1951	37231	32527	1116	3557	31
1952	40583	35315	1269	3967	32
1953	46049	39992	1526	4489	42
1954	49264	41788	2105	5327	44
1955	50101	42344	2249	5458	50
1956	53498	44926	2428	6089	55
1957	57859	48160	2681	6950	68
1958	67215	54521	5265	7338	91
1959	52465	42641	4281	5471	72
1960	42184	35224	3340	3546	74
1961	36998	31938	1997	2971	92
1962	45840	39385	2041	4345	69
1963	55284	45216	2336	7642	90
1964	65290	51599	3026	10573	92
1965	76227	60247	3053	12829	98
1966	83034	65507	3151	14293	83
1967	84823	66425	3038	15264	96
1968	77963	60731	2856	14293	83
1969	81898	64835	2868	14111	84
1970	90799	73016	2893	14792	98
1971	97206	77463	2989	16658	96
1972	97890	75476	3211	19096	107
1973	105872	81759	3636	20366	111
1974	110799	86075	3801	20795	128
1975	113923	88472	3807	21503	141
1976	113083	87941	3887	21064	191
1977	124834	98381	4059	22121	273
1978	157073	122713	4725	29349	286
1979	173161	132675	5308	34852	326
1980	171518	126158	5175	39849	336
1981	177416	128085	4975	43949	407
1982	219738	166598	5527	47001	612

9－2 续表

单位:万元

年份	农林牧渔业总产值	其中: 农业	林业	牧业	渔业
1983	237768	176620	5983	54107	1058
1984	262666	193216	8339	59181	1930
1985	291302	203470	8756	75682	3394
1986	324607	219259	8041	92244	5063
1987	395987	255562	7935	125554	6936
1988	479787	284690	9386	176896	8815
1989	520868	312455	9886	188248	10279
1990	601911	375241	11248	204964	10458
1991	639111	401953	11361	214000	11797
1992	739631	462607	14415	249449	13160
1993	884061	544490	14837	307831	16903
1994	1279351	750677	16651	491217	20806
1995	1504482	899164	18877	562630	23811
1996	1683751	1020560	21279	612394	29518
1997	1812981	1073548	20612	685333	33488
1998	1919066	1187104	28482	667369	36111
1999	1935590	1207099	28117	666298	34076
2000	1977360	1210837	28556	700601	37366
2001	2121433	1238181	33819	810704	38729
2002	2256349	1227188	29649	909268	42981
2003	2438091	1303164	33584	990880	51820
2004	2832163	1418945	30644	1258726	59444
2005	3077972	1513190	36452	1391177	69542
2006	3279600	1594729	42177	1489285	78951
2007	4020885	1859410	48855	1937296	92113
2008	4381347	2044872	49909	2095021	99747
2009	4411403	2232924	56335	1908737	109419
2010	4701886	2371434	65671	2031628	117097
2011	5470001	2684971	87514	2423763	137936
2012	5778379	2940361	89356	2446463	148749
2013	5845959	3082059	92432	2351452	153566
2014	6130048	3313932	96585	2370940	165345
2015	6630582	3751421	114626	2375230	192282
2016	8412540	4430867	162180	3323983	267541

注:从2002年起农林牧渔业总产值中增加农林牧渔服务业产值;农民家庭兼营性商品工业产值从农业产值中扣除;林业产值改为全社会口径。

9－3 历年农林牧渔业总产值发展速度

Development Rates of Gross Output Value of Farming, Forestry, Animal Husbandry and Fishery over the Years

单位:%

年 份	农林牧渔业总产值	其中:			
		农 业	林 业	牧 业	渔 业
1950	100.0	100.0	100.0	100.0	100.0
1951	106.0	105.3	104.2	111.4	109.8
1952	109.0	108.5	113.7	111.5	105.1
1953	106.9	106.0	112.6	111.7	121.8
1954	106.4	104.4	137.8	112.5	104.0
1955	101.7	101.3	106.8	102.5	114.4
1956	106.4	105.6	107.4	111.0	107.9
1957	103.2	102.1	105.1	108.7	118.6
1958	105.8	103.6	178.7	96.6	122.9
1959	82.1	82.3	85.6	78.5	83.5
1960	79.0	81.7	76.1	64.0	101.3
1961	79.0	81.7	53.8	75.4	111.3
1962	119.5	118.4	98.2	140.4	72.3
1963	120.6	113.3	113.0	174.0	129.7
1964	118.1	113.4	128.7	137.6	100.9
1965	116.2	115.9	100.2	120.5	105.4
1966	108.8	108.6	103.0	110.8	101.4
1967	102.2	101.1	96.2	106.9	96.1
1968	91.9	91.3	93.9	93.5	86.6
1969	105.0	107.1	100.7	99.0	102.0
1970	110.9	112.9	101.1	105.1	116.4
1971	104.7	103.5	100.8	109.9	95.8
1972	98.6	94.8	104.5	111.5	108.0
1973	108.1	108.4	113.3	106.7	104.6
1974	101.8	102.6	101.8	99.5	112.0
1975	100.2	100.1	97.6	100.7	107.5
1976	97.6	97.8	100.5	96.4	133.2
1977	108.1	109.8	102.5	103.1	139.6
1978	109.6	108.3	101.1	115.2	91.2
1979	108.2	105.6	109.8	116.1	111.3
1980	100.2	95.9	87.0	114.0	98.9
1981	100.4	97.2	104.9	107.6	124.0

注:发展速度以上年为基数,按可比价格计算。

9－3 续表

单位:%

年 份	农林牧渔业总产值	其中: 农业	林业	牧业	渔业
1982	112.7	119.4	102.6	98.4	133.9
1983	110.9	109.3	105.5	115.2	145.3
1984	105.3	103.0	121.3	108.8	166.6
1985	105.1	101.2	105.7	113.3	149.0
1986	105.7	103.5	90.2	110.5	144.1
1987	106.5	105.0	95.7	110.3	108.3
1988	100.6	96.1	103.6	108.6	113.2
1989	105.4	109.1	97.3	99.2	111.6
1990	103.0	103.0	97.9	103.3	99.3
1991	104.8	104.0	95.9	106.6	107.2
1992	105.1	103.5	118.8	107.5	105.5
1993	104.8	103.8	98.8	106.5	116.1
1994	105.5	103.5	99.2	109.1	107.2
1995	105.5	105.1	97.0	106.4	110.2
1996	104.6	103.7	106.7	105.2	116.8
1997	104.7	103.5	93.0	106.7	110.0
1998	104.3	105.1	105.0	102.9	107.5
1999	104.1	104.8	112.4	102.9	99.5
2000	105.0	103.3	97.6	107.4	114.3
2001	105.5	101.9	106.0	110.9	105.0
2002	106.6	103.1	119.7	111.0	107.9
2003	106.2	101.5	115.7	110.2	117.8
2004	107.4	99.4	92.6	116.8	105.1
2005	106.7	104.9	117.7	108.3	111.7
2006	105.4	104.1	113.8	106.1	112.9
2007	105.8	105.9	111.2	105.3	111.8
2008	104.4	105.4	97.4	103.4	98.9
2009	103.7	103.5	112.8	103.0	110.3
2010	104.4	105.0	107.3	103.2	106.9
2011	103.8	107.7	113.1	98.3	107.7
2012	103.5	105.2	101.9	101.1	107.1
2013	103.5	106.9	104.6	99.1	102.3
2014	103.7	105.2	103.2	101.2	106.2
2015	104.4	106.7	115.3	100.2	112.3
2016	103.9	105.8	109.3	100.6	109

9-4 农林牧渔业总产值

Gross Output Value of Farming, Forestry, Animal Husbandry and Fishery

	绝对额(万元)		构 成(%)	
	2015年	2016年	2015年	2016年
农林牧渔业总产值	**6630582**	**8412540**	**100**	**100**
一、农业产值	3751421	4430867	56.58	52.67
(一)谷物及其它作物	663111	904409	10.00	10.75
#谷 物	445627	576733	6.72	6.86
薯 类	49693	103389	0.75	1.23
油 料	141986	177338	2.14	2.11
豆 类	21724	41519	0.33	0.49
(二)蔬菜园艺作物	2503114	2845591	37.75	33.83
#蔬 菜(含菜用瓜)	1406325	1705659	21.21	20.28
花 卉	431974	448686	6.51	5.33
(三)水果、坚果、饮料和香料作物	517542	607660	7.81	7.22
水果、坚果(含果用瓜)	474209	559219	7.15	6.65
茶及其他饮料	43278	48441	0.65	0.58
香料作物	55			
(四)中药材	67645	73207	1.02	0.87
二、林业产值	114626	162180	1.73	1.93
(一)林木的培育和种植	92551	111550	1.40	1.33
(二)竹木采运	22075	50630	0.33	0.60
三、牧业产值	2375230	3323983	35.82	39.51
(一)牲畜饲养	144589	370196	2.18	4.40
(二)猪的饲养	1391657	2037199	20.99	24.22
(三)家禽饲养	646571	855571	9.75	10.17
(四)其它畜牧业	192413	61016	2.90	0.73
四、渔业产值	192282	267541	2.90	3.18
#养 殖	192282	256765	2.90	3.05
五、农林牧渔服务业产值	197023	227970	2.97	2.71

9-5 历年农业机械拥有量

Agricultural Machinery over the Years

年 份	农业机械总动力(千瓦)	农用大中型拖拉机		农用排灌动力机械		农用载重汽车(辆)
		台	千瓦	台	千瓦	
1978	401045	3130	86634	9437	90139	150
1979	547861	3830	108568	11903	115810	355
1980	668943	4132	117947	12096	110984	663
1981	751754	4323	144493	12261	120805	864
1982	810771	4337	125921	13921	136008	944
1983	880933	4307	125918	13266	131190	1359
1984	916337	4033	118510	12364	125120	2177
1985	1001914	4162	123521	12091	124118	2821
1986	1060317	4209	125978	12651	122034	3288
1987	1103871	4196	127139	13885	133852	3346
1988	1221017	4115	126475	13397	130678	3925
1989	1251611	3790	117789	13464	133430	4265
1990	1348769	3376	106235	14990	157097	4329
1991	1394756	2730	86817	14090	153435	4517
1992	1451580	2334	74572	14414	156764	4829
1993	1557072	2153	69849	14672	160099	4942
1994	1623060	2100	68988	16234	167906	5459
1995	1759407	1912	63316	16445	174122	6018
1996	1803993	1773	58770	16329	168709	6292
1997	1856009	1831	59375	17003	173272	6485
1998	1920602	2118	65814	17013	177142	6367
1999	2024727	3307	98472	19718	186752	6822
2000	2052884	6415	223449	20173	193664	7056
2001	2113830	7061	240621	20911	185356	6956
2002	2279774	7725	296129	20912	204102	6831
2003	2352992	8396	313535	22528	211477	6819
2004	2359000	9058	327840	22873	215661	6905
2005	2408373	9108	312182	21803	199653	6027
2006	2473248	9119	312041	23078	225018	6267
2007	2555461	9506	324920	30632	227560	5548
2008	2634140	9145	315074	35455	246379	5815
2009	2803328	11138	366972	37180	251738	5792
2010	2881638	12062	410813	37713	247709	5729
2011	3106474	12215	400936	39737	258621	5673
2012	3203188	13744	460530	41110	262566	—
2013	3422104	14990	528080	42660	271535	—
2014	3659536	11182	406814	45239	282653	—
2015	3706601	11695	432500	45890	288000	—
2016	3900000	11838	440000	54565	276000	—

9－6 历年农村用电量及化肥施用量情况

The Number of Electricity Consumption and Consumption of Chemical Fertilizers in Rural Areas over the Years

	农村用电量（万千瓦小时）	化肥施用量（折纯:吨）
1978	12033	155921
1979	21018	149627
1980	17173	132170
1981	22619	145630
1982	25529	145480
1983	28262	147081
1984	34179	132185
1985	38963	119625
1986	50939	143128
1987	55167	134453
1988	59329	136772
1989	68113	152904
1990	77482	157815
1991	79777	176083
1992	91325	168497
1993	104562	165078
1994	117276	172344
1995	148686	184865
1996	161258	191553
1997	180553	191557
1998	195302	199910
1999	206600	216103
2000	222405	214166
2001	240596	214635
2002	253682	207116
2003	261202	195859
2004	280271	200261
2005	292141	197055
2006	290845	192601
2007	294031	199310
2008	295403	197939
2009	301709	185335
2010	315870	171692
2011	316136	173593
2012	319152	158358
2013	324176	156374
2014	316671	156336
2015	321190	154885
2016	363262	185761

9-7 农业机械

Main Indicators of Agricultural Machinery

	单 位	1978 年	1990 年	2000 年	2010 年	2015 年	2016 年
农业机械总动力	万千瓦	40.10	134.88	205.29	288.16	370.66	390.00
农用大中型拖拉机	台	3130	3376	6415	12062	11695	11838
	万千瓦	8.66	10.62	22.34	41.08	43.25	44.00
小型(手扶)拖拉机	台	8183	42563	33878	25855	25890	23479
	万千瓦	7.12	43.58	36.83	30.23	30.91	27.60
农用排灌动力机械	台	9437	14990	20173	37713	45890	54565
	万千瓦	9.01	15.71	19.37	24.77	28.80	42.00
农用载重汽车	辆	150	4329	7056	5729	—	—
	万千瓦	0.91	31.08	53.13	45.65	—	—
大中型拖拉机配套农具	部	6522	3228	1994	5141	9476	9503
小型拖拉机配套农具	部	15859	56787	44854	29686	28288	27042
农用水泵	台	8522	14701	19950	45454	52728	59031
节水灌溉机械	套	3033	596	1765	3578	4155	3980
机动喷雾机	台	1176	7672	7693	28614	39439	43426
机动脱粒机	台	6065	6243	49617	74346	66775	96642
粮食加工机械	台	18323	24871	24905	46771	47087	56992
油料加工机械	台	662	588	1528	1609	1896	3339

9-8 历年粮食、油菜籽、蔬菜产量

Yield of Grains, Rapeseeds and Vegetables over the Years

单位:万吨

年 份	粮 食	#小 麦	#稻 谷	油菜籽	蔬 菜
1949	127.37	7.68	98.11	4.05	36.49
1950	137.02	8.52	105.37	4.47	37.25
1951	143.02	9.84	109.99	4.73	42.86
1952	154.47	9.20	119.70	5.61	38.22
1953	163.26	9.66	125.88	5.48	39.05
1954	169.58	9.27	130.93	6.46	44.87
1955	176.55	10.52	134.34	6.92	52.88
1956	188.06	13.24	136.13	6.56	55.87
1957	187.03	13.96	134.68	6.12	54.92
1958	192.05	14.59	130.91	5.00	61.71
1959	150.14	13.78	109.79	4.81	102.85
1960	125.22	13.39	88.81	2.58	116.12
1961	105.49	8.50	78.08	1.86	98.17
1962	137.28	12.65	98.33	2.11	66.35
1963	148.10	10.19	112.46	2.46	59.71
1964	160.18	12.25	122.27	5.24	63.21
1965	191.78	16.09	136.68	7.07	60.10
1966	200.47	23.35	148.96	6.85	63.79
1967	199.11	24.74	146.11	8.36	60.25
1968	176.86	23.10	126.26	7.18	60.09
1969	199.09	20.79	145.18	6.51	62.76
1970	233.94	27.27	161.31	7.88	70.96
1971	231.23	32.48	163.07	8.88	74.04
1972	214.73	35.78	147.17	9.18	75.53
1973	242.20	36.70	167.15	9.09	78.60
1974	237.68	43.53	157.34	9.67	76.88
1975	253.97	40.27	166.33	8.76	76.68
1976	237.85	45.82	148.39	6.75	85.13
1977	266.63	43.82	176.23	6.78	89.03
1978	294.85	60.64	182.83	10.82	87.61
1979	310.41	63.57	188.80	12.24	84.57
1980	305.14	62.26	189.78	13.70	75.09

9-8 续表

单位:万吨

年 份	粮 食	#小 麦	#稻 谷	油菜籽	蔬 菜
1981	301.08	63.65	192.35	16.87	82.97
1982	352.66	76.45	228.31	21.52	102.66
1983	371.22	92.20	230.32	18.69	130.62
1984	359.36	84.33	226.70	17.89	132.67
1985	344.74	76.49	219.74	22.96	154.60
1986	357.73	80.65	231.30	22.32	174.10
1987	353.89	85.12	224.30	23.61	192.68
1988	329.57	74.04	211.03	18.46	203.76
1989	356.80	77.75	230.70	18.08	205.76
1990	381.70	90.14	243.10	19.85	222.80
1991	392.26	96.24	248.22	19.92	227.29
1992	399.05	92.21	255.14	17.88	244.93
1993	397.53	93.70	250.99	13.05	258.10
1994	397.30	99.11	245.79	14.38	271.33
1995	398.97	97.54	246.23	18.30	283.87
1996	400.61	92.68	250.88	15.68	292.47
1997	402.10	90.29	252.92	14.11	307.00
1998	403.86	91.71	252.14	15.06	337.77
1999	397.02	88.59	246.89	14.37	361.81
2000	363.71	72.72	234.50	18.59	409.82
2001	310.73	59.27	201.36	18.40	398.40
2002	299.08	55.85	194.85	18.64	425.93
2003	265.12	46.71	174.14	18.16	423.23
2004	276.03	46.14	177.92	18.70	394.58
2005	259.91	47.37	160.42	19.06	410.02
2006	265.10	45.82	170.87	19.89	425.21
2007	270.11	44.69	171.84	19.06	456.41
2008	274.51	44.85	173.35	20.83	470.64
2009	278.88	44.51	175.67	23.43	484.10
2010	274.78	43.78	171.76	23.86	494.69
2011	265.43	41.39	164.51	24.20	529.88
2012	249.99	33.50	170.95	24.28	538.61
2013	243.11	32.20	164.61	24.07	533.42
2014	237.05	31.29	148.67	24.60	541.96
2015	230.15	28.43	144.73	24.48	570.84
2016	290.44	39.57	159.16	29.87	637.36

9－9 农作物播种面积

Sown Area of Crops

单位:公顷

	1978 年	1990 年	2000 年	2010 年	2015 年	2016 年
农作物总播种面积	**997341**	**990944**	**988093**	**793924**	**683948**	**886274**
粮食作物	735222	702559	616275	447973	365733	511243
谷　物	624324	607380	507259	354552	285972	379675
稻　谷	353555	332677	290118	214160	175636	193877
小　麦	185990	203745	161237	91854	60677	93339
玉　米	77444	65201	54922	47586	49286	92194
高　粱	650	376	78	26	119	140
其他谷物	6685	5381	904	926	254	125
豆　类	36169	26116	25156	24769	23880	47831
#大　豆	2853	9509	10638	11686	11028	22123
薯　类	74729	69063	83860	68652	55880	83737
#马铃薯	29157	13301	27082	36853	31613	43109
油　料	67388	108210	105278	111865	109623	137156
#花　生	2976	5059	9835	8788	8252	13792
油菜籽	64408	103146	95430	103071	101363	123333
糖　类	2544	1261	1123	293	191	298
#甘　蔗	2544	1261	1123	293	191	298
烟　叶	3507	2070	1844	505	250	294
药材类	3028	3194	9148	9502	12078	12945
蔬菜、瓜果类	34357	79823	159035	166368	171418	197665
蔬　菜	34357	78384	157824	159077	165017	190042
瓜果类		1439	1211	7291	6401	7623
其他农作物	151295	93827	95390	57418	24578	26383
#青饲料	82425	63383	45520	17555	13535	14586

9－10 主要农产品产量

Yield of Major Agricultural Products

单位:吨

	1978 年	1990 年	2000 年	2010 年	2015 年	2016 年
主要农产品产量						
粮　　食	2948539	3817016	3637072	2747776	2301516	2904358
谷　　物	2720127	3606758	3332937	2404842	2009304	2497156
稻　　谷	1828295	2430986	2344973	1717598	1447316	1591071
小　　麦	606425	901383	727238	437795	284340	395706
玉　　米	257943	251793	256931	244463	275838	509153
高　　粱	1445	1294	271	94	578	632
其他谷物	26019	21302	3524	4892	1232	594
豆　　类	42580	44997	59757	64126	62965	106854
#大　　豆	6944	18213	24958	30459	30143	56632
薯　　类	185832	165261	244378	278808	229247	300348
#马 铃 薯	47224	28163	84254	155699	134861	161944
油　　料	112545	207283	209143	264866	271224	334815
#花　　生	4306	8784	23250	26277	26359	35894
油 菜 籽	108238	198492	185880	238582	244849	298745
糖　　类	106952	74088	66588	13845	9453	11778
#甘　　蔗	106952	74088	66588	13845	9453	11778
烟　　叶	4276	3791	4097	1471	808	832
蔬　　菜	876104	2227982	4098199	4946895	5708391	6373555

9－11 历年畜牧业生产情况

Productive Statistics of Animal Husbandry over the Years

年份	年末牛存栏数（万头）	年末生猪存栏数（万头）	当年生猪出栏数（万头）	猪肉产量（万吨）	牛奶（吨）
1949	17.92	80.22	28.42	1.63	15
1950	18.50	82.23	30.14	1.69	15
1951	19.73	92.63	35.10	1.96	15
1952	21.02	100.45	41.06	2.28	48
1953	21.68	116.30	47.40	2.36	58
1954	21.66	129.85	56.91	2.91	78
1955	22.30	123.72	58.80	3.10	139
1956	22.96	133.16	65.75	3.36	173
1957	23.08	172.84	73.17	4.13	2537
1958	22.01	203.03	60.54	2.88	2988
1959	21.12	155.31	50.24	2.36	3933
1960	19.43	93.32	20.24	0.94	4044
1961	18.27	64.91	10.23	0.46	2912
1962	18.57	97.19	21.72	1.08	4103
1963	19.77	159.98	56.48	2.76	5737
1964	20.98	202.35	91.65	4.75	8575
1965	22.68	265.83	120.28	6.24	10073
1966	24.00	310.79	138.83	6.87	9845
1967	24.55	312.18	147.51	7.76	9555
1968	24.92	293.16	147.25	7.27	7867
1969	25.52	279.79	144.92	7.05	8539
1970	25.94	302.01	145.74	7.52	9498
1971	25.75	410.84	160.41	7.98	10455
1972	24.68	459.93	191.71	9.46	10283
1973	24.54	441.36	198.91	9.89	9121
1974	24.03	432.67	193.09	9.52	8668
1975	23.22	441.99	208.50	10.71	8340
1976	21.73	428.61	195.97	9.52	8276
1977	20.70	416.45	193.84	9.80	9587
1978	20.88	459.01	238.88	12.95	11717
1979	20.09	526.37	292.12	15.35	11698
1980	18.68	542.20	334.40	17.14	12997
1981	17.99	502.62	362.28	18.49	12515

9－11 续表

年　份	年末牛存栏数(万头)	年末生猪存栏数(万头)	当年生猪出栏数(万头)	猪肉产量(万吨)	牛奶(吨)
1982	17.73	483.08	349.18	17.98	11707
1983	18.04	488.83	350.59	20.77	14237
1984	17.62	527.43	369.98	22.17	15708
1985	16.48	540.26	436.32	26.74	18492
1986	15.85	543.68	468.99	29.42	21678
1987	16.40	540.67	479.00	30.81	27000
1988	16.52	547.43	520.81	34.27	28610
1989	16.20	525.92	521.32	33.01	31449
1990	16.14	532.93	533.52	33.79	31700
1991	16.47	535.05	552.52	34.76	31995
1992	16.61	529.51	567.12	35.87	35530
1993	20.22	520.52	581.67	37.40	37740
1994	22.80	532.87	617.94	39.49	39420
1995	22.48	525.45	637.94	41.81	37011
1996	20.05	521.58	655.07	43.00	36103
1997	16.03	502.56	670.65	44.19	39568
1998	15.40	490.76	676.03	44.82	42750
1999	15.30	436.83	665.26	45.41	44502
2000	15.45	433.17	680.06	46.52	49753
2001	17.92	438.29	724.25	49.81	62778
2002	18.08	447.97	753.68	52.02	84183
2003	18.13	457.67	792.73	54.63	93343
2004	18.01	492.54	888.95	60.96	100439
2005	18.28	526.14	1007.94	69.13	102151
2006	19.13	531.32	1095.35	75.40	108947
2007	10.76	512.36	1016.44	67.50	122489
2008	12.02	511.46	1046.04	69.38	118828
2009	12.83	527.49	1081.10	71.83	121983
2010	13.16	524.63	1108.95	73.83	122788
2011	13.14	508.10	1076.06	72.77	114234
2012	11.09	465.99	725.14	50.14	125222
2013	11.04	455.14	729.83	50.68	115888
2014	10.79	434.13	740.30	51.63	113412
2015	10.32	418.64	720.62	50.59	102074
2016	11.06	458.00	811.53	57.14	104492

9－12　主要畜牧产品产量

Yield of Main Livestock Products

	单　位	1978 年	1990 年	2000 年	2010 年	2015 年	2016 年
出栏生猪头数	万头	238.88	533.52	680.06	1108.95	720.62	811.53
出售和自宰肉用牛	万头	1.23	1.20	5.46	11.85	6.99	8.18
出售和自宰肉用羊	万只	3.92	5.81	73.44	62.21	39.43	131.43
肉类总产量	万吨	14.16	38.53	68.62	105.22	68.17	78.35
#猪　肉	万吨	12.95	33.79	46.52	73.83	50.59	57.14
牛羊肉	万吨	0.17	0.22	2.17	3.15	1.73	3.19
禽　肉	万吨	1.04	4.14	18.30	24.91	13.47	15.2
奶类产量	吨	11717	31759	49779	122788	102074	104492
#牛　奶	吨	11717	31700	49753	122788	102074	104492
禽蛋产量	吨	17652	59660	146369	208037	165800	199606
蜂蜜产量	吨		5575	4735	3985	5447	5559

注:1978 年、1980 年禽肉产量含兔肉。

9－13　渔业生产情况

Productive Statistics of Fishery

	单　位	1978 年	1990 年	2000 年	2010 年	2015 年	2016 年
水产品总产量	**吨**	**2300**	**23885**	**49622**	**102400**	**105500**	**146230**
#养殖产量	吨	1926	23253	49032	100981	104740	144796
#池　塘	吨	1350	16682	43788	90690	93683	117822
稻　田	吨	469	5797	1775	1351	1867	8929
鱼　苗	万尾		154286	159136	193241	318610	364613
养殖水面	公顷	4473	8386	9202	8804	8551	14602
#池　塘	公顷	3413	7099	7698	7323	6965	9320
稻田养鱼	公顷		19516	4186	1062	1132	6812

9－14 蚕茧、茶叶和水果、花卉生产情况

Productive Statistics of Silkworm Cocoons, Tea, Fruits and Flowers

	单 位	1978 年	1990 年	2000 年	2010 年	2015 年	2016 年
蚕茧产量	吨	564	766	1654	4331	3936	3368
茶叶产量	吨	1067	1917	2531	13044	20571	21992
水果产量	吨	26644	111714	523978	1179418	1308143	1504345
#苹　果	吨	4013	2606	3303	4905	4399	4256
柑　桔	吨	11136	74473	241252	399387	471098	547834
茶园面积	公顷	4108	5022	3054	13211	13231	13287
果园面积	公顷	6702	23477	38567	59286	68513	82811
#柑 桔 园	公顷	4853	14420	16646	17294	18403	22690
花卉种植面积	公顷		442	4978	23242	28585	28511
花卉当年销售收入	万元		719	30394	251748	891611	923962

9－15 林业生产情况

Productive Statistics of Forestry

	单 位	1978 年	1990 年	2000 年	2010 年	2015 年	2016 年
造林面积	公顷	6724	3958	12037	1031	2636	5529
#用 材 林	公顷		2879	3833	365	510	477
经 济 林	公顷		312	5769	274	2126	4706
幼林抚育实际面积	公顷		10205	4752	5104	6351	3575
成林抚育实际面积	公顷		987	5005	5635		
育苗面积	公顷		197	840	838	28035	9207
四旁植树	万株		1935	1122	2903	1171	1251
油桐籽产量	吨		267	157	35		
棕片产量	吨		625	601	36	36	37

主要统计指标解释

农林牧渔业总产值 是以货币表现的农林牧渔业的全部产品总量和对农林牧渔业生产活动进行的各种支持性服务活动的价值。它反映一定时期内农林牧渔业生产总规模和总成果，是观察农林牧渔业生产水平和发展速度，研究农林牧渔业内部比例关系、农林牧渔业与工业、农林牧渔业与国家建设、人民生活比例关系的重要指标，同时也是计算农林牧渔业劳动生产率和农林牧渔业增加值的基础资料。

农林牧渔业总产值的核算范围

农林牧渔业总产值的统计范围是辖区内各种经济组织类型、各个系统的全部农林牧渔业生产单位和非农行业单位附属的农林牧渔业生产活动单位。军委系统的农林牧渔业生产（除军马外）也包括在内，但不包括农业科学试验机构进行的农业生产。

农林牧渔业总产值的核算范围也就是本辖区内在一定时期内生产的农业、林业、牧业、渔业产品的价值量和对农林牧渔业生产活动进行的各种支持性服务活动的价值的总和，执行日历年度。对于收获期延长到次年年初的个别农产品（如甘蔗），仍然把延期收获的部分算在本年度内。

农林牧渔业增加值 指农林牧渔及农林牧渔服务业生产货物或提供服务活动而增加的价值，为农林牧渔业现价总产值扣除农林牧渔业现价中间投入后的余额。

增加值也叫附加价值或追加价值，是指各单位生产经营的最终成果，即本单位或本行业对社会所作的贡献。从宏观上来说，增加值是计算国内生产总值的基础，即各部门增加值之和就是国内生产总值；从微观上来说，增加值能客观反映企业单位或行业的投入、产出、效益、速度和收入等情况。因此，计算增加值不仅是国民经济宏观管理的需要，也是微观的企业和行业管理的需要。

农林牧渔业增加值的核算范围：同农林牧渔业总产值核算范围。

农林牧渔业增加值的核算方法：采用“生产法”和“分配法”两种方法计算。

粮食总产量 指全社会的产量。包括国有经济经营的、集体统一经营的和农民家庭经营的粮食产量，还包括工矿企业家属办的农场和其他农业生产单位的产量。粮食除包括稻谷、小麦、玉米、高粱及其他杂粮外，还包括薯类和豆类。其产量计算方法，豆类按去豆荚后的干豆计算；薯类（包括甘薯和马铃薯，不包括芋头和木薯）1963 年以前按每 4 公斤鲜薯折 1 公斤粮食计算，从 1964 年开始及以后改为按 5 公斤鲜薯折 1 公斤粮食计算。城市郊区作为蔬菜的薯类（如：马铃薯、嫩玉米、青豌豆、葫豆）按鲜品计算，并且不作为粮食统计。其他粮食一律按脱粒后的原粮计算。

油料产量 指全部油料作物的生产量。包括花生、油菜籽、芝麻、向日葵籽、胡麻籽（亚麻籽）和其他油料。不包括大豆，也不包括木本油料和野生油料。花生以带壳干花生计算。

肉类总产量 是指当年出栏并已屠宰的畜禽肉产量，即屠宰后除去头蹄下水后带骨肉的重量，也叫酮体重。

农作物播种面积 指实际播种或移植有农作物的面积。凡是实际种植有农作物的面积，不论种植在耕地上还是种植在非耕地上，均包括在农作物播种面积中。在播种季节基本结束后，因遭灾而重新改种和补种的农作物面积，也包括在内。

有效灌溉面积 指具有一定的水源，地块比较平整，灌溉工程或设备已经配套，在一般年景下当年能够进行正常灌溉的耕地面积。

农用化肥施用量 指本年内实际用于农业生产的化肥数量。包括氮肥、磷肥、钾肥和复合肥。化肥施用量要求按折纯量计算数量。折纯法化肥施用量是把氮肥、磷肥和钾肥分别按含氮、含五氧化二磷、含氧化钾的百分之一百成份折算后的数量。复合肥按其所含主要成分折算。

农业机械总动力 指主要用于农、林、牧、渔业生产的各种动力机械的动力总和。包括耕作机械、农用排灌机械、收获机械、农用运输机械、植物保护机械、牧业机械、林业机械、渔业机械和其他农业机械（内燃机按引擎马力折成瓦（特）计算，电动机按功率折成瓦（特）计算）。不包括专门用于乡、镇、村、组办工业、基本建设、非农业运输、科学试验和教学等非农业生产方面用的动力机械与作业机械。

乡村从业人员 是指实际参加生产经营活动并取得实物或货币收入的人员，既包括劳动年龄内实际参加劳动的人员，也包括不在劳动年龄实际参加劳动人员，但不包括户口在家的在外学生、现役军人和丧失劳动能力的人，也不包括待业人员和家务劳动者。从业人员年龄 16 岁以上，从业时间为一个农事季节，一般为 2 个月以上的劳动时间。

十 工 业

简 要 说 明

主要内容

本部分包括全市规模以上工业总产值及其构成、主要经济指标、大中型工业企业主要经济指标等资料。

资料来源

本部分资料来源于成都市统计局。

其他需要说明的问题

为保证历史资料的可比性，本资料按1999年计算方法及统计口径对工业总产值及相关资料的历史数据作了调整。

表内规模以上工业企业指主营业务收入2000万元以上的工业企业。

工业总产值发展速度均按可比价格计算,工业总产值绝对额及其余指标均按当年价格计算。

规模以上工业总产值（亿元）

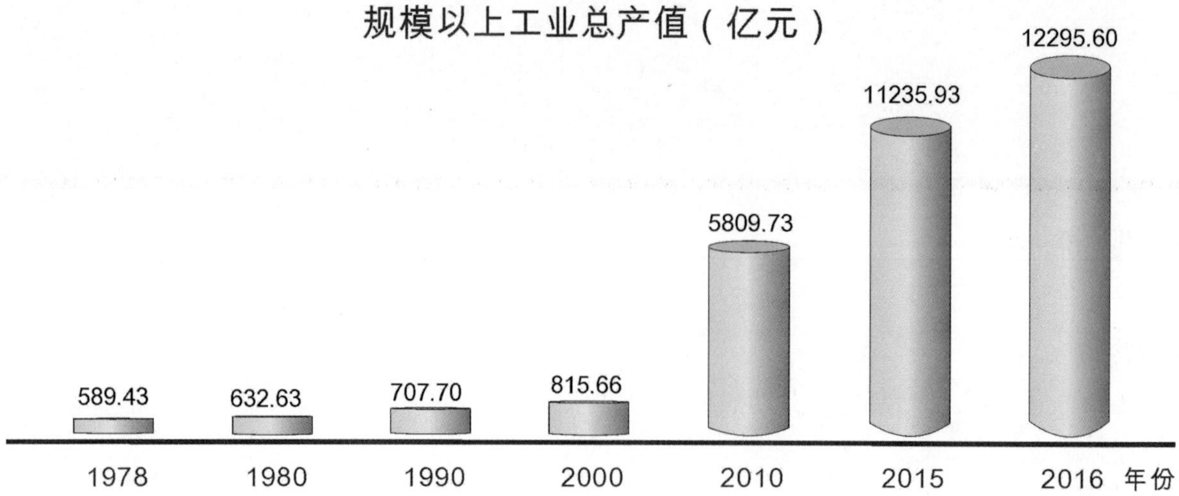

规模以上工业总产值结构（%）

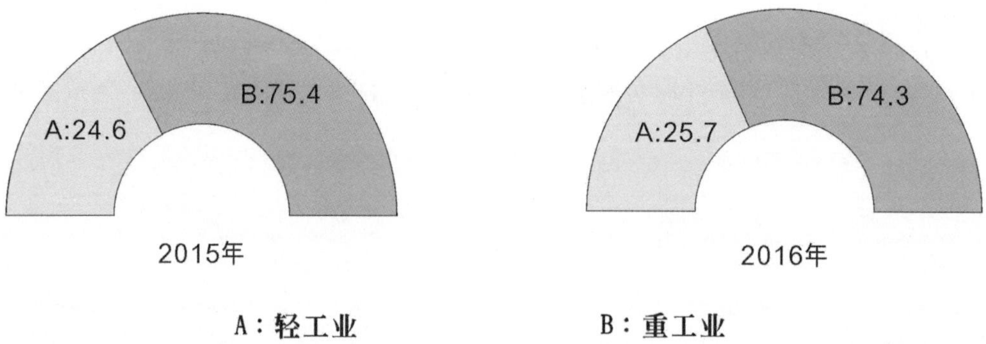

2016年全市工业企业特色优势企业完成总产值及占全市工业比重(%)

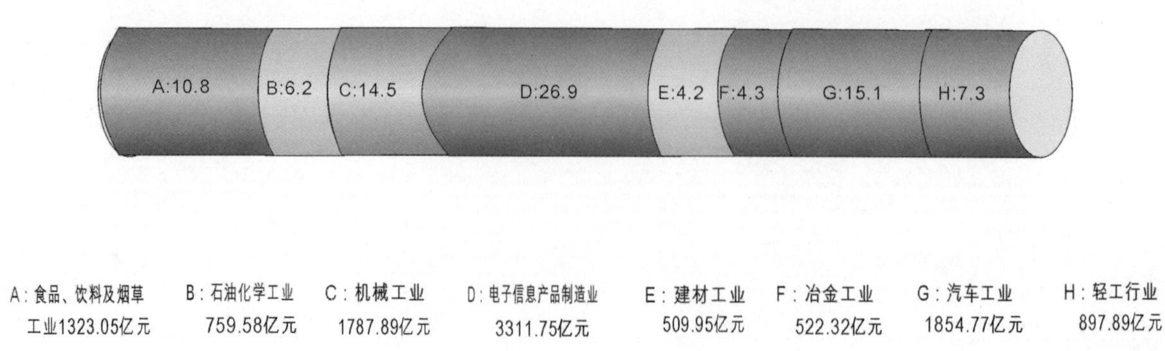

10－1 历年主要工业产品产量

Output of Major Industrial Products over the Years

年 份	合成洗涤剂（万吨）	卷烟（亿支）	饮料酒（混合量）（亿升）	#白酒	#啤酒	软饮料（万吨）	配混合饲料（万吨）	化学药品原药（吨）
1949		0.28	0.40					
1950		0.54	0.35					
1951		0.95	0.54					
1952		0.71	0.46					
1953		0.74	0.55					
1954		0.74	0.59					
1955		0.78	0.50					
1956		1.02	0.64					
1957		1.13	0.67					
1958		1.79	0.92					
1959		2.41	1.17					
1960		1.45	1.39					
1961		1.62	0.83					
1962		1.19	0.44					
1963		1.21	0.61					
1964		3.08	0.75					
1965		3.09	0.70					
1966		4.34	0.50					
1967		3.98	0.54					
1968		2.07	0.55					
1969		3.96	0.57					
1970	0.04	5.31	0.66					229
1971	0.10	7.03	0.66					275
1972	0.12	4.88	0.79					276
1973	0.25	6.3	0.75					290
1974	0.20	7.25	0.94					264
1975	0.35	8.53	0.98					346
1976	0.41	8.61	0.99					309
1977	0.51	10.64	1.15					374
1978	0.81	11.19	1.28					544
1979	1.07	12.10	1.70					517
1980	1.27	12.60	2.77					447

10－1 续表 1

年 份	合 成 洗涤剂 (万吨)	卷 烟 (亿支)	饮料酒 (混合量) (亿升)	# 白 酒	# 啤 酒	软饮料 (万吨)	配混合 饲 料 (万吨)	化学药品 原药 (吨)
1981	1.58	12.50	2.89					686
1982	1.88	12.00	2.86					801
1983	2.13	12.50	3.70					1112
1984	2.62	12.50	5.80					837
1985	2.84	13.23	8.00	4.96	2.27	0.70	7.29	614
1986	3.08	15.57	8.52	5.26	2.63	0.75	10.33	930
1987	3.34	16.00	12.31	8.87	2.96	0.77	12.79	1104
1988	3.63	16.05	9.61	6.11	2.97	0.87	16.29	1105
1989	5.15	20.01	9.82	6.43	2.91	1.32	16.37	1120
1990	6.53	22.01	11.00	8.53	2.47	1.26	24.34	1344
1991	5.92	26.00	15.93	12.28	3.65	1.50	33.72	1462
1992	6.33	27.00	24.71	19.91	4.80	1.15	48.95	2271
1993	7.33	28.00	32.93	26.69	6.24	1.30	72.24	2127
1994	8.04	27.00	41.72	34.62	7.10	1.03	112.78	2598
1995	13.01	28.00	54.02	44.76	9.26	3.28	115.47	5098
1996	9.31	30.00	44.28	34.55	8.86	5.30	150.30	2366
1997	10.10	30.00	43.89	30.89	12.99	9.04	103.43	5459
1998	10.92	50.24	47.52	35.99	11.53	10.79	94.65	2964
1999	10.62	49.00	50.90	40.96	9.94	17.52	92.62	2975
2000	6.49	51.10	48.54	36.41	10.65	22.28	88.88	3109
2001	12.27	54.00	55.99	44.79	11.20	30.39	72.26	3174
2002	13.41	53.47	51.03	39.76	11.27	39.45	77.22	3612
2003	16.85	57.79	48.45	39.30	9.15	43.53	85.69	6570
2004	35.79	299.05	6.73	5.46	1.27	54.60	106.95	3630
2005	36.67	461.25	6.64	4.22	2.42	61.70	113.29	5060
2006	33.41	473.93	6.76	4.00	2.76	82.63	135.65	6021
2007	37.06	484.87	7.09	3.85	3.24	100.81	138.43	7299
2008	34.37	704.70	6.75	3.35	3.16	106.51	206.99	8012
2009	34.67	873.95	5.09	0.74	4.33	117.98	193.30	6173
2010	35.00	914.24	6.72	1.03	5.69	164.71	188.29	6123
2011	34.16	944.20	7.25	1.23	5.83	220.50	233.40	12595
2012	35.17	978.85	6.33	1.34	4.94	227.94	264.28	22999
2013	47.36	998.67	7.19	1.28	5.91	370.03	335.09	17961
2014	66.94	1003.69	7.81	1.17	6.63	372.12	353.89	170753
2015	62.29	945.76	7.40	1.18	6.22	324.63	307.94	198162
2016	63.77	668.16	8.70	1.37	7.33	285.12	329.45	168847

注:2003 年以前(含 2003 年)卷烟单位为万箱,饮料酒、白酒和啤酒单位万吨。

10－1 续表2

年 份	粗 钢（万吨）	钢 材（万吨）	移动通信手持机（手机）（万台）	发电量（万千瓦时）	化学纤维（吨）	布（万米）	印染布（万米）
1949				1027		113	276
1950				524		106	281
1951				1533		317	275
1952				1556		413	455
1953				2057		600	568
1954				2522		885	700
1955				2983		763	616
1956				4261		878	710
1957				5215		1932	549
1958	0. 01			10714		2203	707
1959	0. 67	1. 01		26544		2872	924
1960	1. 33	1. 64		57168		3306	1451
1961	1. 43	1. 16		51524		1499	937
1962	0. 19	0. 29		43846		1224	591
1963	0. 08	0. 83		45076		2025	711
1964	0. 37	1. 76		57789		2501	618
1965	1. 10	3. 67		82843	27	2452	763
1966	2. 57	8. 30		111263	1767	9150	1857
1967	4. 40	4. 89		91946	1207	3427	1794
1968	0. 60	0. 31		47354	50	2109	112
1969	6. 33	1. 15		79317	281	6940	1252
1970	9. 35	2. 70		94839	701	8967	4635
1971	18. 80	7. 99		106714	1148	8548	5474
1972	20. 51	10. 76		95574	1307	8099	4661
1973	20. 03	12. 32		125068	1145	6395	5613
1974	11. 01	8. 50		71640	863	3366	2758
1975	16. 59	16. 43		76181	1125	6957	6242
1976	7. 89	11. 74		83051	1266	5370	5594
1977	17. 71	20. 58		81901	1631	10398	8053
1978	32. 73	35. 55		103645	2013	11550	10632
1979	30. 97	40. 04		71429	1622	11658	12383
1980	32. 29	40. 86		70621	2487	12241	11845

10－1 续表3

年 份	粗 钢 (万吨)	钢 材 (万吨)	移动通信 手持机(手机) (万台)	发电量 (万千瓦时)	化学纤维 (吨)	布 (万米)	印染布 (万米)
1981	28.34	34.50		109155	3023	12627	15591
1982	37.06	45.21		120165	2431	12790	17021
1983	43.61	49.42		125000	2654	12604	15338
1984	45.10	50.98		139717	3091	11212	14932
1985	50.00	59.34		160700	3177	11341	15091
1986	53.63	63.29		179300	4048	10568	16159
1987	58.50	69.13		186000	6469	10598	14039
1988	63.24	72.35		197005	6028	10107	13543
1989	77.30	78.53		208310	8258	9534	12042
1990	79.96	86.32		235977	10400	8772	11351
1991	90.53	92.50		379300	11800	8700	11200
1992	112.88	118.06		390100	14400	10400	11400
1993	124.44	183.86		406000	15800	7800	10800
1994	131.59	123.84		435600	17200	8500	7100
1995	129.37	141.67		440200	15700	10200	14400
1996	128.45	108.73		456060	17760	12012	12937
1997	156.37	125.91		501146	21050	8075	13945
1998	144.38	130.95		457098	31239	8756	10392
1999	125.08	127.85		390800	32500	7600	15583
2000	118.75	126.21		531300	33977	5942	6681
2001	165.60	168.13		485258	31160	5732	4322
2002	157.90	173.16		492120	37112	3591	3952
2003	147.39	170.06		631511	37924	2276	3025
2004	176.75	184.15		623595	39846	1747	2997
2005	193.04	221.90		565513	46727	3001	—
2006	191.22	253.16		668222	42776	4223	—
2007	208.18	306.96		944593	48321	1264	1960
2008	173.34	286.81		969849	37941	907	5043
2009	188.12	301.31		1215166	43766	448	3440
2010	193.13	362.80		1307659	53222	262	4281
2011	182.28	409.20		1369551	44928	222	4030
2012	160.57	417.51		1395149	22003	250	3793
2013	332.71	504.90		1356183	39843	6271	3829
2014	288.08	664.18	290.83	1310291	74290	7285	3791
2015	229.13	669.29	1026.63	1310454	78305	6964	5365
2016	209.80	763.16	1391.57	1168406	97162	8680	5296

注:2005年、2006年规模以上工业企业无印染布产品产量;从2014年起新增移动通信手持机(手机)的产品产量数据。

10-1 续表4

年 份	机制纸及纸板（万吨）	中成药（吨）	电子计算机整机（万台）	合成氨（万吨）	水 泥（万吨）	汽 车（辆）	金属切削机床（台）
1949							
1950							
1951	0.04						
1952	0.07						
1953	0.06						
1954	0.07						
1955	0.12						3
1956	0.18						11
1957	0.26						14
1958	0.42				0.64		772
1959	0.67			0.15	0.17		480
1960	1.63			0.56	3.13		1490
1961	0.64			2.56	1.20		465
1962	0.50			3.82	0.05		145
1963	0.72			4.80	0.65		119
1964	0.89			7.54	3.90		138
1965	1.07			10.93	0.14		228
1966	1.35			13.56	2.87		753
1967	1.19			7.92	2.70		577
1968	0.43			1.90	1.02	2	448
1969	0.83			3.82	1.48	33	700
1970	1.29			8.08	3.79	102	1105
1971	1.73			12.53	7.15	181	1472
1972	1.66			14.92	9.46	158	1672
1973	1.61			16.36	10.38	308	1701
1974	1.66			16.35	9.61	315	1728
1975	2.18			20.58	14.86	414	2218
1976	1.83			27.10	13.18	243	1701
1977	2.33			46.23	20.84	614	2231
1978	2.99			61.44	25.37	641	2265
1979	3.74			63.64	30.98	886	2798
1980	4.71			61.99	37.46	966	2845

10－1 续表5

年 份	机制纸及纸板(万吨)	中成药(吨)	电子计算机整机(万台)	合成氨(万吨)	水泥(万吨)	汽车(辆)	金属切削机床(台)
1981	4.56			57.44	39.65	681	2368
1982	6.25			54.78	50.49		3696
1983	7.33			58.10	60.13	2312	2533
1984	8.26			61.27	72.89	2055	2253
1985	9.13	1533		57.21	83.05	4065	2500
1986	9.59	1422		53.87	92.24	3763	2642
1987	11.05	1712		49.78	104.32	5082	2106
1988	11.44	1690		55.49	121.26	9422	2115
1989	12.22	1819		54.57	118.99	5924	1840
1990	12.70	2137		55.58	112.87	5230	1033
1991	12.00	3592		48.40	145.89	9113	1300
1992	15.00	3695		53.97	177.78	18834	1700
1993	18.00	13100		52.37	210.06	23951	1300
1994	24.00	12843		60.37	214.75	19298	900
1995	23.00	22144		64.04	226.23	43912	3700
1996	18.03	8022		107.09	253.73	23513	1300
1997	21.48	9801		63.69	235.41	22629	348
1998	15.13	12662		64.71	277.43	19701	371
1999	12.70	14838		73.44	301.00	19040	499
2000	9.60	15827		74.40	324.00	20124	1378
2001	15.47	15162		73.22	338.82	21897	1717
2002	13.99	17441		70.69	370.69	33500	1960
2003	11.73	20623		69.83	492.81	33109	3292
2004	12.44	19047		57.36	498.79	53415	3525
2005	18.44	22570		78.85	559.33	54702	3764
2006	12.99	19697		78.28	574.78	60270	2995
2007	23.40	48911		73.26	1044.44	69205	3590
2008	18.67	60692		69.71	444.00	71120	1666
2009	16.70	46187		69.18	830.20	65082	1232
2010	22.77	16956		51.75	1039.05	93819	2546
2011	16.69	27714		38.42	1328.80	181809	2762
2012	24.08	27267		48.03	1468.13	392374	832
2013	29.24	88518		65.49	1488.51	758934	1102
2014	29.77	164603	7619.05	33.48	1516.83	933993	14688
2015	34.80	154831	6319.48	19.78	1423.64	927990	982
2016	28.98	184470	5936.55	19.76	1712.39	1153802	1757

注：从2014年起新增电子计算机(整机)的产品产量数据。

10－2　工业企业数及工业总产值(2016 年)

(年主营业务收入 2000 万元及以上企业)

The Number of Industrial Enterprises and Gross Industrial Output Value(2016)

	企　业　数		工业总产值	
	个　　数 (个)	构　　成 (%)	绝对额 (万元)	构　　成 (%)
总　　计	**3605**	**100**	**122956041**	**100**
按登记注册类型分组				
#国有企业	26	0.72	1226504	1.00
集体企业	17	0.47	583587	0.47
股份合作企业	24	0.67	463659	0.38
联营企业	3	0.08	23480	0.02
有限责任公司	1289	35.76	40171774	32.67
股份有限公司	223	6.19	9605974	7.81
私营企业	1692	46.93	29194096	23.74
港澳台商投资企业	102	2.83	15706077	12.77
外商投资企业	224	6.21	25929901	21.09
按经济组织类型分组				
#独资企业	250	6.93	29098737	23.67
合作合伙企业	47	1.30	944226	0.77
股份有限公司	309	8.57	11746324	9.55
有限责任公司	2999	83.19	81166754	66.01
按轻重工业分				
轻 工 业	1380	38.28	31544741	25.66
重 工 业	2225	61.72	91411300	74.34
按企业规模分				
大型企业	115	3.19	52669798	42.84
中型企业	525	14.56	30054133	24.44
小型企业	2844	78.89	38806021	31.56
微型企业	121	3.36	1426089	1.16
按工业行业大类分				
煤炭开采和洗选业				
石油和天然气开采业	3	0.08	42957	0.03
黑色金属矿采选业				
有色金属矿采选业				
非金属矿采选业	2	0.06	62477	0.05
开采辅助活动				
其他采矿业				
农副食品加工业	207	5.74	5264882	4.27
食品制造业	174	4.83	3553344	2.89

10-2 续表

	企业数		工业总产值	
	个数 (个)	构成 (%)	绝对额 (万元)	构成 (%)
酒、饮料和精制茶制造业	78	2.16	2545602	2.07
烟草制品业	2	0.06	1866655	1.52
纺 织 业	31	0.86	521587	0.42
纺织服装、服饰业	38	1.05	616119	0.50
皮革、毛皮、羽毛及其制品和制鞋业	71	1.97	982419	0.80
木材加工和木、竹、藤、棕、草制品业	44	1.22	781375	0.64
家具制造业	153	4.24	3562757	2.90
造纸和纸制品业	78	2.16	970112	0.79
印刷和记录媒介复制业	81	2.25	1402532	1.14
文教、工美、体育和娱乐用品制造业	16	0.44	537378	0.44
石油加工、炼焦和核燃料加工业	11	0.31	3959814	3.22
化学原料和化学制品制造业	189	5.24	3593031	2.92
医药制造业	179	4.97	4718278	3.84
化学纤维制造业	5	0.14	142015	0.12
橡胶和塑料制品业	170	4.72	2559565	2.08
非金属矿物制品业	296	8.21	5037032	4.10
黑色金属冶炼和压延加工业	69	1.91	3157398	2.57
有色金属冶炼和压延加工业	44	1.22	2065768	1.68
金属制品业	247	6.85	4337822	3.53
通用设备制造业	282	7.82	6054888	4.92
专用设备制造业	231	6.41	3917409	3.19
汽车制造业	222	6.16	18308385	14.89
铁路、船舶、航空航天和其他运输设备制造业	63	1.75	3318177	2.70
电气机械和器材制造业	253	7.02	5327110	4.33
计算机、通信和其他电子设备制造业	212	5.88	27392770	22.28
仪器仪表制造业	46	1.28	676367	0.55
其他制造业	11	0.31	364165	0.30
废弃资源综合利用业	9	0.25	216393	0.18
金属制品、机械和设备修理业	2	0.06	211210	0.17
电力、热力生产和供应业	24	0.67	1380505	1.12
燃气生产和供应业	40	1.11	3109805	2.53
水的生产和供应业	22	0.61	397939	0.32

10－3　全部独立核算工业企业主要经济指标(2016年)

(年主营业务收入2000万元及以上企业)

Main Indicators of Corporate Industrial Enterprises with Independent Accounting System(2016)

单位:万元

	企业数(个)	#亏损企业	工业总产值
总　计	**3605**	**441**	**122956041**
按登记注册类型分组			
#国有企业	26	5	1226504
集体企业	17		583587
股份合作企业	24	1	463659
联营企业	3	1	23480
有限责任公司	1289	191	40171774
股份有限公司	223	26	9605974
私营企业	1692	147	29194096
港澳台商投资企业	102	24	15706077
外商投资企业	224	46	25929901
按经济组织类型分组			
#独资企业	250	46	29098737
合作合伙企业	47	4	944226
股份有限公司	309	37	11746324
有限责任公司	2999	354	81166754
按轻重工业分			
轻 工 业	1380	159	31544741
重 工 业	2225	282	91411300
按企业规模分			
大型企业	115	10	52669798
中型企业	525	65	30054133
小型企业	2844	349	38806021
微型企业	121	17	1426089
按工业行业大类分			
煤炭开采和洗选业			
石油和天然气开采业	3	1	42957
黑色金属矿采选业			
有色金属矿采选业			
非金属矿采选业	2		62477
开采辅助活动			
其他采矿业			
农副食品加工业	207	27	5264882
食品制造业	174	14	3553344

10－3 续表1

单位:万元

	企业数(个)	#亏损企业	工业总产值
酒、饮料和精制茶制造业	78	8	2545602
烟草制品业	2		1866655
纺织业	31	2	521587
纺织服装、服饰业	38	3	616119
皮革、毛皮、羽毛及其制品和制鞋业	71	9	982419
木材加工和木、竹、藤、棕、草制品业	44	5	781375
家具制造业	153	8	3562757
造纸和纸制品业	78	10	970112
印刷和记录媒介复制业	81	13	1402532
文教、工美、体育和娱乐用品制造业	16		537378
石油加工、炼焦和核燃料加工业	11	3	3959814
化学原料和化学制品制造业	189	37	3593031
医药制造业	179	26	4718278
化学纤维制造业	5	1	142015
橡胶和塑料制品业	170	19	2559565
非金属矿物制品业	296	29	5037032
黑色金属冶炼和压延加工业	69	11	3157398
有色金属冶炼和压延加工业	44	14	2065768
金属制品业	247	29	4337822
通用设备制造业	282	29	6054888
专用设备制造业	231	33	3917409
汽车制造业	222	32	18308385
铁路、船舶、航空航天和其他运输设备制造业	63	6	3318177
电气机械和器材制造业	253	35	5327110
计算机、通信和其他电子设备制造业	212	20	27392769
仪器仪表制造业	46	3	676367
其他制造业	11		364165
废弃资源综合利用业	9	3	216393
金属制品、机械和设备修理业	2		211210
电力、热力生产和供应业	24	5	1380505
燃气生产和供应业	40	4	3109805
水的生产和供应业	22	2	397939

10－3 续表2

单位:万元

	资产合计	流动资产合计	负债合计	所有者权益合计
总计	**113824642**	**63328549**	**61369178**	**52455464**
按登记注册类型分组				
#国有企业	3760915	2414622	2162460	1598455
集体企业	137037	88266	59647	77389
股份合作企业	158558	115534	70125	88434
联营企业	17430	5485	13155	4275
有限责任公司	46569443	24138130	28154929	18414514
股份有限公司	14904359	8751234	6886897	8017463
私营企业	20675402	12240390	10605676	10069726
港澳台商投资企业	10732163	6349067	5762483	4969680
外商投资企业	16856584	9223051	7650411	9206173
按经济组织类型分组				
#独资企业	21747491	12185415	10926373	10821119
合作合伙企业	566500	333687	400758	165741
股份有限公司	18613864	11094997	8696212	9917652
有限责任公司	72896787	39714450	41345835	31550952
按轻重工业分				
轻工业	29467869	16957579	15323509	14144360
重工业	84356773	46370970	46045669	38311104
按企业规模分				
大型企业	46449023	25062946	24683933	21765090
中型企业	31391167	17520140	15430548	15960619
小型企业	34523837	19799191	20352424	14171413
微型企业	1460615	946272	902273	558342
按工业行业大类分				
煤炭开采和洗选业				
石油和天然气开采业	1208736	461996	816661	392075
黑色金属矿采选业				
有色金属矿采选业				
非金属矿采选业	23350	5009	2019	21331
开采辅助活动				
其他采矿业				
农副食品加工业	2606128	1649384	1628639	977489
食品制造业	2347434	1100288	983942	1363492

10－3 续表3

单位:万元

	资　产 合　计	流动资产 合　计	负　债 合　计	所有者权益 合　计
酒、饮料和精制茶制造业	1972059	933869	891013	1081045
烟草制品业	2189397	1738516	1411069	778328
纺 织 业	328026	167565	160173	167853
纺织服装、服饰业	377871	244500	190878	186993
皮革、毛皮、羽毛及其制品和制鞋业	484305	282520	298781	185524
木材加工和木、竹、藤、棕、草制品业	996997	342145	393586	603411
家具制造业	2186087	1052875	1183481	1002606
造纸和纸制品业	768015	418174	464949	303065
印刷和记录媒介复制业	1360092	766075	547536	812557
文教、工美、体育和娱乐用品制造业	295823	203394	222308	73514
石油加工、炼焦和核燃料加工业	3547230	582300	1467251	2079980
化学原料和化学制品制造业	3534072	1837837	1804277	1729794
医药制造业	7670968	4768613	3674410	3996558
化学纤维制造业	151482	62285	99350	52132
橡胶和塑料制品业	2152012	1127032	1072656	1079356
非金属矿物制品业	5397208	2667898	2645347	2751861
黑色金属冶炼和压延加工业	2414628	1049473	1791654	622975
有色金属冶炼和压延加工业	1976973	1363139	1299073	677900
金属制品业	3797349	2460683	2190420	1606928
通用设备制造业	4632057	3080872	2395194	2236863
专用设备制造业	5759308	3398672	2800855	2958454
汽车制造业	11180585	7370165	6522029	4658556
铁路、船舶、航空航天和其他运输设备制造业	5549034	3767667	3350586	2198448
电气机械和器材制造业	5100108	3055899	3883457	1216652
计算机、通信和其他电子设备制造业	23196341	13581499	11008438	12187901
仪器仪表制造业	1064266	705371	525640	538626
其他制造业	653569	495289	333555	320014
废弃资源综合利用业	116872	58996	69374	47498
金属制品、机械和设备修理业	469397	262019	242031	227366
电力、热力生产和供应业	3593169	310988	2724140	869029
燃气生产和供应业	1431354	796881	551181	880174
水的生产和供应业	3292340	1158661	1723225	1569116

10－3 续表 4

单位:万元

	主营业务收入	主营业务成本	利润总额	利税总额	本年应交增值税
总计	**118642573**	**98176738**	**8450074**	**15935171**	**4408549**
按登记注册类型分组					
#国有企业	1333202	1129535	3565	28040	19986
集体企业	562444	504686	31388	55835	22653
股份合作企业	445643	385467	19203	33625	12435
联营企业	22508	19921	－1734	－912	593
有限责任公司	37700122	29713377	2317907	5474819	1134543
股份有限公司	9213026	6790812	1127912	1704298	497690
私营企业	28117246	23747546	1619457	2689153	884027
港澳台商投资企业	16266776	15447739	292200	1112517	798099
外商投资企业	24931515	20392231	3036868	4832505	1036639
按经济组织类型分组					
#独资企业	29437841	26666487	1646607	3001503	1282233
合作合伙企业	942335	808829	32004	76302	40092
股份有限公司	11223895	8251168	1279343	1971115	584778
有限责任公司	77038502	62450254	5492120	10886251	2501446
按轻重工业分					
轻工业	30171582	22765586	2278486	4735730	1197207
重工业	88470991	75411152	6171588	11199441	3211342
按企业规模分					
大型企业	52237285	42614814	4310014	9350415	2400586
中型企业	28089560	23103881	2109761	3322638	978261
小型企业	37192290	31518672	1949207	3141805	997904
微型企业	1123438	939371	81092	120313	31798
按工业行业大类分					
煤炭开采和洗选业					
石油和天然气开采业	47013	28294	－1594	－837	－957
黑色金属矿采选业					
有色金属矿采选业					
非金属矿采选业	61887	49773	1822	5352	1960
开采辅助活动					
其他采矿业					
农副食品加工业	5178943	4566871	228336	359922	74799
食品制造业	3596264	2830647	308085	451587	125754

10－3　续表5

单位:万元

	主营业务收入	主营业务成本	利润总额	利税总额	本年应交增值税
酒、饮料和精制茶制造业	2416889	1809252	249904	400250	89811
烟草制品业	1847735	654189	5910	1207515	198332
纺织业	502772	435637	26947	44367	15597
纺织服装、服饰业	603411	493620	28910	49295	16965
皮革、毛皮、羽毛及其制品和制鞋业	885484	765855	47055	72463	21286
木材加工和木、竹、藤、棕、草制品业	787666	672584	29827	59148	25539
家具制造业	3417007	2699839	185062	359978	143831
造纸和纸制品业	954679	798404	67542	108701	36510
印刷和记录媒介复制业	1277636	1047937	128519	190636	54355
文教、工美、体育和娱乐用品制造业	523576	425993	16577	35758	16784
石油加工、炼焦和核燃料加工业	3885483	2562590	348005	1161951	3693
化学原料和化学制品制造业	3470058	2805456	193145	312213	101506
医药制造业	4243717	2433532	656248	930180	239920
化学纤维制造业	143195	129970	4248	8021	3421
橡胶和塑料制品业	2631052	2242622	135207	218521	71749
非金属矿物制品业	4677778	4037446	188968	354450	142015
黑色金属冶炼和压延加工业	2966177	2844191	－193158	－123018	59686
有色金属冶炼和压延加工业	1950950	1791643	67071	102020	31292
金属制品业	4122364	3588022	191532	348831	113592
通用设备制造业	5871899	4952531	281025	508238	192693
专用设备制造业	3644025	2907596	234127	395662	136895
汽车制造业	17164425	14175166	2011362	3386876	652160
铁路、船舶、航空航天和其他运输设备制造业	3189725	2655812	213283	289311	66134
电气机械和器材制造业	4997670	4208516	231357	419574	164042
计算机、通信和其他电子设备制造业	27735242	25094667	1568298	2873686	1245691
仪器仪表制造业	574562	434176	67667	90504	19488
其他制造业	305949	244334	19799	25682	4759
废弃资源综合利用业	196316	181770	3284	14361	9824
金属制品、机械和设备修理业	212041	183696	6648	9254	1737
电力、热力生产和供应业	1190348	851561	248663	330251	72238
燃气生产和供应业	2952895	2324435	529673	790671	237306
水的生产和供应业	415740	248111	120720	143797	18142

10－3 续表6

	亏损面 (%)	产销率 (%)	资 产 贡献率 (%)	负债率 (%)	流动资产 周转次数 (次)
总 计	**12.23**	**95.99**	**14.68**	**53.92**	**1.90**
按登记注册类型分组					
#国有企业	19.23	94.33	0.93	57.50	0.57
集体企业		98.42	41.30	43.53	6.39
股份合作企业	4.17	96.71	21.92	44.23	3.92
联营企业	33.33	98.57	-4.99	75.47	4.10
有限责任公司	14.82	97.42	12.61	60.46	1.59
股份有限公司	11.66	96.42	12.01	46.21	1.07
私营企业	8.69	96.70	13.99	51.30	2.32
港、澳、台商投资企业	23.53	88.38	10.53	53.69	2.58
外商投资企业	20.54	97.41	29.01	45.39	2.75
按经济组织类型分组					
#独资企业	18.40	92.34	14.03	50.24	2.43
合作合伙企业	8.51	96.72	15.13	70.74	2.85
股份有限公司	11.97	95.76	11.29	46.72	1.03
有限责任公司	11.80	97.32	15.73	56.72	1.97
按轻重工业分					
轻 工 业	11.52	97.10	16.87	52.00	1.81
重 工 业	12.67	95.60	13.91	54.58	1.93
按企业规模分					
大型企业	8.70	95.41	20.62	53.14	2.11
中型企业	12.38	96.02	11.30	49.16	1.63
小型企业	12.27	96.82	10.03	58.95	1.90
微型企业	14.05	94.21	8.31	61.77	1.39
按工业行业大类分					
煤炭开采和洗选业					
石油和天然气开采业	33.33	100	-0.20	67.56	0.10
黑色金属矿采选业					
有色金属矿采选业					
非金属矿采选业		99.10	24.00	8.65	12.35
开采辅助活动					
其他采矿业					
农副食品加工业	13.04	99.04	14.53	62.49	3.15
食品制造业	8.05	102.63	20.33	41.92	3.31

10－3 续表7

	亏损面(%)	产销率(%)	资产贡献率(%)	负债率(%)	流动资产周转次数(次)
酒、饮料和精制茶制造业	10.26	97.62	21.19	45.18	2.67
烟草制品业		101.96	55.2	64.45	1.12
纺 织 业	6.45	97.02	14.92	48.83	3.03
纺织服装、服饰业	7.89	95.91	13.58	50.51	2.51
皮革、毛皮、羽毛及其制品和制鞋业	12.68	94.07	16.44	61.69	3.13
木材加工和木、竹、藤、棕、草制品业	11.36	98.65	6.69	39.48	2.33
家具制造业	5.23	95.37	17.91	54.14	3.25
造纸和纸制品业	12.82	99.44	14.99	60.54	2.30
印刷和记录媒介复制业	16.05	97.98	14.39	40.26	1.68
文教、工美、体育和娱乐用品制造业		100.05	12.69	75.15	2.66
石油加工、炼焦和核燃料加工业	27.27	98.51	34.19	41.36	6.67
化学原料和化学制品制造业	19.58	97.18	9.30	51.05	1.90
医药制造业	14.53	90.99	12.96	47.90	0.91
化学纤维制造业	20.00	97.27	6.76	65.59	2.32
橡胶和塑料制品业	11.18	98.69	10.96	49.84	2.38
非金属矿物制品业	9.80	96.09	7.56	49.01	1.76
黑色金属冶炼和压延加工业	15.94	98.23	-3.04	74.20	2.95
有色金属冶炼和压延加工业	31.82	96.84	6.06	65.71	1.43
金属制品业	11.74	95.37	10.26	57.68	1.73
通用设备制造业	10.28	97.72	11.65	51.71	1.92
专用设备制造业	14.29	98.42	7.45	48.63	1.09
汽车制造业	14.41	96.45	30.63	58.33	2.37
铁路、船舶、航空航天和其他运输设备制造业	9.52	96.38	5.41	60.38	0.86
电气机械和器材制造业	13.83	96.43	10.03	76.14	1.68
计算机、通信和其他电子设备制造业	9.43	91.93	12.59	47.46	2.05
仪器仪表制造业	6.52	85.49	8.77	49.39	0.84
其他制造业		96.16	4.25	51.04	0.63
废弃资源综合利用业	33.33	96.24	14.04	59.36	3.33
金属制品、机械和设备修理业		100.15	2.16	51.56	0.84
电力、热力生产和供应业	20.83	99.89	10.21	75.81	3.85
燃气生产和供应业	10.00	99.84	55.47	38.51	3.85
水的生产和供应业	9.09	98.98	5.30	52.34	0.39

10－4 独立核算国有控股企业主要经济指标(2016年)

Main Indicators of State Holding Majority Shares Industrial Enterprises with Independent Accounting System(2016)

单位:万元

	企业数(个)	#亏损企业	工业总产值
总计	**270**	**67**	**26730079**
在总计中:亏损企业	67	67	1856897
按隶属关系分			
中央企业	93	28	18856298
地方企业	177	39	7873781
按轻重工业分			
轻工业	58	13	4144279
重工业	212	54	22585800
按企业规模分			
大型企业	35	5	19812561
中型企业	81	23	4517413
小型企业	142	35	2264460
微型企业	12	4	135645
按工业行业大类分			
石油和天然气开采业	3	1	42957
开采辅助活动			
农副食品加工业	4	2	223574
食品制造业	3		55917
酒、饮料和精制茶制造业	2	1	15499
烟草制品业	2		1866655
纺织业	1		10531
纺织服装、服饰业	5	1	56747
木材加工和木、竹、藤、棕、草制品业			
造纸和纸制品业	1	1	2233
印刷和记录媒介复制业	3	1	214021

注:年主营业务收入2000万元及以上企业。

10－4 续表 1

单元:万元

	企业数(个)	#亏损企业	工业总产值
文教、工美、体育和娱乐用品制造业	1		391159
石油加工、炼焦和核燃料加工业	1		3839666
化学原料和化学制品制造业	12	5	339232
医药制造业	11	1	377600
化学纤维制造业	1		110800
橡胶和塑料制品业	4	2	231158
非金属矿物制品业	25	8	791207
黑色金属冶炼和压延加工业	5	3	454362
有色金属冶炼和压延加工业	5	2	172310
金属制品业	13	5	506298
通用设备制造业	12	2	419713
专用设备制造业	22	8	362069
汽车制造业	25	10	6979939
铁路、船舶、航空航天和其他运输设备制造业	16	2	2496007
电气机械和器材制造业	20	6	456434
计算机、通信和其他电子设备制造业	30	3	1247675
仪器仪表制造业	4		265565
其他制造业	4		308671
废弃资源综合利用业	1		33739
金属制品、机械和设备修理业	2		211210
电力、热力生产和供应业	8	1	1156656
燃气生产和供应业	13	1	2776890
水的生产和供应业	11	1	313585

10－4 续表2

单位:万元

	资　产 合　计	流动资产 合　计	负　债 合　计	所有者权益 合　计
总　计	**36198075**	**17702532**	**21421585**	**14776490**
在总计中:亏损企业	5758831	2596753	5018724	740107
按隶属关系分				
中央企业	21499340	10373464	14256064	7243276
地方企业	14698735	7329068	7165521	7533214
按轻重工业分				
轻 工 业	7249201	4338988	3921774	3327427
重 工 业	28948874	13363544	17499811	11449063
按企业规模分				
大型企业	22445828	10462269	12664044	9781784
中型企业	7307013	4094419	3930234	3376780
小型企业	5871684	2785163	4499837	1371846
微型企业	573550	360681	327470	246080
按工业行业大类分				
石油和天然气开采业	1208736	461996	816661	392075
开采辅助活动				
农副食品加工业	197305	150219	188771	8534
食品制造业	38058	25193	15293	22765
酒、饮料和精制茶制造业	32422	21723	23104	9318
烟草制品业	2189397	1738516	1411069	778328
纺 织 业	36782	17450	1746	35036
纺织服装、服饰业	106269	61320	68202	38067
木材加工和木、竹、藤、棕、草制品业				
造纸和纸制品业	21628	4647	50520	－28892
印刷和记录媒介复制业	523661	322899	50577	473084

10－4 续表3

单元:万元

	资产合计	流动资产合计	负债合计	所有者权益合计
文教、工美、体育和娱乐用品制造业	212570	169190	169190	43380
石油加工、炼焦和核燃料加工业	3396888	476689	1397466	1999422
化学原料和化学制品制造业	441209	200986	252403	188806
医药制造业	586705	278494	202119	384587
化学纤维制造业	115914	48724	78036	37878
橡胶和塑料制品业	327223	130476	167869	159354
非金属矿物制品业	1727566	887067	1002253	725313
黑色金属冶炼和压延加工业	1153669	389339	1089706	63963
有色金属冶炼和压延加工业	200324	96274	80431	119893
金属制品业	708276	494471	455088	253188
通用设备制造业	764787	512094	427729	337058
专用设备制造业	1476023	718105	863936	612087
汽车制造业	4008377	2434958	2270961	1737416
铁路、船舶、航空航天和其他运输设备制造业	4461333	2959994	2807394	1653939
电气机械和器材制造业	676938	481646	1300924	－623986
计算机、通信和其他电子设备制造业	3157461	1840538	1235043	1922419
仪器仪表制造业	475835	293496	266411	209424
其他制造业	592856	448348	318273	274582
废弃资源综合利用业	39697	30318	31335	8362
金属制品、机械和设备修理业	469397	262019	242031	227366
电力、热力生产和供应业	3060870	186441	2429942	630927
燃气生产和供应业	991810	593472	367322	624488
水的生产和供应业	2798089	965430	1339780	1458309

10－4 续表4

单位:万元

	主营业务收入	利润总额	利税总额
总计	**25993659**	**2222116**	**5400748**
在总计中:亏损企业	1727716	－374033	－329477
按隶属关系分			
中央企业	18350455	1419917	4186200
地方企业	7643204	802199	1214548
按轻重工业分			
轻工业	4133462	207396	1492615
重工业	21860197	2014720	3908133
按企业规模分			
大型企业	19447288	1937649	4870005
中型企业	4285803	224563	394823
小型企业	2153921	57937	129213
微型企业	106647	1967	6707
按工业行业大类分			
石油和天然气开采业	47013	－1594	－837
开采辅助活动			
农副食品加工业	240980	3212	－306
食品制造业	54480	7047	10983
酒、饮料和精制茶制造业	13247	－1920	－382
烟草制品业	1847735	5910	1207515
纺织业	11427	1329	2480
纺织服装、服饰业	57081	553	1538
木材加工和木、竹、藤、棕、草制品业			
造纸和纸制品业	2450	－4485	－4258
印刷和记录媒介复制业	213964	18518	39499

10－4 续表 5

单元:万元

	主营业务收入	利润总额	利税总额
文教、工美、体育和娱乐用品制造业	391159	13151	28426
石油加工、炼焦和核燃料加工业	3763858	348014	1157328
化学原料和化学制品制造业	307729	－5444	4083
医药制造业	368033	83435	99445
化学纤维制造业	113972	4025	7425
橡胶和塑料制品业	341527	4393	6889
非金属矿物制品业	786603	22474	53065
黑色金属冶炼和压延加工业	414394	－107607	－96152
有色金属冶炼和压延加工业	156997	10010	16498
金属制品业	723537	8966	29704
通用设备制造业	493651	－33076	－17631
专用设备制造业	335640	24711	34351
汽车制造业	6586208	828418	1396171
铁路、船舶、航空航天和其他运输设备制造业	2405631	104779	144462
电气机械和器材制造业	487146	－23761	－8712
计算机、通信和其他电子设备制造业	1196214	71859	103700
仪器仪表制造业	185869	21447	24749
其他制造业	267453	4982	7186
废弃资源综合利用业	30663	2071	2534
金属制品、机械和设备修理业	212041	6648	9254
电力、热力生产和供应业	966316	217631	285701
燃气生产和供应业	2646302	480918	730345
水的生产和供应业	324339	105502	125695

10－4 续表6

	亏损面（%）	产销率（%）	资产贡献率（%）	负债率（%）	流动资产周转次数（次）
总　计	**24.81**	**98.12**	**15.65**	**59.18**	**1.50**
在总计中:亏损企业	100	96.11	－3.56	87.15	0.74
按隶属关系分					
中央企业	30.11	98.28	20.32	66.31	1.80
地方企业	22.03	97.74	8.83	48.75	1.08
按轻重工业分					
轻 工 业	22.41	100.4	21.02	54.10	0.99
重 工 业	25.47	97.71	14.31	60.45	1.67
按企业规模分					
大型企业	14.29	98.15	22.23	56.42	1.89
中型企业	28.40	99.58	6.01	53.79	1.08
小型企业	24.65	90.68	3.92	76.64	0.79
微型企业	33.33	169.38	1.18	57.10	0.45
按工业行业大类分					
石油和天然气开采业	33.33	100	－0.20	67.56	0.10
开采辅助活动					
农副食品加工业	50.00	94.97	0.23	95.67	1.61
食品制造业		98.42	30.37	40.18	2.20
酒、饮料和精制茶制造业	50.00	92.76	1.30	71.26	0.61
烟草制品业		101.96	55.20	64.45	1.12
纺 织 业		106.12	6.76	4.75	0.69
纺织服装、服饰业	20.00	80.64	1.46	64.18	1.00
木材加工和木、竹、藤、棕、草制品业					
造纸和纸制品业	100	106.98	－8.80	233.58	0.53
印刷和记录媒介复制业	33.33	100.92	7.02	9.66	0.67

10－4 续表7

	亏损面 (%)	产销率 (%)	资 产 贡献率 (%)	负债率 (%)	流动资产 周转次数 (次)
文教、工美、体育和娱乐用品制造业		100	14.07	79.59	2.41
石油加工、炼焦和核燃料加工业		99.22	35.51	41.14	7.90
化学原料和化学制品制造业	41.67	97.73	1.90	57.21	1.54
医药制造业	9.09	101.01	17.44	34.45	1.33
化学纤维制造业		98.64	8.10	67.32	2.36
橡胶和塑料制品业	50.00	102.70	2.96	51.30	2.73
非金属矿物制品业	32.00	91.38	3.85	58.02	0.90
黑色金属冶炼和压延加工业	60.00	103.55	－4.80	94.46	1.40
有色金属冶炼和压延加工业	40.00	91.70	9.69	40.15	1.66
金属制品业	38.46	92.97	4.96	64.25	1.48
通用设备制造业	16.67	99.98	－1.42	55.93	0.98
专用设备制造业	36.36	117.98	2.87	58.53	0.48
汽车制造业	40.00	96.11	34.89	56.66	2.74
铁路、船舶、航空航天和其他运输设备制造业	12.50	96.82	3.38	62.93	0.82
电气机械和器材制造业	30.00	105.00	6.37	192.18	1.04
计算机、通信和其他电子设备制造业	10.00	96.72	3.52	39.12	0.66
仪器仪表制造业		72.88	5.22	55.99	0.66
其他制造业		100.07	1.56	53.68	0.60
废弃资源综合利用业		88.37	8.88	78.93	1.01
金属制品、机械和设备修理业		100.15	2.16	51.56	0.84
电力、热力生产和供应业	12.50	99.88	10.34	79.39	5.22
燃气生产和供应业	7.69	99.88	73.92	37.04	4.63
水的生产和供应业	9.09	99.56	5.17	47.88	0.36

10－5　独立核算集体工业企业主要经济指标(2016年)

（年主营业务收入2000万元及以上企业）

Main Indicators of Collective－owned Industrial Enterprises with Independent Accounting System(2016)

单元:万元

	企业数(个)	#亏损企业	工业总产值
总　计	**17**		**583587**
在总计中:亏损企业			
按轻重工业分			
轻工业	2		22043
重工业	15		561544
按企业规模分			
#中型企业	4		205564
小型企业	13		378023
按工业行业大类分			
印刷和记录媒介复制业	1		6381
化学原料和化学制品制造业	1		100801
非金属矿物制品业	2		24120
黑色金属冶炼和压延加工业	1		89938
金属制品业	1		57651
通用设备制造业	3		124894
专用设备制造业	2		91662
汽车制造业	3		45788
铁路、船舶、航空航天和其他运输设备制造业	1		10651
电气机械和器材制造业	1		23382
燃气生产和供应业	1		8319

10－5 续表1

单位:万元

	资　产 合　计	流动资产 合　计	负　债 合　计	所有者 权　益
总　计	**137037**	**88266**	**59647**	**77390**
在总计中:亏损企业				
按轻重工业分				
轻 工 业	5071	3958	4320	751
重 工 业	131966	84308	55327	76639
按企业规模分				
#中型企业	67438	49584	22461	44977
小型企业	69599	38682	37186	32413
按工业行业大类分				
印刷和记录媒介复制业	3286	2606	2861	425
化学原料和化学制品制造业	5679	4822	858	4821
非金属矿物制品业	2675	1968	1687	988
黑色金属冶炼和压延加工业	28518	22978	712	27806
金属制品业	5562	2496	2418	3144
通用设备制造业	14445	5474	2208	12237
专用设备制造业	10292	4838	5084	5208
汽车制造业	27302	22837	21377	5925
铁路、船舶、航空航天和其他运输设备制造业	10826	8644	5647	5179
电气机械和器材制造业	17449	5294	10655	6794
燃气生产和供应业	11003	6309	6140	4863

10－5 续表2

单位:万元

	主营业务收入	利润总额	利税总额
总　　计	**562444**	**31388**	**55835**
在总计中:亏损企业			
按轻重工业分			
轻 工 业	18023	91	355
重 工 业	544421	31297	55480
按企业规模分			
#中型企业	203231	11009	19895
小型企业	359213	20379	35940
按工业行业大类分			
印刷和记录媒介复制业	3115	45	119
化学原料和化学制品制造业	99587	5957	13005
非金属矿物制品业	23367	694	970
黑色金属冶炼和压延加工业	89110	5631	9716
金属制品业	56901	2776	4724
通用设备制造业	122329	8577	14290
专用设备制造业	81179	4302	6418
汽车制造业	45977	598	2020
铁路、船舶、航空航天和其他运输设备制造业	10261	240	881
电气机械和器材制造业	22300	1090	1863
燃气生产和供应业	8318	1478	1829

10 - 5 续表 3

	亏损面 (%)	产销率 (%)	资产贡献率 (%)	负债率 (%)	流动资产周转次数 (次)
总　　计		**98.42**	**41.30**	**43.53**	**6.39**
在总计中:亏损企业					
按轻重工业分					
轻 工 业		98.93	7.04	85.20	4.55
重 工 业		98.40	42.62	41.93	6.47
按企业规模分					
#中型企业		99.43	29.97	33.31	4.10
小型企业		97.87	52.28	53.43	9.31
按工业行业大类分					
印刷和记录媒介复制业		98.24	3.68	87.06	1.20
化学原料和化学制品制造业		98.80	229.78	15.11	20.65
非金属矿物制品业		99.49	36.26	63.06	11.88
黑色金属冶炼和压延加工业		99.08	34.18	2.50	3.88
金属制品业		98.74	85.72	43.47	22.80
通用设备制造业		98.94	99.73	15.29	22.35
专用设备制造业		95.60	62.42	49.40	16.78
汽车制造业		100.62	8.13	78.30	2.03
铁路、船舶、航空航天和其他运输设备制造业		96.87	8.68	52.16	1.19
电气机械和器材制造业		96.45	12.34	61.06	4.21
燃气生产和供应业		100	16.40	55.80	1.45

10－6 独立核算“三资”工业企业主要经济指标(2016年)

(年主营业务收入2000万元及以上企业)

Main Indicators of Overseas－funded Industrial Enterprises with Independent Accounting System(2016)

单位:万元

	企业数(个)	#亏损企业	工业总产值
总计	**326**	**70**	**41635977**
按登记注册类型分			
港、澳、台商投资企业	102	24	15706077
合资经营企业(港、澳、台资)	37	11	1147289
合作经营企业(港、澳、台资)	2	1	47121
港澳台商独资企业	59	11	14428557
港澳台投资股份有限公司	3	1	83110
外商投资企业	224	46	25929901
中外合资经营企业	117	18	13726707
中外合作经营企业	3		48656
外资企业	94	26	11756639
外商投资股份有限公司	5	1	250358
其他外商投资企业	5	1	147541
按轻重工业分			
轻工业	146	30	4954321
重工业	180	40	36681656
按企业规模分			
大型企业	23	2	27622325
中型企业	81	13	8818947
小型企业	215	55	4892641
微型企业	7		302064
按工业行业大类分			
#农副食品加工业	19	2	1319907
食品制造业	26	7	545933
酒、饮料和精制茶制造业	15	3	1111793
纺织业	1		6047

10-6 续表1

单元:万元

	企业数(个)	#亏损企业	工业总产值
纺织服装、服饰业	5	1	39721
皮革、毛皮、羽毛及其制品和制鞋业	6	2	224936
木材加工和木、竹、藤、棕、草制品业	2		10878
家具制造业	1		5902
造纸和纸制品业	8	1	157532
印刷和记录媒介复制业	11	1	268228
文教、工美、体育和娱乐用品制造业	2		14170
化学原料和化学制品制造业	22	10	687845
医药制造业	21	4	377535
化学纤维制造业	2	1	26669
橡胶和塑料制品业	9	3	215025
非金属矿物制品业	17	6	707598
黑色金属冶炼和压延加工业	1	1	31957
有色金属冶炼和压延加工业	2	1	34280
金属制品业	18	1	517704
通用设备制造业	13	3	293901
专用设备制造业	20	5	449441
汽车制造业	34	3	9946138
铁路、船舶、航空航天和其他运输设备制造业	8	3	352602
电气机械和器材制造业	14	4	585085
计算机、通信和其他电子设备制造业	32	5	23179512
仪器仪表制造业	5		74395
其他制造业			
金属制品、机械和设备修理业			
电力、热力生产和供应业	3	1	9684
燃气生产和供应业	6	2	391400
水的生产和供应业	3		50162

10-6 续表2

单位:万元

	资产总计	流动资产合计	负债总计	所有者权益
总　计	**27588747**	**15572118**	**13412894**	**14175853**
按登记注册类型分				
港、澳、台商投资企业	10732163	6349067	5762483	4969680
合资经营企业(港、澳、台资)	933175	459830	449075	484100
合作经营企业(港、澳、台资)	26920	19972	9443	17477
港澳台商独资企业	9652478	5814503	5212448	4440030
港澳台投资股份有限公司	119590	54763	91517	28073
外商投资企业	16856584	9223051	7650411	9206173
中外合资经营企业	8191403	5078016	3854544	4336859
中外合作经营企业	30648	25906	16495	14153
外资企业	7923907	3737751	3396046	4527861
外商投资股份有限公司	418093	234244	113080	305013
其他外商投资企业	292533	147135	270248	22285
按轻重工业分				
轻 工 业	3855129	2118781	1632059	2223070
重 工 业	23733618	13453337	11780835	11952783
按企业规模分				
大型企业	14760749	9001464	7697320	7063429
中型企业	8671272	4000748	3565222	5106050
小型企业	3913227	2357739	1998595	1914632
微型企业	243498	212166	151757	91741
按工业行业大类分				
#农副食品加工业	382849	223805	125958	256891
食品制造业	541187	233436	267759	273428
酒、饮料和精制茶制造业	1068064	460115	457589	610475
纺 织 业	6397	5431	1121	5276

10-6 续表3

单元:万元

	资产总计	流动资产合计	负债总计	所有者权益
纺织服装、服饰业	27628	16975	14069	13559
皮革、毛皮、羽毛及其制品和制鞋业	58937	39812	40177	18760
木材加工和木、竹、藤、棕、草制品业	21090	16308	7402	13688
家具制造业	15244	9906	6961	8283
造纸和纸制品业	156785	99372	59522	97263
印刷和记录媒介复制业	274501	169098	175765	98736
文教、工美、体育和娱乐用品制造业	3264	2223	2120	1144
化学原料和化学制品制造业	675159	357135	301439	373720
医药制造业	564147	302467	186130	378017
化学纤维制造业	29252	10357	16088	13164
橡胶和塑料制品业	318420	210879	186828	131592
非金属矿物制品业	1380463	431412	520951	859512
黑色金属冶炼和压延加工业	50548	3910	5638	44910
有色金属冶炼和压延加工业	28091	16889	4098	23993
金属制品业	391593	217467	131271	260322
通用设备制造业	239776	141530	146646	93130
专用设备制造业	866335	640756	511973	354362
汽车制造业	4661090	3073428	2380185	2280905
铁路、船舶、航空航天和其他运输设备制造业	288286	211245	108169	180117
电气机械和器材制造业	605561	383267	311279	294282
计算机、通信和其他电子设备制造业	14217608	7969488	7101990	7115618
仪器仪表制造业	87068	70099	33313	53755
其他制造业				
金属制品、机械和设备修理业				
电力、热力生产和供应业	86466	21915	55342	31124
燃气生产和供应业	459790	176073	234818	224972
水的生产和供应业	83147	57322	18294	64853

10－6 续表4

单位:万元

	主营业务收入	利税总额	本年应交增值税
总计	**41198292**	**5945022**	**1834738**
按登记注册类型分			
港、澳、台商投资企业	16266776	1112517	798099
合资经营企业(港、澳、台资)	1090731	138926	42198
合作经营企业(港、澳、台资)	71708	11352	2706
港澳台商独资企业	14987163	958637	749912
港澳台投资股份有限公司	117174	3603	3284
外商投资企业	24931515	4832505	1036639
中外合资经营企业	13026822	2948697	545833
中外合作经营企业	47834	8914	2345
外资企业	11462327	1845612	459577
外商投资股份有限公司	242542	19651	10894
其他外商投资企业	151991	9630	17990
按轻重工业分			
轻工业	4893938	722411	178436
重工业	36304354	5222611	1656303
按企业规模分			
大型企业	27766159	4687229	1496556
中型企业	8296402	688202	165710
小型企业	4925126	510995	160552
微型企业	210605	58597	11920
按工业行业大类分			
#农副食品加工业	1302863	132863	31696
食品制造业	663854	75857	29691
酒、饮料和精制茶制造业	1082105	189561	37162
纺织业	5999	1602	819

10-6 续表5

单元:万元

	主营业务收入	利税总额	本年应交增值税
纺织服装、服饰业	35904	2063	781
皮革、毛皮、羽毛及其制品和制鞋业	217369	20813	10870
木材加工和木、竹、藤、棕、草制品业	13010	917	567
家具制造业	9245	1635	437
造纸和纸制品业	138052	40160	6409
印刷和记录媒介复制业	256376	87710	14073
文教、工美、体育和娱乐用品制造业	13147	1807	968
化学原料和化学制品制造业	609819	64913	18332
医药制造业	322235	67390	15387
化学纤维制造业	24854	363	103
橡胶和塑料制品业	215216	23370	8637
非金属矿物制品业	662972	36261	21101
黑色金属冶炼和压延加工业	33791	-3756	40
有色金属冶炼和压延加工业	41552	-1917	209
金属制品业	401300	78517	13091
通用设备制造业	285848	22309	4450
专用设备制造业	462837	29557	24079
汽车制造业	9610109	2450139	448145
铁路、船舶、航空航天和其他运输设备制造业	339686	42979	8927
电气机械和器材制造业	604452	111212	9602
计算机、通信和其他电子设备制造业	23355778	2333059	1115464
仪器仪表制造业	93410	12190	1497
其他制造业			
金属制品、机械和设备修理业			
电力、热力生产和供应业	35669	16385	2956
燃气生产和供应业	312615	92015	7756
水的生产和供应业	48225	15050	1493

10－6 续表6

	亏损面（%）	产销率（%）	资 产 贡献率（%）	负债率（%）	流动资产周转次数（次）
总 计	**21.47**	**94.00**	**21.82**	**48.62**	**2.68**
按登记注册类型分					
港、澳、台商投资企业	23.53	88.38	10.53	53.69	2.58
合资经营企业（港、澳、台资）	29.73	95.78	16.02	47.84	2.42
合作经营企业（港、澳、台资）	50.00	100	42.17	35.08	3.59
港澳台商独资企业	18.64	87.70	10.01	54.00	2.59
港澳台投资股份有限公司	33.33	96.63	4.04	76.53	2.14
外商投资企业	20.54	97.41	29.01	45.39	2.75
中外合资经营企业	15.38	97.37	36.18	47.06	2.63
中外合作经营企业		66.37	29.41	53.82	1.85
外资企业	27.66	97.55	23.67	42.86	3.08
外商投资股份有限公司	20.00	95.83	5.77	27.05	1.05
其他外商投资企业	20.00	102.65	5.98	92.38	1.05
按轻重工业分					
轻 工 业	20.55	99.20	19.29	42.33	2.37
重 工 业	22.22	93.30	22.23	49.64	2.73
按企业规模分					
大型企业	8.70	92.97	31.80	52.15	3.10
中型企业	16.05	95.38	8.45	41.12	2.12
小型企业	25.58	97.85	13.70	51.07	2.13
微型企业		86.48	23.55	62.32	1.29
按工业行业大类分					
#农副食品加工业	10.53	97.36	35.22	32.90	5.87
食品制造业	26.92	117.30	14.64	49.48	2.90
酒、饮料和精制茶制造业	20.00	97.76	18.87	42.84	2.50
纺 织 业		99.20	25.13	17.52	1.10

10 - 6 续表 7

	亏损面 (%)	产销率 (%)	资产贡献率 (%)	负债率 (%)	流动资产周转次数 (次)
纺织服装、服饰业	20.00	90.28	8.11	50.92	2.12
皮革、毛皮、羽毛及其制品和制鞋业	33.33	91.20	35.89	68.17	5.46
木材加工和木、竹、藤、棕、草制品业		108.98	4.40	35.10	0.80
家具制造业		123.82	10.72	45.67	0.93
造纸和纸制品业	12.50	97.61	25.81	37.96	1.45
印刷和记录媒介复制业	9.09	95.82	32.78	64.03	1.55
文教、工美、体育和娱乐用品制造业		100.10	59.10	64.93	5.92
化学原料和化学制品制造业	45.45	95.13	9.78	44.65	1.73
医药制造业	19.05	98.19	11.88	32.99	1.07
化学纤维制造业	50.00	91.75	1.50	55.00	2.43
橡胶和塑料制品业	33.33	98.70	8.02	58.67	1.03
非金属矿物制品业	35.29	94.25	4.09	37.74	1.55
黑色金属冶炼和压延加工业	100	106.65	-6.55	11.15	8.86
有色金属冶炼和压延加工业	50.00	100	-6.92	14.59	2.47
金属制品业	5.56	92.03	20.59	33.52	2.27
通用设备制造业	23.08	101.35	9.80	61.16	2.08
专用设备制造业	25.00	95.62	4.23	59.10	0.75
汽车制造业	8.82	97.56	52.57	51.06	3.16
铁路、船舶、航空航天和其他运输设备制造业	37.50	97.03	15.10	37.52	1.61
电气机械和器材制造业	28.57	100.96	18.74	51.40	1.58
计算机、通信和其他电子设备制造业	15.63	90.88	16.52	49.95	2.94
仪器仪表制造业		113.09	14.11	38.26	1.33
其他制造业					
金属制品、机械和设备修理业					
电力、热力生产和供应业	33.33	100	18.94	64.01	1.63
燃气生产和供应业	33.33	100	20.09	51.07	2.30
水的生产和供应业		96.14	20.55	22.00	0.84

10－7 大中型工业企业主要经济指标

Main Indicators of Large－scale and Medium－scale Industrial Enterprises

单位:万元

合　计	2014 年		2015 年		2016 年	
	合　计	占全市工业的比重(%)	合　计	占全市工业的比重(%)	合　计	占全市工业的比重(%)
企业单位数(个)	626	19.3	617	18.4	640	17.8
#亏损企业	76	17.0	86	16.6	75	17.0
工业总产值	75396286	72.6	73254021	65.2	82723931	67.3
流动资产合计	33074564	64.7	37004349	66.3	42583086	67.2
资产总计	71057651	70.3	74350495	69.6	77840190	68.4
负债总计	44154585	71.0	45044348	71.7	40114481	65.4
主营业务收入	72533736	73.1	63730277	63.6	80326845	67.7
#主营业务税金及附加	2859597	94.9	2577555	86.7	2791811	93.7
盈利企业的利润总额	6538383	80.5	4086285	63.5	7037660	74.6
亏损企业的亏损总额	693090	134.4	1318322	75.4	617885	62.7
盈亏相抵的利润总额	5656660	81.0	2767963	59.0	6419775	76.0
利税总额	11486774	83.2	7272586	68.3	12673054	79.5

注:“占全市工业的比重(%)”为大中型工业企业占年主营业务收入2000万元及以上的独立核算工业企业比重。

10－8 全部独立核算工业企业主要经济效益指标

（年主营业务收入 2000 万元及以上企业）

Main Indicators on Economic Benefit of Industrial Enterprises with Independent Accounting System

	单位	2015 年	2016 年		单位	2015 年	2016 年
总资产贡献率	%	**10.9**	**14.7**	**流动资产周转次数**	次	**1.8**	**1.9**
#国有控股经济	%	12.3	15.7	#国有控股经济	次	1.7	1.5
集体经济	%	15.4	41.3	集体经济	次	2.9	6.4
三资企业	%	11.7	21.8	三资企业	次	2.3	2.7
资本保值率	%	**106.7**	**115.3**	**成本费用利润率**	%	**5.0**	**7.7**
#国有控股经济	%	95.7	101.4	#国有控股经济	%	5.4	9.9
集体经济	%	117	102.8	集体经济	%	4.0	5.9
三资企业	%	99.3	139.5	三资企业	%	4.2	8.8
资产负债率	%	**58.8**	**53.9**	**产销率**	%	**95.2**	**96.0**
#国有控股经济	%	64.2	59.2	#国有控股经济	%	95.3	98.1
集体经济	%	63.0	43.5	集体经济	%	98.9	98.4
三资企业	%	57.8	48.6	三资企业	%	94.1	94.0

10－9　全市工业企业特色优势产业主要经济指标(2016年)

Main Indicators of Characteristic and Advantageous Industries(2016)

单位:万元

	工业总产值	资产合计	应收帐款
特色优势产业合计	**109672012**	**94618534**	**17759224**
占全市比重(%)	89.20	83.13	91.29
按工业行业分			
电子信息产品制造业	33117543	28900304	6738478
占全市比重(%)	26.94	25.40	34.63
占特色优势产业合计比重(%)	30.20	30.55	37.94
机械工业	17878917	20316705	4366988
占全市比重(%)	14.54	17.85	22.45
占特色优势产业合计比重(%)	16.30	21.47	24.59
汽车工业	18547676	11531435	3172506
占全市比重(%)	15.08	10.13	16.31
占特色优势产业合计比重(%)	16.91	12.19	17.86
石油化学工业	7595802	8290038	408205
占全市比重(%)	6.18	7.28	2.10
占特色优势产业合计比重(%)	6.93	8.76	2.30
食品、饮料及烟草工业	13230484	9115017	941574
占全市比重(%)	10.76	8.01	4.84
占特色优势产业合计比重(%)	12.06	9.63	5.30
冶金工业	5223166	4391601	449046
占全市比重(%)	4.25	3.86	2.31
占特色优势产业合计比重(%)	4.76	4.64	2.53
建材工业	5099509	5420559	995433
占全市比重(%)	4.15	4.76	5.12
占特色优势产业合计比重(%)	4.65	5.73	5.61
轻工行业	8978915	6652875	686994
占全市比重(%)	7.30	5.84	3.53
占特色优势产业合计比重(%)	8.19	7.03	3.87

注:“占全市比重(%)”指特色优势产业占年主营业务收入2000万元及以上的企业比重。

10－9 续表1

单位:万元

	产成品	负债合计	主营业务收入	管理费用
特色优势产业合计	**3818944**	**50998328**	**106182982**	**4317628**
占全市比重(%)	88.10	83.10	89.50	85.06
按工业行业分				
电子信息产品制造业	832153	15116388	33018956	1099371
占全市比重(%)	19.20	24.63	27.85	21.66
占特色优势产业合计比重(%)	21.79	29.64	31.11	25.46
机械工业	780274	11017206	17076631	1075152
占全市比重(%)	18.00	17.95	14.39	21.18
占特色优势产业合计比重(%)	20.43	21.60	16.08	24.90
汽车工业	660963	6785055	17416370	486410
占全市比重(%)	15.25	11.06	14.68	9.58
占特色优势产业合计比重(%)	17.31	13.30	16.40	11.27
石油化学工业	220437	4088189	7402554	282758
占全市比重(%)	5.09	6.66	6.24	5.57
占特色优势产业合计比重(%)	5.77	8.02	6.97	6.55
食品、饮料及烟草工业	503028	4914663	13039831	521228
占全市比重(%)	11.60	8.01	10.99	10.27
占特色优势产业合计比重(%)	13.17	9.64	12.28	12.07
冶金工业	217209	3090727	4917127	131592
占全市比重(%)	5.01	5.04	4.14	2.59
占特色优势产业合计比重(%)	5.69	6.06	4.63	3.05
建材工业	247185	2647366	4739664	218789
占全市比重(%)	5.70	4.31	3.99	4.31
占特色优势产业合计比重(%)	6.47	5.19	4.46	5.07
轻工行业	357695	3338734	8571849	502328
占全市比重(%)	8.25	5.44	7.22	9.90
占特色优势产业合计比重(%)	9.37	6.55	8.07	11.63

10－9 续表2

单位:万元

	利息支出	利润总额	利税总额	从业人员平均人数(人)
特色优势产业合计	**722273**	**6719903**	**13445951**	**817451**
占全市比重(%)	78.68	79.52	84.38	87.87
按工业行业分				
电子信息产品制造业	154929	1840377	3342915	229523
占全市比重(%)	16.88	21.77	20.98	24.67
占特色优势产业合计比重(%)	21.44	27.39	24.86	28.08
机械工业	141638	933981	1560659	171961
占全市比重(%)	15.43	11.05	9.79	18.49
占特色优势产业合计比重(%)	19.61	13.90	11.61	21.04
汽车工业	52434	2030941	3418365	83243
占全市比重(%)	5.71	24.03	21.45	8.95
占特色优势产业合计比重(%)	7.26	30.22	25.42	10.18
石油化学工业	107659	539556	1473326	27741
占全市比重(%)	11.73	6.39	9.25	2.98
占特色优势产业合计比重(%)	14.91	8.03	10.96	3.39
食品、饮料及烟草工业	68509	792235	2419273	92089
占全市比重(%)	7.46	9.38	15.18	9.90
占特色优势产业合计比重(%)	9.49	11.79	17.99	11.27
冶金工业	67049	－126087	－20998	25531
占全市比重(%)	7.30	－1.49	－0.13	2.74
占特色优势产业合计比重(%)	9.28	－1.88	－0.16	3.12
建材工业	58279	190790	359802	46741
占全市比重(%)	6.35	2.26	2.26	5.02
占特色优势产业合计比重(%)	8.07	2.84	2.68	5.72
轻工行业	71776	518110	892609	140622
占全市比重(%)	7.82	6.13	5.6	15.12
占特色优势产业合计比重(%)	9.94	7.71	6.64	17.20

10-10 分月规模以上工业企业主要经济指标(2016年)

Main Indicators of Industrial Enterprises above Designated Size of Each Month(2016)

单位:亿元

	主营业务收入	利润总额	利税总额
1-2 月	1409.83	76.94	162.12
1-3 月	2200.49	130.11	262.96
1-4 月	2943.33	182.64	359.45
1-5 月	4093.75	261.86	498.73
1-6 月	5035.54	331.47	617.66
1-7 月	5839.08	388.01	720.72
1-8 月	6717.62	440.14	819.48
1-9 月	7715.21	493.89	925.17
1-10 月	8730.05	550.32	1033.48
1-11 月	9787.95	636.85	1187.05
1-12 月	10975.90	742.27	1369.07

注:此表数据为快报数

主要统计指标解释

工业总产值 是指工业企业在一定时期内生产的已出售或可供出售的以货币表现的工业产品总量,它反映一定时间内工业生产的总规模和总水平。它包括:在本企业内不再进行加工,经检验、包装入库(规定不需包装的产品除外)的成品价值、对外加工费收入、自制半成品在产品期末期初差额价值。工业总产值采用“工厂法”计算,即以工业企业作为一个整体,按企业工业生产活动的最终成果来计算,企业内部不允许重复计算,不能把企业内部各个车间(分厂)生产的成果相加。但在企业之间、行业之间、地区之间存在着重复计算。

实收资本 是指企业实际收到投资者投入企业的可作为长期周转使用的经营资金。实收资本按投资主体可分为国家资本、法人资本、个人资本金、港澳台资本和外商资本、集体资本等。

总资产 指企业拥有或控制的全部资产。包括流动资产、长期投资、固定资产、无形及递延资产、其他长期资产、递延税项等即为企业资产负债表的资产总计项。

(1)流动资产指企业可以在一年内或者超过一年的一个生产周期内变现或耗用的资产合计。包括现金及各种存款、短期投资、应收及预付款项、存货等。

(2)固定资产指企业固定资产净值、固定资产清理、在建工程、待处理固定资产损失所占用的资金合计。

(3)无形资产指企业长期使用而没有实物形态的资产。包括专利权、非专利技术、商标权、著作权、土地使用权、商誉等。

总负债 指企业承担并需要偿还的全部债务。包括流动负债、递延税项等即为企业资产负债表的负债合计项。

(1)流动负债指企业在一年内或者超过一年的一个营业周期内需要偿还的债务合计其中包括短期借款、应付及预收款项、应付工资、应交税金和应交利润等。

(2)长期负债指企业在一年以上或者超过一年的一个生产周期以上需要偿还的债务合计其中包括长期借款、应付债务、长期应付款项等。

所有者权益合计 指企业投资人对企业净资产的所有权。企业净资产等于企业全部资产减去全部负债后的余额,包括实收资本、资本公积、盈余公积、未分配利润等。

利税总额 指企业利润总额、产品销售税金及附加和应交增值税之和。

资金利税率 指在一定时期内已实现的利润、税金总额与同期的资产(固定资产净值和流动资产)之比。计算公式为:

$$资产利税率(\%)=\frac{报告期累计实现利税总额}{固定资产净值平均余额+流动资产平均余额}\times 100\%$$

工业成本费用利润率 指在一定时期内实现的利润与成本费用之比反映工业生产的成本及费用投入的经济效益同时也反映企业降低成本所取得的经济效益。计算公式为:

$$工业成本费用利润率(\%)=\frac{利润总额}{成本费用总额}\times 100\%$$

工业成本费用总额包括营业成本、销售费用、管理费用、财务费用之和。

流动资产周转次数 指在一定时期内流动资产完成的周转次数,反映流动资产的周转速度。计算公式为:

$$流动资产周转次数=\frac{营业收入}{全部流动资产平均余额}\times 100\%$$

产品销售率 指一定时期内销售产值与同期全部工业总产值之比反映工业产品已实现销售的程度。计算公式为:

$$工业产品销售率(\%)=\frac{工业销售产值}{现价工业总产值}\times 100\%$$

资产负债率　指报告期流动负债和长期负债之和与同期的流动资产、长期资产、固定资产、无形及递延资产和其他长期资产之和之比是反映企业偿债能力的主要指标。计算公式为:

$$\text{资产负债率}(\%)=\frac{\text{负债总额}}{\text{资产总额}}\times 100\%$$

资本保值增值率　反映企业净资产的变动状况是企业发展能力的集中体现。计算公式为:

$$\text{资本保值增值率}(\%)=\frac{\text{报告期期末所有者权益}}{\text{上年同期期末所有者权益}}\times 100\%$$

总资产贡献率　反映企业全部资产的获利能力是企业经营业绩和管理水平的集中体现是评价和考核企业盈利能力的核心指标。计算公式为:

$$\text{总资产贡献率}(\%)=\frac{\text{利润总额}+\text{税金总额}+\text{利息支出}-\text{利息收入}}{\text{平均资产总额}}\times 100\%$$

其中:税金总额为产品销售税金及附加与应交增值税之和。

十一　运输、邮电

简 要 说 明

主要内容

本部分资料反映货物和旅客运输、邮电通信发展基础情况。

资料来源

铁路客、货运资料来源于成都铁路局分局和四川省地方铁路局。

民用航空资料来源于中国国际航空股份有限公司、四川航空公司、成都航空有限公司、双流国际机场。

水运和公路运输资料来源于成都市交通委员会。

邮政通信资料来源于成都市邮政局、中国电信成都市分公司、中国移动成都市分公司、中国联通四川分公司。

其他需要说明的问题

铁路运输按成都铁路局和四川省地方铁路局成都辖区部分发出量统计；民用航空运输按成都港发出量统计；水运、公路运输按辖区全社会口径统计。

11－1 历年货物运输量

Freight Traffic over the Years

单位:万吨

年份	总计	铁路	民用航空	水运	公路
1949	0.6				0.6
1950	1.6				1.6
1951	25.0				25.0
1952	76.0			8.4	67.6
1953	276.8	106.2		8.0	162.6
1954	242.6	83.9		9.8	148.9
1955	209.5	31.8		9.8	167.9
1956	513.9	200.4		24.3	289.2
1957	718.4	301.8		48.3	368.3
1958	690.9	184.5	0.1	49.6	456.7
1959	1370.7	586.7	0.2	50.9	732.9
1960	1178.4	269.1	0.3	61.3	847.7
1961	808.2	358.2	0.2	26.7	423.1
1962	915.9	472.8	0.1	23.5	419.5
1963	789.3	388.9	0.1	27.9	372.4
1964	992.2	507.2	0.1	29.6	455.3
1965	1248.9	682.2	0.2	44.2	522.3
1966	1422.5	758.7	0.2	44.6	619.0
1967	1113.4	552.4	0.2	55.0	505.8
1968	813.2	400.9	0.2	25.9	386.2
1969	1143.3	609.5	0.2	26.4	507.2
1970	1622.1	864.4	0.2	30.8	726.7
1971	1874.7	989.0	0.2	38.8	846.7
1972	1934.5	995.7	0.2	43.2	895.4
1973	1905.0	967.7	0.2	33.6	903.5
1974	1793.9	846.2	0.1	26.5	921.1
1975	2126.2	1060.6	0.2	30.8	1034.6
1976	1985.3	899.1	0.2	33.5	1052.5
1977	2494.9	1134.5	0.2	34.0	1326.2
1978	2873.6	1319.1	0.3	31.4	1522.8
1979	3723.7	1395.2	0.3	24.8	2303.4
1980	4295.0	1395.7	0.4	23.5	2875.4

11-1 续表

单位:万吨

年份	总计	铁路	民用航空	水运	公路
1981	4546.2	1317.4	0.4	19.1	3209.3
1982	4813.0	1360.9	0.4	16.4	3435.3
1983	6013.4	1414.7	0.4	19.9	4578.4
1984	6732.3	1494.2	0.7	11.9	5225.5
1985	7467.8	1484.3	1.0	15.9	5966.6
1986	7810.6	1536.0	1.0	31.8	6241.8
1987	8437.4	1574.8	1.5	34.1	6827.0
1988	9308.4	1622.0	1.5	45.0	7639.9
1989	10006.0	1669.0	2.0	45.0	8290.0
1990	10139.0	1594.0	2.0	43.0	8500.0
1991	10719.0	1608.0	2.0	43.0	9066.0
1992	10505.2	1715.0	2.2	44.0	8744.0
1993	11073.8	1801.0	2.8	45.0	9225.0
1994	11191.5	1764.0	3.5	46.0	9378.0
1995	11659.3	1714.0	4.3	48.0	9893.0
1996	13073.9	1861.0	4.9	75.0	11133.0
1997	14341.9	1753.0	5.9	32.0	12551.0
1998	18598.4	3906.0	5.4	210.0	14477.0
1999	19632.5	3913.0	6.5	20.0	15693.0
2000	21489.2	4081.7	8.5	20.0	17379.0
2001	23718.5	4402.0	9.5	103.0	19204.0
2002	15309.5	4565.0	10.5	54.0	10680.0
2003	17117.9	4977.0	12.2	84.7	12044.0
2004	25686.0	13050.0	15.3	82.7	12538.0
2005	26696.0	13309.0	18.0	54.0	13315.0
2006	28143.0	14007.0	20.0	42.0	14074.0
2007	30025.4	14693.9	22.3	14.5	15294.7
2008	35456.1	14099.0	17.1		21340.0
2009	39540.2	14119.9	18.5		25401.8
2010	44086.8	15385.8	22.0		28679.0
2011	34368.2	773.2	24.9		33570.1
2012	39569.1	764.8	27.4		38776.9
2013	30318.6	764.4	26.7		29527.5
2014	28051.2	931.6	27.3		27092.3
2015	27758.9	1036.6	67.3		26655.0
2016	25702.4	933.4	69.0	195.0	24505.0

注:①从2002年起交通部门的口径作了调整,公路客、货运输量不含人力车、出租车和私家车数据,下同;②2005年成铁分局撤销,2004年以后数据为西南三省合并后的铁路局数据;2011年起为成都地区铁路与地铁数据之和;③从2016年3月起,航空货运量由机场出港量改为八家航空公司上报货运量。

11－2 历年货物周转量

Freight Ton－Kilometers over the Years

单位:万吨公里

年份	总计	铁路	民用航空	水运	公路
1949	26				26
1950	259				259
1951	1249			144	1105
1952	2164			489	1675
1953	62652	59366		357	2929
1954	52948	46900		570	5478
1955	24491	17776		536	6179
1956	122732	112024		889	9819
1957	180608	168706		988	10914
1958	112023	103136	181	1304	7402
1959	243218	227965	336	1742	13175
1960	168470	150427	466	2452	15125
1961	209017	200234	430	1481	6872
1962	279720	264295	191	970	14264
1963	227139	217395	193	683	8868
1964	293117	283525	202	758	8632
1965	396158	381350	279	932	13597
1966	445525	424113	402	786	20224
1967	328912	308792	430	777	18913
1968	237527	224103	325	592	12507
1969	358461	340711	372	598	16780
1970	530710	505686	391	689	23944
1971	579008	551386	338	546	26738
1972	580811	553059	449	581	26722
1973	560459	532104	330	619	27406
1974	491860	462396	387	483	28594
1975	632240	597437	544	379	33880
1976	534872	501721	691	486	31974
1977	693385	652497	750	449	39689
1978	812941	765995	793	496	45657
1979	818572	736246	910	294	81122
1980	866799	782111	897	259	83532

11－2 续表

单位:万吨公里

年 份	总 计	铁 路	民用航空	水 运	公 路
1981	775434	678534	978	223	95699
1982	811892	704655	1049	195	105993
1983	897339	751125	1004	123	145087
1984	1059673	891346	1864	59	166404
1985	1164952	973843	2844	55	188210
1986	1269569	1063715	4669	111	201074
1987	1436309	1185030	5797	119	245363
1988	1556123	1245801	4538	157	305627
1989	1562690	1247164	5480	158	309888
1990	1478332	1183150	6459	149	288574
1991	1579549	1240720	6049	150	332630
1992	1616289	1256236	7545	153	352355
1993	1690540	1317584	10561	160	362235
1994	1815262	1394032	13518	162	407550
1995	1824422	1377400	16147	170	430705
1996	1918702	1459543	18747	231	440181
1997	1993532	1474000	19698	64	499770
1998	3398369	2793895	18816	140	585518
1999	3405441	2740700	17700	50	646991
2000	3626456	2893000	21172	41	712243
2001	4140255	3336200	20200	103	783752
2002	4264690	3835800	25100	60	403730
2003	4459619	3992220	22200	164	445035
2004	11619900	11118000	27400	100	474400
2005	11869780	11327800	32900	80	509000
2006	12050427	11440000	42900	27	567500
2007	13259008	12553000	52000	8	654000
2008	13944063	12869900	62171		1011992
2009	15272385	13731100	69718		1471567
2010	16577062	14749700	77975		1749387
2011	2883673	752136	80585		2050952
2012	3251812	784374	99974		2367464
2013	2876368	798509	102904		1974955
2014	3220855	785917	112689		2322249
2015	3237896	714550	116854		2406492
2016	3278594	695132	126536	1377	2455549

11－3 历年旅客运输量

Passenger Traffic over the Years

单位:万人

年 份	总 计	铁 路	民用航空	水 运	公 路
1949	7.9				7.9
1950	9.9				9.9
1951	14.9				14.9
1952	29.2				29.2
1953	95.9	45.3			50.6
1954	107.1	41.1			66.0
1955	145.0	64.9			80.1
1956	231.6	113.4	0.2		118.0
1957	300.0	149.3	0.3		150.4
1958	254.7	158.8	0.8		95.1
1959	366.4	200.4	1.0		165.0
1960	414.9	276.6	1.3		137.0
1961	505.7	414.4	1.5		89.8
1962	777.3	455.3	1.1		320.9
1963	548.3	274.0	1.0		273.3
1964	604.1	218.1	1.7		384.3
1965	1001.5	578.7	2.3		420.5
1966	1244.9	723.5	1.9		519.5
1967	1510.2	1020.6	2.3		487.3
1968	1530.2	1133.9	2.3		394.0
1969	1919.7	1400.0	2.2		517.5
1970	1960.7	1432.8	2.2	4.8	520.9
1971	2009.3	1367.4	2.6	5.0	634.3
1972	2405.6	1560.6	3.3	7.4	834.3
1973	2489.5	1700.4	3.4	7.4	778.3
1974	2255.8	1493.3	4.1	9.3	749.1
1975	2155.7	1415.5	5.8	8.9	725.5
1976	2114.0	1413.9	7.3	9.7	683.1
1977	2281.0	1495.8	8.5	5.3	771.4
1978	2634.6	1541.4	11.3	3.9	1078.0
1979	3224.8	1740.7	14.2	3.5	1466.4
1980	4586.4	1894.3	14.6	1.2	2676.3

11－3 续表

单位:万人

年　份	总　计	铁　路	民用航空	水　运	公　路
1981	5122.2	1785.9	16.3	2.0	3318.0
1982	5793.8	1830.7	16.0	1.4	3945.7
1983	6682.5	1916.2	11.8	5.0	4749.5
1984	8149.5	2112.6	22.5	12.0	6002.4
1985	9384.2	2141.6	31.4	10.2	7201.0
1986	9861.7	2119.0	43.3	12.3	7687.1
1987	11088.8	2303.0	55.2	34.2	8696.4
1988	11512.4	2476.0	52.8	42.5	8941.1
1989	12484.0	2208.0	61.0	44.0	10171.0
1990	12894.0	1729.0	71.0	46.0	11048.0
1991	14003.0	1838.0	96.0	49.0	12020.0
1992	14728.0	1968.0	110.0	50.0	12600.0
1993	13942.0	2028.0	139.0	51.0	11724.0
1994	14769.0	1998.0	169.0	57.0	12545.0
1995	19931.0	1703.0	200.0	60.0	17968.0
1996	24668.0	1408.0	205.0	55.0	23000.0
1997	29092.0	1473.0	207.0	151.0	27261.0
1998	36248.1	2126.0	213.1	157.0	33752.0
1999	40140.4	2423.0	242.4	10.0	37465.0
2000	46459.0	2685.8	269.2	23.0	43481.0
2001	52432.7	2925.0	304.7	103.0	49100.0
2002	28884.6	2896.0	379.3	142.3	25467.0
2003	28234.4	2601.0	410.0	158.4	25065.0
2004	35511.0	7323.0	581.0	161.0	27446.0
2005	38086.0	7931.0	693.0	123.0	29339.0
2006	39742.2	8837.0	808.0	120.0	29977.2
2007	43313.9	10125.4	911.5	99.5	32177.5
2008	79016.3	10948.2	844.1	82.0	67142.0
2009	94083.7	11060.8	1121.8	72.0	81829.1
2010	99811.3	12488.0	1287.9	37.4	85998.0
2011	99070.0	9299.9	1446.6	41.0	88282.5
2012	106873.8	14270.6	1577.0	46.2	90980.0
2013	45091.3	28169.3	1656.7	45.1	15220.2
2014	49891.6	32787.9	1876.9	47.4	15179.4
2015	55581.8	38312.2	2103.9	56.7	15109.0
2016	76332.3	61587.2	2284.6	90.6	12370.0

注:从2015年6月起,铁路客运量、客运周转量口径从原来的售票日期改为乘车日期。

11－4 历年旅客周转量

Passenger－Kilometers over the Years

单位:万人公里

年份	总计	铁路	民用航空	水运	公路
1949	14220				14220
1950	15689				15689
1951	16346				16346
1952	23990				23990
1953	38444	6116			32328
1954	42608	5549			37059
1955	55573	8762			46811
1956	22561	15309	166		7086
1957	29895	20156	305		9434
1958	27294	21438	913		4943
1959	39479	27054	1119		11306
1960	47142	37341	1470		8331
1961	63589	55944	1952		5693
1962	79986	61466	1150		17370
1963	51745	36990	1142		13613
1964	53540	29444	1895		22201
1965	108661	78125	2478		28058
1966	131822	97673	2116		32033
1967	167960	137781	2547		27632
1968	176058	153076	2504		20478
1969	224763	189000	2476		33287
1970	227179	193424	2150	89	31516
1971	217262	184604	3136	94	29428
1972	252518	210681	8705	151	32981
1973	273320	229551	8624	169	34976
1974	247593	201598	11466	213	34316
1975	239669	191087	15516	198	32868
1976	240981	190871	17724	199	32187
1977	255573	201930	19822	75	33746
1978	271649	206262	23826	55	41506
1979	316515	236050	30612	46	49807
1980	384271	267253	32251	25	84742

11－4 续表

单位:万人公里

年 份	总 计	铁 路	民用航空	水 运	公 路
1981	383510	245020	34060	42	104388
1982	431061	269390	36262	29	125380
1983	477603	291645	31226	40	154692
1984	590417	335040	58460	52	196865
1985	738637	409835	92383	50	236369
1986	794146	443206	101884	31	249025
1987	949921	526262	134960	86	288613
1988	1021681	579028	126224	106	316323
1989	1041080	529545	141300	110	370125
1990	984166	436419	173439	116	374192
1991	1180397	472902	288575	123	418797
1992	1318135	506818	379124	135	432058
1993	1485535	544638	545355	126	395416
1994	1688276	569102	683796	140	435238
1995	1874098	530012	835187	147	508752
1996	1981118	460279	885593	134	635112
1997	1946330	433000	755486	254	757590
1998	2465078	793188	743575	248	928067
1999	2703787	848100	822200	23	1033464
2000	2889525	858900	882448	49	1148128
2001	3156153	898900	963900	232	1293121
2002	2918837	884000	1144900	373	889564
2003	2686781	831139	1041500	486	813656
2004	5343000	2909200	1428300	600	1004900
2005	6049029	3239300	1728100	329	1081300
2006	6771492	3549600	2074600	292	1147000
2007	7531209	3821000	2481000	209	1229000
2008	8104261	4245700	2450544	220	1407797
2009	10359608	4363400	3141004	234	2854970
2010	11190620	4895000	3657167	158	2638295
2011	7697050	344946	4416623	194	2935287
2012	8275398	386352	4769544	262	3119240
2013	7124232	496635	5434074	309	1193214
2014	8095989	585335	6279259	311	1231084
2015	9212324	663954	7169891	295	1378184
2016	9855230	787697	7836841	454	1230238

注:从 2015 年 6 月起,铁路客运量、客运周转量口径从原来的售票日期改为乘车日期。

11－5 航空及公路运输情况

Basic Statistics of Civil Aviation and Highways Transportation

	单　位	2013 年	2014 年	2015 年	2016 年
航空运输					
民用航空线路条数	条	216	207	252	270
飞机架数	架	166	196	218	242
旅客吞吐量	万人	3344. 6	3771. 2	4224. 5	4603. 9
货邮吞吐量	万吨	50. 18	54. 77	55. 67	61. 16
公路运输					
公路通车里程	公里	22515	22789	22972	26037
#高级次高级	公里	20010	20320	20542	23805
全社会各种机动车辆	**万辆**	**338. 61**	**385. 69**	**428. 61**	**466. 74**
#载货汽车	万辆	19. 35	20. 51	21. 12	22. 97
载客汽车	万辆	239. 32	290. 91	343. 73	388. 23
摩 托 车	万辆	76. 91	71. 24	60. 32	51. 13
#私人汽车	万辆	227. 14	277. 70	328. 50	369. 87
电动自行车	**万辆**	**129. 77**	**130. 87**	**440. 19**	**442. 63**

11-6 历年邮电业务基本情况

Basic Conditions of Postal and Telecommunications Services

年 份	邮电业务总量(万元)	函件(万件)	移动电话用户(万户)	市内电话用户(户)
1952	381	351		1906
1957	1233	1480		3027
1962	2963	2312		5668
1965	1827	1999		6626
1970	1723	1833		6738
1975	2412	2004		8301
1978	2768	2140		9396
1979	2948	2371		9997
1980	3066	2655		11140
1981	3537	2794		12261
1982	3818	2876		13473
1983	4743	3307		14844
1984	5136	4173		17273
1985	6057	4681		19584
1986	6791	6353		21955
1987	8384	7450		27940
1988	10340	8358		34056
1989	13152	7873		42642
1990	15520	7538		50562
1991	20137	7415		67287
1992	31160	8483		105098
1993	48535	10070		144867
1994	72166	11430		246681
1995	110949	11939		353470
1996	161132	11480		477250
1997	196888	9256		663758
1998	292225	9970		813411
1999	464628	8983	76.65	1054019
2000	716428	9481	99.10	1481152
2001	731300	9565	230.10	1684436
2002	756000	11400	306.30	2216899
2003	808000	12428	441.94	2959814
2004	866000	8467	658.10	3837826
2005	933000	6877	789.90	4283974
2006	1023000	5548	988.80	4390186
2007	2381000	5325	1163.40	4189268
2008	2794200	4851	1274.12	4000644
2009	3726274	5585	1449.00	4373587
2010	4412654	7980	1732.00	3959092
2011	1708161	6131	2022.99	3881200
2012	2131480	5562	2187.22	3752046
2013	2510695	4932	2274.84	4119500
2014	3791200	4362	2203.00	4383627
2015	4771600	3235	2221.09	4869977
2016	7093400	2267	2406.71	5437303

主要统计指标解释

货物(旅客)运输量 指在一定时期内,各种运输工具实际运送的货物(旅客)数量。是反映运输业为国民经济和人民生活服务的数量指标,也是制定和检查运输生产计划,研究运输发展规模和速度的重要指标。货运量按吨计算,客运量按人计算。货物不论运输距离长短,货物类别,均按实际重量统计;旅客不论行程远近或票价多少,均按一人一次作为客运量统计。半价票、小孩票也按一人统计。

货物(旅客)周转量 指在一定时期内,由各种运输工具运送的货物(旅客)数量与其相应运输距离的乘积之总和,是反映运输业生产总成果的重要指标,也是编制和检查运输生产计划,计算运输效率、劳动生产率以及核算运输单位成本的主要基础资料。通常以吨公里和人公里为计算单位。计算货物周转量通常按发出站与到达站之间的最短距离,也就是计费距离计算。

邮电业务总量 指以货币表现的邮电部门用于传递信息和提供其他邮电服务的总数量。它综合反映了一定时期邮电工作的总成果,是研究邮电业务量构成和发展趋势的重要指标。根据邮电管理体制不同,分为中央国营业务总量和地方国营业务总量。它用各种邮电分类业务量,如函件件数、电报份数、长话张数、市内电话和农村电话的年均户数、订销报刊累计份数等,分别乘以相应的平均单价(不变价),加总后再加上出租电路和设备的收入、代用户维护电话交换机和线路等设备的收入、其他业务收入求得。

市内电话 指接入县城(包括个别城镇)及县以上城市的市内电话网上,并按市内电话进行经营管理的电话。按计费办法分为包月制和计次制两种。

(1)住宅电话指话机装在居民住宅里的电话。它包括私人付费、公费和免费三部分。

(2)私人付费电话指住宅居民自费安装并自己缴纳通话费的电话。

移动电话用户 指在邮电部门登记,通过移动电话交换机进入移动电话网、占有移动电话号码的电话用户。用户数量以实际办理登记手续进入邮电部门移动电话网的户数进行计算,一部或一台移动电话统计为一户。

十二　国内贸易、外经、旅游

简 要 说 明

主要内容

本部分资料反映国内市场和外资、旅游发展及进出口情况。

国内贸易：包括全市范围内历年社会消费品零售总额及构成；各种经济类型企业商品销售总额；餐饮业营业总额；大中型批发零售贸易企业商品购、销、存情况；城乡个体私营工商企业情况；商品交易市场情况等。

旅游：包括成都地区涉外宾馆、饭店接待人数及创汇情况。

资料来源

国内贸易资料来自于成都市统计局。

城乡个体、私营工商企业及商品交易市场资料来源于成都市工商行政管理局。

外资资料来源于成都市投资促进委员会。

旅游资料来源于成都市旅游局。

进出口资料来源于成都海关。

社会消费品零售总额（亿元）

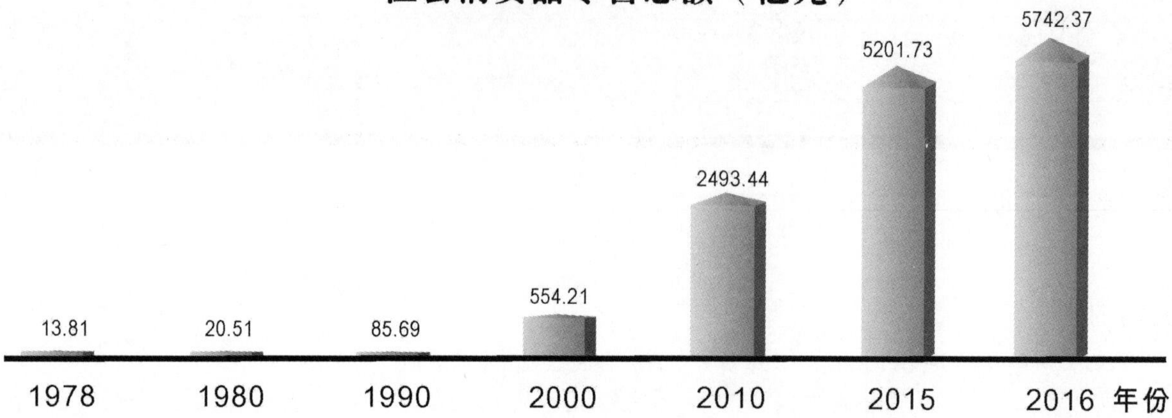

海关进出口总额(亿美元)

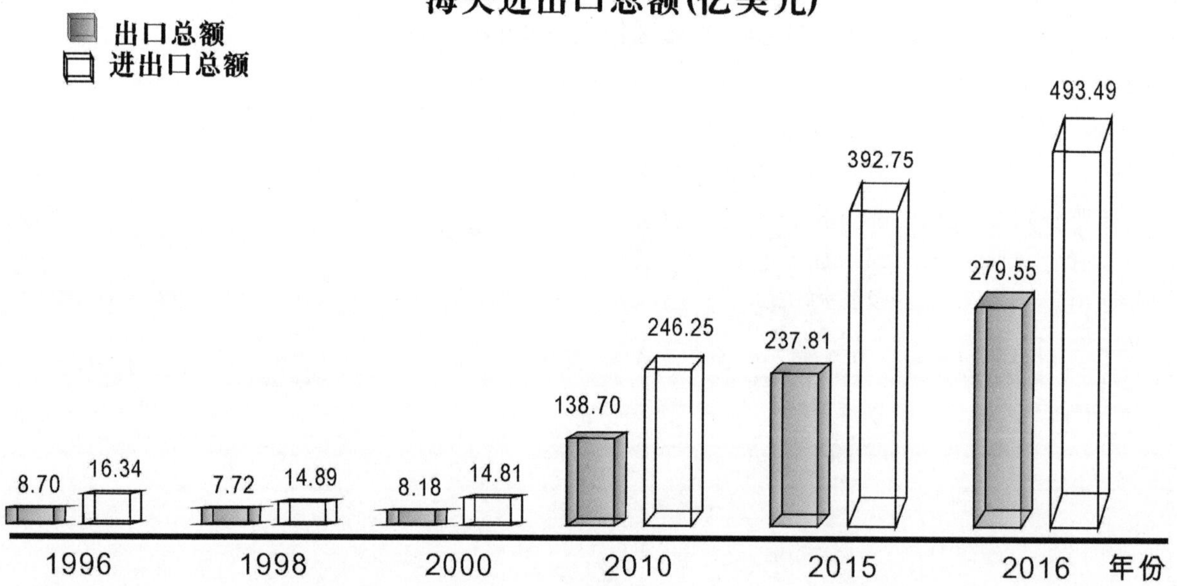

旅游总收入(亿元)

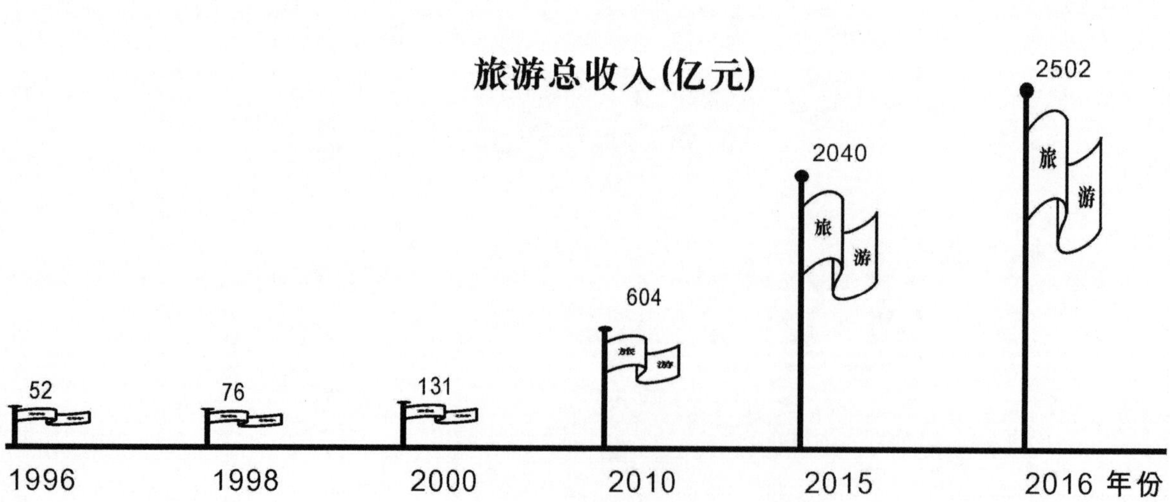

12－1 历年社会消费品零售总额及发展速度

Total Retail Sale of Consumer Goods and Development Rates of Consumer Goods Over The Years

年份	社会消费品零售总额（万元）	社会消费品零售总额发展速度（%）	年份	社会消费品零售总额（万元）	社会消费品零售总额发展速度（%）
1954	36113	104. 5	1986	465422	116. 0
1955	37545	103. 9	1987	556536	119. 6
1956	46902	124. 9	1988	754398	135. 6
1957	52521	111. 9	1989	800147	106. 1
1958	57508	109. 4	1990	856919	107. 1
1959	70510	122. 6	1991	1022264	119. 3
1960	74193	105. 2	1992	1188406	116. 3
1961	64280	86. 6	1993	1601707	134. 8
1962	66705	103. 7	1994	2204903	137. 7
1963	62154	93. 1	1995	2859688	129. 7
1964	67159	108. 0	1996	3470809	121. 4
1965	72601	108. 1	1997	4099934	118. 1
1966	78777	108. 5	1998	4511917	110. 0
1967	85721	108. 8	1999	5000817	110. 8
1968	70838	82. 6	2000	5542123	110. 8
1969	81556	115. 1	2001	6275187	113. 2
1970	86349	105. 8	2002	7095076	113. 1
1971	92003	106. 5	2003	7759984	109. 4
1972	101458	110. 2	2004	8807581	113. 5
1973	106568	105. 0	2005	10058833	114. 2
1974	110287	103. 4	2006	11552571	114. 9
1975	117196	106. 2	2007	13572003	117. 5
1976	112498	95. 9	2008	16218543	119. 5
1977	121196	107. 7	2009	20939438	116. 7
1978	138147	113. 9	2010	24934379	118. 8
1979	167159	121. 0	2011	30197889	118. 4
1980	205140	122. 7	2012	35087160	116. 0
1981	234329	114. 2	2013	39911842	113. 1
1982	242251	103. 3	2014	46925855	112. 1
1983	265505	109. 5	2015	52017311	110. 9
1984	318393	119. 9	2016	57423661	110. 4
1985	401200	126. 0			

注:①1995 年社会消费品零售总额含居民购房;②发展速度以上年为基期;③2003 年及以后社会消费品零售总额不含制造业和农业生产者零售;④2009 年－2014 年数据为经普调整后数据。

12－2　历年社会消费品零售总额分类情况

Basic Statistics of Total Retail Sale of Consumer Goods by Sorts

单位:万元

年　份	社会消费品零售总额	在总额中:			在总额中:	
		批发零售贸易业	餐饮业	其　他	市	县及县以下
1978	138147	142345	9327	1194	75005	83137
1979	167159	167621	11335	1916	90293	99287
1980	205140	192121	13104	4620	108391	117249
1981	234329	202051	14236	6095	127805	123122
1982	242251	214024	14654	7630	131438	127728
1983	265505	229606	15749	10332	140054	141218
1984	318393	269233	17837	14487	162051	172419
1985	401200	312890	23625	20239	199554	208732
1986	465422	379872	29614	7719	232919	239671
1987	556536	444796	42119	12427	326201	235803
1988	754398	584342	60225	21321	466684	289939
1989	800147	626841	66214	34140	520203	290967
1990	856919	647934	70563	49527	565717	293299
1991	1022264	781647	82306	50283	690714	338004
1992	1188406	886478	93188	77238	799573	388833
1993	1601707	1075156	151252	224621	1081611	520096
1994	2204903	1360081	216486	380112	1633802	571101
1995	2859688	1618234	261646	694854	2159480	700208
1996	3470809	2054537	364366	721592	2308553	1162256
1997	4099934	2333547	546797	879904	2678785	1421149
1998	4511917	2538598	671567	998566	2919555	1592362
1999	5000817	2832153	831075	1055669	3216789	1784028
2000	5542123	3265303	1022633	976214	3554447	1987676
2001	6275187	3703392	1212790	1066014	4005583	2269604
2002	7095076	4361093	1373968	1060480	4594867	2500209
2003	7759984	6110052	1543727	106205	5092824	2667160
2004	8807581	7185349	1572232	50000	5814778	2992803
2005	10058833	8195353	1810205	53275	6808943	3249890
2006	11552571	9398393	2094432	59746	7850168	3702403
2007	13572003	11019515	2502920	49568	9428483	4143520
2008	16218543	13126812	3033174	58557	11531154	4687389
2009	20939438	18092256	2730842	116340	16230760	4708678
2010	24934379	21632383	3026076	275920	24622246	312133
2011	30197889	26182292	3654543	361054	29817367	380522
2012	35087160	30334497	4328630	424033	34641702	445458
2013	39911842	34841398	4609928	460516	38722871	1188971
2014	46925855	41209463	5196110	520282	45087575	1838280
2015	52017311	45709944	5656347	651020	49952156	2065155
2016	57423661	50359806	7063855	－	55133445	2290216

注:①2004 年－2009 年餐饮业数据包括住宿业,其他行业为除批发零售业、住宿餐饮业以外的行业。2010 年其他行业为住宿业。②从 2010 年起,市、县及县以下数据为城镇、乡村口径。③1992 年之前的地域分组资料为社会商品零售总额的分组。④2009－2014 年分行业数据为经普调整后数据⑤2016 年起"批发零售贸易业"调整为"商品零售"数据;"住宿餐饮业"调整为"餐饮收入"数据且无"其他"类。

12-3 限额以上批发零售贸易业商品销售、库存总额
Total Sales and Inventory of Enterprises above Designated Size in Wholesale and Retail Sale Trade

单位:万元

	2013年	2014年	2015年	2016年
商品销售总额	**65686593**	**72701113**	**66856268**	**73647281**
批 发 额	41756882	45193103	39051857	43243331
对居民和社会集团消费品零售额	23929711	27508010	27804411	30403950
年末库存总额	**4521657**	**4913041**	**4985037**	**4556988**

12-4 商品交易市场情况
Main Indicators of Commodities Markets

	2013年	2014年	2015年	2016年
商品交易市场数(个)	**713**	**741**	**791**	**821**
一、消费品市场	674	703	740	728
(一)综合市场	154	154	237	498
(二)农副产品市场	437	466	385	124
(三)工业消费品市场	41	41	33	21
(四)其　　他	12	42	85	85
二、生产资料市场	39	38	81	93
(一)生产资料综合市场	5	5	39	39
(二)工业生产资料市场	29	28	32	32
(三)农业生产资料市场	3	3	6	13
(四)其　　他	2	2	4	9

12－5　限额以上批发零售贸易业分类销售及库存总额(2016 年)

Total Value of Sales and Inventory of Enterprises above Designated Size in Wholesale and Retail Sale Trade(2016)

	法人企业 (个)	产业活动和个体户 单位数 (个)	从业人数 (人)
批发零售贸易企业	**1664**	**699**	**232704**
一、批发贸易业	**847**	**65**	**64766**
(一)按登记注册类型分			
内资企业	828	3	61874
国有企业	12	1	3055
集体企业	2		169
股份合作企业	1		80
联营企业			
有限责任公司	366	1	32546
股份有限公司	19		3147
私营企业	419	1	22408
其他企业	9		469
港、澳、台商投资企业	10		1005
外商投资企业	9		1187
个体经营		62	700
(二)按国民经济行业分			
农、林、牧产品批发	18	2	723
食品、饮料及烟草制品批发	102	28	11298
纺织、服装及家庭用品批发	78	4	6544
文化、体育用品及器材批发	25		1519
医药及医疗器材批发	196		15344
矿产品、建材及化工产品批发	228	24	16678
机械设备、五金产品及电子产品批发	183	7	12058
贸易经纪与代理	3		119
其他批发	14		483
二、零售贸易业	**817**	**634**	**167938**
(一)按登记注册类型分			
内资企业	750	6	133728
国有企业	7	1	1492
集体企业	9		186

12－5 续表1

	法人企业（个）	产业活动和个体户单位数（个）	从业人数（人）
股份合作企业	9	1	227
联营企业	1		13
有限责任公司	342	1	58265
股份有限公司	24		36437
私营企业	349	2	36950
其他企业	9	1	158
港、澳、台商投资企业	31		11301
外商投资企业	36	1	18275
个体经营		627	4634
（二）按国民经济行业分			
综合零售	99	59	70088
食品、饮料及烟草制品专门零售	48	11	5833
纺织、服装及日用品专门零售	65	18	15021
文化、体育用品及器材专门零售	31	3	9606
医药及医疗器材专门零售	38	8	7295
汽车、摩托车、燃料及零配件专门零售	414	14	36876
家用电器及电子产品专门零售	55	36	8850
五金、家具及室内装修材料专门零售	32	484	5784
货摊、无店铺及其他零售	35	1	8585
（三）按经营方式分			
独立门店	614	628	64421
连锁商店总店	58		46298
连锁商店分店	39	1	36019
其　　他	106	5	21200
（四）按业态分			
#百 货 店	43	2	28241
#超市及大型超市	66	42	31780
#专 业 店	269	51	34643
#专 卖 店	354	54	45897
#网上商店	24		8019

12－5 续表 2

单位:万元

	商品销售总额	批发	零售
批发零售贸易企业	**73647281**	**43243331**	**30403950**
一、批发贸易业	**42883947**	**41414954**	**1468993**
(一)按登记注册类型分			
内资企业	41278895	39893819	1385076
国有企业	3141227	3127853	13374
集体企业	1039703	1039703	
股份合作企业	14984	14984	
联营企业			
有限责任公司	24433035	23737449	695586
股份有限公司	1969593	1606113	363480
私营企业	10615645	10316296	299349
其他企业	64708	51421	13287
港、澳、台商投资企业	263844	257905	5939
外商投资企业	744070	689320	54750
个体经营	597138	573910	23228
(二)按国民经济行业分			
农、林、牧产品批发	581521	577477	4044
食品、饮料及烟草制品批发	4732964	4592787	140177
纺织、服装及家庭用品批发	1560923	1485287	75636
文化、体育用品及器材批发	1642227	1628372	13855
医药及医疗器材批发	6368059	6044903	323156
矿产品、建材及化工产品批发	20801474	20298575	502899
机械设备、五金产品及电子产品批发	6990510	6581584	408926
贸易经纪与代理	64930	64930	
其他批发	141339	141039	300
二、零售贸易业	**30763334**	**1828377**	**28934957**
(一)按登记注册类型分			
内资企业	25223946	1726343	23497603
国有企业	362373	57980	304393
集体企业	30381	1335	29046

12－5 续表3

单位:万元

	商品销售总额	批发	零售
股份合作企业	26441	3626	22815
联营企业	7235		7235
有限责任公司	14354161	752842	13601319
股份有限公司	4429604	623187	3806417
私营企业	5997825	286538	5711287
其他企业	15926	835	15091
港、澳、台商投资企业	1847686	856	1846830
外商投资企业	2943981	52871	2891110
个体经营	747721	48307	699414
(二)按国民经济行业分			
综合零售	5433050	3665	5429385
食品、饮料及烟草制品专门零售	578631	99699	478932
纺织、服装及日用品专门零售	949768	135557	814211
文化、体育用品及器材专门零售	627909	46304	581605
医药及医疗器材专门零售	347314	17979	329335
汽车、摩托车、燃料及零配件专门零售	16449515	1307239	15142276
家用电器及电子产品专门零售	1641658	140511	1501147
五金、家具及室内装修材料专门零售	1052561	50467	1002094
货摊、无店铺及其他零售业	3682928	26956	3655972
(三)按经营方式分			
独立商店	16945158	943749	16001409
连锁商店总店	4907788	165023	4742765
连锁商店分店	1874547	7756	1866791
其　　他	7035841	711849	6323992
(四)按业态分			
#百 货 店	2794729	1520	2793209
#超市及大型超市	2230584	21319	2209265
#专 业 店	9186848	1243727	7943121
#专 卖 店	11318007	457416	10860591
#网上商店	3632467	15519	3616948

12-6 分月社会消费品零售总额(2016年)

Monthly Retail Sales Of Consumer Goods(2016)

单位:万元

	全　市	市　区
总　计	**57423661**	**55208046**
一季度	**13934728**	**13329416**
二季度	**14000108**	**13438199**
4　月	4436046	4254444
5　月	4793287	4587685
6　月	4770775	4596070
三季度	**13784980**	**13291597**
7　月	4611736	4435182
8　月	4496628	4336299
9　月	4676616	4520116
四季度	**15703845**	**15148834**
10　月	5299026	5102039
11　月	5019862	4882275
12　月	5384958	5164520

12－7 城乡个体工商业、私营企业基本情况(2016年)

Basic Conditions of Individual Enterprises and Private Enterprises in Urban and Rural Areas(2016)

	个体工商业		私营企业		
	户　数 (户)	从业人员 (人)	户　数 (户)	投资者人数 (人)	雇工人数 (人)
总　计	**972088**	**1892483**	**509968**	**1036381**	**－**
按行业分					
#农林牧渔业	13066	41927	9645	18352	－
采 矿 业	42	278	115	234	668
制 造 业	23019	93652	22760	52803	100090
电力、热力、燃气及水的生产和供应业	30	58	702	2320	3970
建 筑 业	1401	4042	41039	76261	124702
交通运输、仓储和邮政业	11460	17758	10519	21315	31943
信息传输、软件和信息技术服务业	1639	3086	46376	95115	144161
批发和零售业	649267	1078716	180901	324479	557407
住宿和餐饮业	91364	297233	5712	11504	21383
金 融 业	59	136	1521	3554	7716
房地产业	4138	8059	13451	27591	－
租赁和商务服务业	73728	107406	108729	256481	－
科学研究和技术服务	3177	6469	47576	107757	148760
水利、环境和公共设施管理业	82	181	1712	3581	5342
居民服务、修理和其它服务业	90678	210400	10885	20121	35667
教　育	1781	3894	715	1436	2265
卫生和社会工作	4170	10893	1496	2782	8188
文化、体育和娱乐业	2974	8223	6096	10674	23120
其　它	13	72	18	21	52
按企业类型分					
独资企业			24508	24065	－
合伙企业			4346	42331	－
有限责任公司			478001	960111	－
股份有限公司			3113	9874	－

12－8 外商投资情况(2016年)

Foreign Investment(2016)

	期末累计项目个数 (个)	外商投资实际到位资金 (万美元)
总　　计	**268**	**861651**
按利用外资方式分		
外资企业	81	191804
中外合资企业	1	
中外合作企业	184	663730
外商投资股份制	2	6117
按国民经济行业分		
#农　　业	5	1100
制 造 业	33	319700
服 务 业	230	540851
按国别、地区分		
#香　　港	74	506611
台　　湾	27	19103
新 加 坡	25	51402
日　　本	6	11130
韩　　国	22	2574
英　　国	7	12148
加 拿 大	5	
美　　国	27	109334

12－9 旅游基本情况

Basic Conditions of Tourism

	2014 年		2015 年		2016 年	
	绝对数	构成(%)	绝对数	构成(%)	绝对数	构成(%)
旅游总收入(亿元)	**1663**		**2040**		**2502**	
国内旅游收入(亿元)	**1617**		**1987**		**2426**	
国内旅游人数(万人次)	**18423**		**18904**		**19757**	
涉外旅游人数(人)	**1977996**	**100**	**2305427**	**100**	**2723102**	**100**
外国人	1463488	74.0	1727825	75.0	2050845	75.3
#日本	145344	7.3	144617	8.4	177937	8.7
菲律宾	8411	0.4	17235	1.0	15680	0.8
新加坡	96324	4.9	106316	6.2	125548	6.1
泰国	47641	2.4	53408	3.1	64736	3.2
印度尼西亚	17944	0.9	19959	1.2	23747	1.2
美国	234313	11.8	268973	15.6	316478	15.4
加拿大	55325	2.8	67506	3.9	79711	3.9
英国	141189	7.1	165434	9.6	194268	9.5
法国	61032	3.1	66996	3.9	79321	3.9
德国	65481	3.3	91379	5.3	107259	5.2
意大利	26338	1.3	23779	1.4	26924	1.3
俄罗斯联邦	13550	0.7	15328	0.9	18435	0.9
港澳台同胞	514508	26.0	577602	25.1	672257	24.7
旅游创汇收入(万美元)	**74032**		**87264**		**124193**	

12 - 10 成都与国外结成的友好城市

Friendly Municipalities Joined be Chengdu and Overseas Countries

国　别	城　市	缔结日期
法　国	蒙彼利埃市	1981 年
斯洛文尼亚	卢布尔雅那市	1981 年
奥地利	林 茨 市	1983 年
日　本	甲 府 市	1984 年
美　国	菲尼克斯市	1987 年
加拿大	温尼伯市	1988 年
比利时	马 林 市	1993 年
意大利	巴勒莫市	1999 年
韩　国	金 泉 市	2000 年
印度尼西亚	棉 兰 市	2002 年
瑞　典	达拉那省	2004 年
德　国	波 恩 市	2009 年
英　国	谢菲尔德市	2010 年
俄罗斯	伏尔加格勒市	2011 年
比利时	弗拉芒·布拉邦省	2011 年
美　国	檀香山市	2011 年
澳大利亚	珀 斯 市	2012 年
荷　兰	马斯特里赫特市	2012 年
以色列	海 法 市	2013 年
丹　麦	霍森斯市	2013 年
印　度	班加罗尔市	2013 年
泰　国	清 迈 市	2013 年
爱尔兰	芬 戈 郡	2014 年
巴基斯坦	拉 合 尔	2014 年
新西兰	哈密尔顿	2015 年
波　兰	罗 兹 市	2015 年
墨西哥	萨博潘市	2015 年
韩　国	大 邱 市	2015 年
摩洛哥	非斯市	2016 年
巴　西	累西腓市	2016 年
尼泊尔	加德满都市	2016 年

12－11 “黄金周”旅游接待情况

Main Tourism Indicators in Golden Weeks

	单　位	2016 年春节	2016 年国庆节
旅游住宿设施			
累计接待人天数	万人天	621.5	1243.2
平均停留天数	天	2.2	3.5
出 租 率			
#饭店宾馆	%	51.1	66.3
#旅馆招待所	%	53.4	59.2
旅行社			
累计接团数	个	5975	11351
累计接待人数	万人次	15.2	26.1
景区(点)			
统计的景区(点)	个	62	78
累计接待人数	万人次	670.5	651.8
一日游游客所占比重	%	82	70
门票收入	万元	8202	9476
交通客运			
累计抵达班车次	班、车次	21651	25685
#铁　　路	班、车次	1535	1834
民　　航	班、车次	2933	3166
公　　路	班、车次	17183	20685
累计抵达旅客量	万人次	189.4	291.0
#铁　　路	万人次	106.7	191.5
民　　航	万人次	42.4	47.6
公　　路	万人次	40.3	52.0
接待综合情况			
接待人数	万人次	1540.5	1193.3
旅游收入	万元	758618	1298089
人均天花费			
#过夜旅游者	元/人天	732.5	802.2
一日游游客	元/人天	241.3	358.9

12 - 12 进出口总值及构成(1993—2016 年)

Total value and Composition of Import and Export through customs(1993—2016)

	进出口总值(万美元)	进口	出口	构成	进口	出口
1993	24088	17595	6493	100	73.0	27.0
1994	137190	53236	83954	100	38.8	61.2
1995	151079	41592	109487	100	27.5	72.5
1996	163422	76469	86953	100	46.8	53.2
1997	123237	36357	86880	100	29.5	70.5
1998	148885	71640	77245	100	48.1	51.9
1999	161301	87147	74154	100	54.0	46.0
2000	148111	66290	81821	100	44.8	55.2
2001	189510	100160	89350	100	52.9	47.1
2002	207691	85790	121901	100	41.3	58.7
2003	251719	116254	135465	100	46.2	53.8
2004	336543	149707	186836	100	44.5	55.5
2005	453624	185701	267923	100	40.9	59.1
2006	695299	281183	414116	100	40.4	59.6
2007	951580	380331	571249	100	40.0	60.0
2008	1533586	627486	906100	100	40.9	59.1
2009	1786253	736417	1049836	100	41.2	58.8
2010	2462469	1075504	1386965	100	43.7	56.3
2011	3790633	1495037	2295596	100	39.4	60.6
2012	4755707	1718731	3036976	100	36.1	63.9
2013	5058047	1869817	3188230	100	37.0	63.0
2014	5579694	2198697	3380997	100	39.4	60.6
2015	3927488	1549415	2378073	100	39.5	60.5
2016	4098515	1904559	2193956	100	46.5	53.5

12－13 海关进出口商品总值

total value of import and export commodities through customs

指 标	2015 年			2016 年		
	进出口总额	进 口	出 口	进出口总额	进 口	出 口
总 值(万美元)	**3927488**	**1549415**	**2378073**	**4098515**	**1904559**	**2193956**
按贸易方式分						
一般贸易	1086498	337292	749206	948905	360824	588081
其他捐赠物资	110	15	95	3	1	2
来料加工贸易	623678	456585	167093	921804	729757	192047
进料加工贸易	1529047	516232	1012815	1684229	614883	1069346
国家间、国际组织无偿援助和赠送的物资	38		38			
对外承包工程出口货物	100657		100657	27617		27617
租赁贸易	32973	32945	28	1638	1426	212
外商投资企业作为投资进口的设备	2441	2441		2067	2067	
出料加工贸易	12651	6547	6104	7785	4269	3516
保税监管场所进出境货物	27446	18716	8730	47752	28876	18876
海关特殊监管区域物流货物	482989	151778	331211	414481	123885	290596
海关特殊监管区域进口设备	24731	24731		35063	35063	
免 税 品				34	34	
其他贸易	4229	2133	2096	7137	3475	3662
按运输方式分						
江海运输	1230873	237627	993246	956588	250193	706395
铁路运输	29573	1210	28363	60996	4746	56250
汽车运输	132820	35167	97653	122671	36062	86609
航空运输	2534063	1275287	1258776	2958126	1613459	1344667
邮件运输	65	44	21	77	44	33
其 他	94	80	14	58	56	2
按企业性质分						
国有企业	360078	132454	227624	299551	153123	146428
民营企业	1163324	357029	806295	912628	301416	611212
外商投资企业	2403959	1059906	1344053	2885627	1449643	1435984
中外合资	149072	98724	50348	145937	87572	58365
中外合作	1201	1176	25	1526	1356	170
外商独资	2253686	960006	1293680	2738164	1360715	1377449
其他企业(含临时企业)	127	26	101	709	376	333

12－14　主要国别(地区)海关进出口商品总值

total value of import and export commodities through customs in main countries or territories

国别(地区)	2015 年			2016 年		
	进出口总额	进　口	出　口	进出口总额	进　口	出　口
总　　值(万美元)	**3927488**	**1549415**	**2378073**	**4098515**	**1904559**	**2193956**
亚　　洲	**1803795**	**749849**	**1053946**	**1806720**	**925063**	**881657**
#香　　港	292820	29973	262847	235584	4559	231025
印　　度	46635	3007	43628	40392	1780	38612
印度尼西亚	34557	1804	32753	22017	3439	18578
日　　本	275372	158340	117032	299900	183934	115966
马来西亚	254294	100416	153878	179815	100965	78850
巴基斯坦	10731	641	10090	11274	500	10774
菲 律 宾	39767	21290	18477	38310	23115	15195
卡 塔 尔	3706	1039	2667	1138	258	880
沙特阿拉伯	17024	1949	15075	7045	394	6651
新 加 坡	60604	13253	47351	59327	14385	44942
韩　　国	149821	105374	44447	201474	157745	43729
泰　　国	81644	18558	63086	112464	36924	75540
土 耳 其	17483	3345	14138	13062	3466	9596
阿拉伯联合酋长国	60634	1426	59208	33551	1573	31978
越　　南	113129	55643	57486	155194	67161	88033
台湾金马关税区	134552	109314	25238	141320	117278	24042
非　　洲	**130475**	**13238**	**117237**	**63249**	**7810**	**55439**
#埃　　及	10823	5	10818	6784	3	6781
南　　非	27931	12320	15611	14893	6559	8334
埃塞俄比亚	26964	149	26815	7335	77	7258
欧　　洲	**608626**	**176354**	**432272**	**703380**	**281277**	**422103**
#比 利 时	6146	1992	4154	7111	1772	5339
英　　国	72723	9097	63626	75894	6038	69856
德　　国	136653	55979	80674	139547	56533	83014
法　　国	54010	38425	15585	43618	28902	14716
意 大 利	39959	7882	32077	44656	9569	35087
荷　　兰	155906	4123	151783	139572	6124	133448
西 班 牙	13826	2612	11214	13434	3135	10299
芬　　兰	1668	697	971	2325	1299	1026
瑞　　典	17910	8167	9743	14124	9903	4221
瑞　　士	6521	5500	1021	4194	3236	958
俄 罗 斯	33848	404	33444	29556	477	29079
拉丁美洲	**76210**	**13456**	**62754**	**54210**	**9253**	**44957**
#阿 根 廷	3221	341	2880	3654	1025	2629
巴　　西	30839	2392	28447	11210	1718	9492
智　　利	9233	4336	4897	5328	1459	3869
墨 西 哥	12889	3155	9734	17136	3698	13438
北 美 洲	**1147969**	**488815**	**659154**	**1315916**	**569964**	**745952**
#加 拿 大	15425	2159	13266	16500	2739	13761
美　　国	1132544	486656	645888	1299416	567225	732191
大 洋 洲	**75992**	**23282**	**52710**	**72320**	**28471**	**43849**
#澳大利亚	58572	10157	48415	53321	12536	40785
新 西 兰	16540	13120	3420	17788	15935	1853

主要统计指标解释

社会消费品零售总额 社会消费品零售总额:指批发和零售业、住宿和餐饮业以及其他行业直接售给城乡居民和社会集团的消费品零售额。其中,对居民的消费品零售额,是指售予城乡居民用于生活消费的商品金额;对社会集团的消费品零售额,是指售给机关、社会团体、部队、学校、企事业单位、居委会或村委会等,公款购买的用作非生产、非经营使用与公共消费的商品金额。社会消费品零售总额包括:售给城乡居民作为生活消费用的商品和修建房屋用的建筑材料的金额,以及售给来华的外国人、华侨、港澳台同胞的消费品金额;售给社会集团用作非生产、非经营使用与公共消费的商品金额。

不包括:——城市居民间或居民委托信托商店卖出的商品;

——售给农业、工业、建筑业等行业用于生产的商品。

对外借款 是我国利用外资的主要部分。包括我国通过外国政府贷款,国际金融组织贷款,外国银行商业贷款,出口信贷以及对外发行债券,股票等方式,从境外筹措的资金。

外商直接投资 是指外国企业和经济组织或个人(包括华侨、港澳台胞以及我国在境外注册的企业)按我国有关政策、法规,用现汇、实物、技术等在我国境内开办外商独资企业、与我国境内的企业或经济组织共同举办中外合资经营企业、合作经营企业或合作开发资源的投资(包括外商投资收益的再投资)以及经政府有关部门批准的项目投资总额内,企业从境外借入的资金。

入境游客 指报告期内来中国(大陆)观光、度假、探亲访友、就医疗养、购物、参加会议和从事经济、文化、体育、宗教等活动的外国人、港澳台同胞等海外游客(即旅游入境人数)。统计时,海外游客按每人入境一次统计1人次。

国际旅游(外汇)收入 入境游客在中国(大陆)境内旅行、游览过程中用于交通、参观游览、住宿、餐饮、购物、娱乐等全部花费。

进出口总额 海关进出口总额指实际进出我国国境的货物总金额。包括对外贸易实际进出口货物,来料加工装配进出口货物,国家间、联合国及国际组织无偿援助物资和赠送品,华侨、港澳台同胞和外籍华人捐赠品,租赁期满归承租人所有的租赁货物,进料加工进出口货物,边境地方贸易及边境地区小额贸易进出口货物(边民互市贸易除外),中外合资经营企业、中外合作经营企业、外商独资经营企业进出口货物和公用物品,到、离岸价格在规定限额以上的进出口货样和广告品(无商业价值、无使用价值和免费提供出口的除外),从保税仓库提取在中国境内销售的进口货物,以及其他进出口货物。我国规定出口货物按离岸价格统计,进口货物按到岸价格统计。

利用外资 指我国各级政府、部门、企业和其他经济组织通过对外借款,吸收外商直接投资以及用其他方式筹措的境外现汇、设备、技术等。

十三　科技、教育和文化

简 要 说 明

主要内容

本部分资料包括科学技术活动、科技人员、教育、文化、艺术事业等基本情况。

资料来源

科技资料分别来源于成都市科技局、成都市统计局和成都市高新技术产业开发区管委会。

教育资料分别来源于成都市教育局和成都市人力资源和社会保障局。

文化、广播、电视资料分别来源于成都市文广新局。

其他需要说明的问题

本部分资料除科技外，其余部分资料均为全社会统计口径。

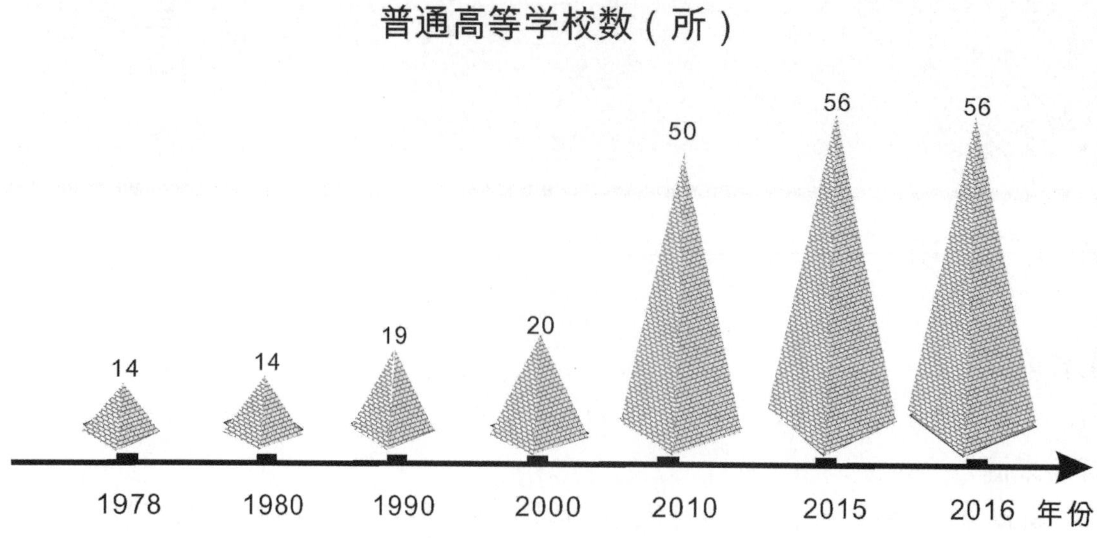
普通高等学校数（所）
14
14
19
20
50
56
56
1978
1980
1990
2000
2010
2015
2016 年份

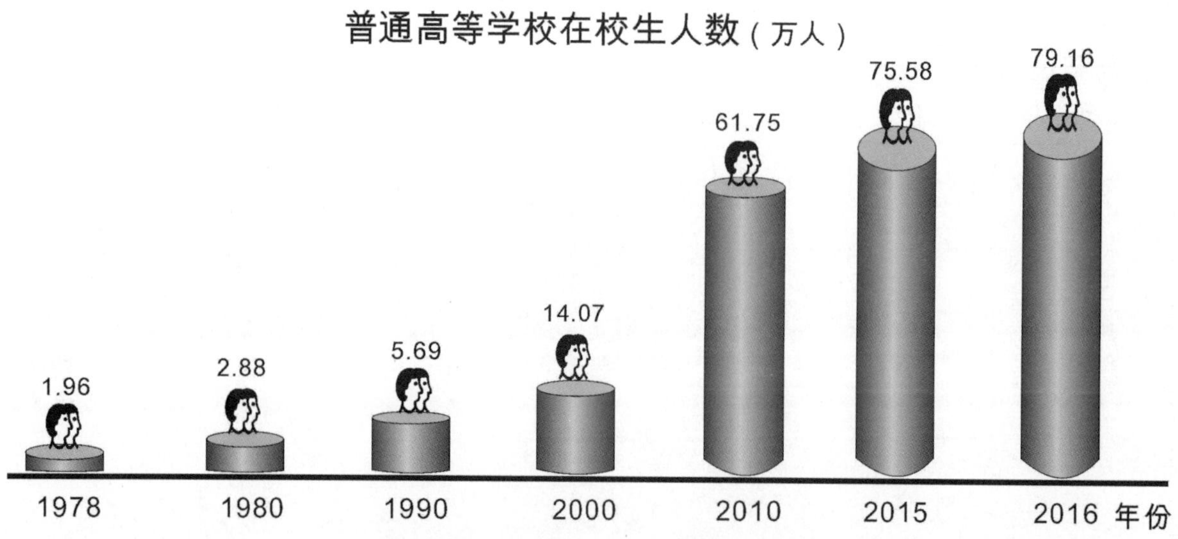
普通高等学校在校生人数（万人）
1.96
2.88
5.69
14.07
61.75
75.58
79.16
1978
1980
1990
2000
2010
2015
2016 年份

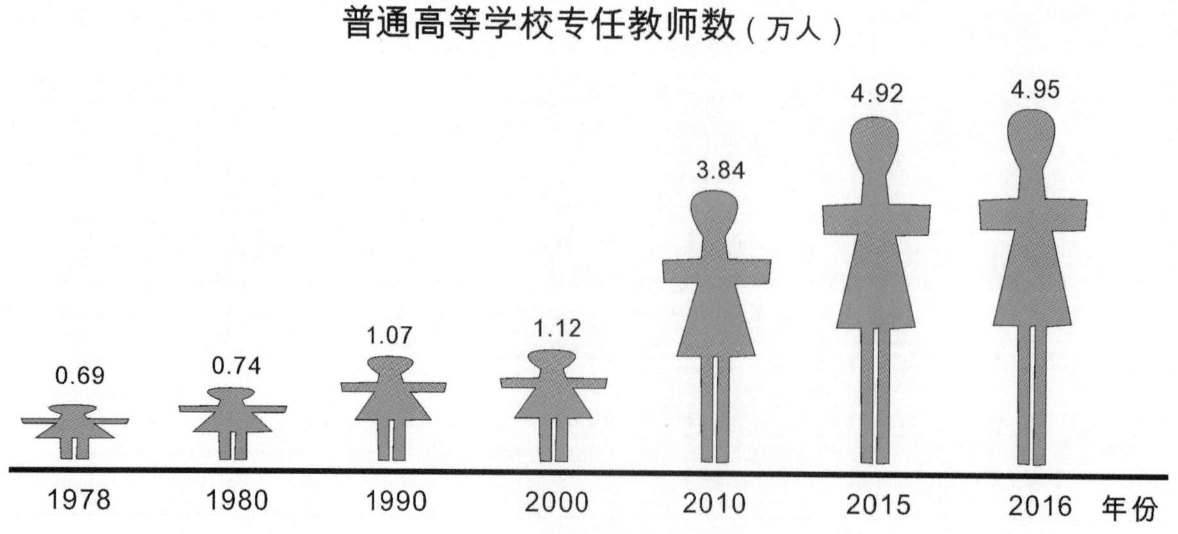
普通高等学校专任教师数（万人）
0.69
0.74
1.07
1.12
3.84
4.92
4.95
1978
1980
1990
2000
2010
2015
2016 年份

13－1 科研机构与技术服务业事业单位、人员、经费及活动情况(2016年)

Scientific Research Agencies and Technical Service Institutions, Personnel, Expenditures and Activities(2016)

	单位	合计	自然科学领域	农业科学领域	医学科学领域	工程科学与技术领域	社会、人文科学领域
单位数	个	97	16	17	6	38	20
#地市属	个	16	2	3	2	6	3
从业人员	人	17020	3636	2103	2379	7425	1477
#从事科技活动人员	人	9264	1840	1303	1105	3767	1249
#大学本科及以上学历	人	7997	1563	1108	956	3366	1004
科技活动收入	万元	406624	120179	55389	24834	165473	40749
#政府资金	万元	312001	103581	44700	20797	111808	31116
经费内部支出总额(不含基建)	万元	696432	152251	71433	78559	346609	47581
#科技活动支出	万元	370536	101866	50625	23672	157642	36732
基本建设投资实际完成额	万元	75952	60660	1719	3678	8953	943
年末固定资产原价	万元	603714	99818	65259	94689	320325	23623
课题情况:课题数	个	3259	1237	826	225	640	331
内部经费支出	万元	179956	84779	21484	5818	61931	5944
课题人员折合全时工作量	人年	6516	1548	1117	672	2293	887
发表科技论文	篇	3664	957	583	387	868	869
#国外发表	篇	729	397	100	48	173	11
出版科技著作	种	185	19	12	8	84	62
专利申请受理数	件	634	104	172	35	321	2
专利授权数	件	465	63	85	27	290	0
#发明专利	件	281	38	32	27	184	0

13－2 国家级高新技术产业企业主要经济指标(2016年)

Main Economic Indicators of State－Level High－Tech Enterprises(2016)

	单　位	合　计	区内企业	区外企业
企业数	个	2050	984	1066
总产值	亿元	2302	718	1583
总收入	亿元	3401	1147	2254
#技术收入	亿元	817	398	420
产品销售收入	亿元	2366	697	1669
#高新技术产品收入	亿元	1744	607	1137
出口创汇总额	亿元	289	136	153
净利润	亿元	234	122	112
实际上缴税费总额	亿元	191	75	116
年末资产总计	亿元	6102	2435	3667
#流动资产	亿元	3966	1636	2330
固定资产合计	亿元	916	251	665
无形资产	亿元	154	47	107
年末负债合计	亿元	3173	1184	1989
年末所有者权益	亿元	2929	1251	1678
全部科技项目经费内部支出	亿元	184	89	96
科技活动经费内部支出(非政府)	亿元	192	93	99
科技活动经费内部支出(来自政府)	亿元	11	6	4
年末从业人员	人	452676	154201	298475

注:区内、区外企业指高新技术产业开发区集中区范围内、外的企业。

13－3 技术市场交易情况(2016年)

Statistics on Transactions in Technological Market(2016)

项　　目	合同数(个)	金额(亿元)
输出技术合计	**10177**	**261.83**
技术开发	5837	91.01
技术转让	268	28.76
技术咨询	508	12.12
技术服务	3564	129.94
吸纳技术合计	**7274**	**202.06**
技术开发	3858	51.02
技术转让	227	39.89
技术咨询	334	4.25
技术服务	2855	106.9

13－4　教育事业基本情况

Basic Statistics on Education

	单　位	1978 年	1980 年	1990 年	2000 年	2010 年	2015 年	2016 年
学校数								
普通高等学校	所	14	14	19	20	50	56	56
中等职业技术学校	所	40	44	50	51	95	84	86
普通中学	所	791	625	580	548	487	494	602
小　　学	所	4669	4860	3580	2467	504	523	556
在校生数								
普通高等学校	人	19632	28790	56874	140661	617482	755767	791593
中等职业技术学校	人	14967	17306	27972	64969	214674	232342	239981
普通中学	人	574039	438221	347004	482494	635099	548071	586202
小　　学	人	1202491	1234444	670718	771582	682423	784266	904161
毕业生数								
普通高等学校	人	4411	4216	16777	23624	156646	190544	189837
中等职业技术学校	人	3470	4293	8401	20148	63318	69469	83513
普通中学	人	224994	169679	87343	106203	201516	199148	209402
小　　学	人	227553	193944	139585	147700	133462	108498	127269
招生数								
普通高等学校	人	7973	6603	16087	55131	190078	238333	236535
中等职业技术学校	人	6676	5153	9703	17697	81338	81755	78665
普通中学	人	254708	171351	115835	182487	213144	176166	195747
小　　学	人	279079	230882	91258	129966	108810	142284	160390
专任教师数								
普通高等学校	人	6940	7366	10699	11246	38404	49203	49488
中等职业技术学校	人	2206	2622	3262	3175	7498	9641	9776
普通中学	人	27423	25636	24947	30655	42429	46073	50178
小　　学	人	41040	42617	40492	37618	38250	41527	46742
每一教师负担学生数								
普通高等学校	人	2.8	3.9	5.3	12.5	16.1	15.4	16.0
中等职业技术学校	人	6.8	6.6	8.6	20.5	28.6	24.1	24.5
普通中学	人	20.9	17.1	13.9	15.7	15.0	11.9	11.7
小　　学	人	29.3	29.0	16.6	20.5	17.8	18.9	19.3

13－5 各类学校基本情况(2016年)

Basic Statistics on Various Schools(2016)

	学校数（所）	毕业生（人）	招生数（人）	在校生（人）	专任教师（人）
普通高等学校	**56**	**189837**	**236535**	**791593**	**49488**
#研 究 生	34	21550	25235	80617	
中等技术学校	**86**	**83513**	**78665**	**239981**	**9776**
#职业中学	27	21201	23736	68833	3681
普通中学	**602**	**209402**	**195747**	**586202**	**50178**
高　　中	136	75939	67256	211001	18203
初　　中	466	133463	128491	375201	31975
小　　学	**556**	**127269**	**160390**	**904161**	**46742**
特殊教育学校	**21**	**1051**	**1135**	**6786**	**460**

注:1. 普通中学高中学校数中含完全中学。2. 普通中学初中校数中含9年制学校156所。3. 研究生数包含科研院校的研究生人数。4. 研究生专任教师数无法从普通高等学校专任教师数中拆分。

13-6 普通中学基本情况(2016年)

Basic Statistics on Regular Secondary Schools(2016)

	学校数(所)	毕业生(人)	招生数(人)	在校生(人)	专任教师(人)
总　计	**602**	**209402**	**195747**	**586202**	**50178**
城　市	223	106516	99453	298368	24629
县　镇	272	86409	80633	242175	21477
农　村	107	16477	15661	45659	4072
高　中	**136**	**75939**	**67256**	**211001**	**18203**
城　市	80	40293	35806	113093	9861
县　镇	48	31821	27551	86758	7342
农　村	8	3825	3899	11150	1000
初　中	**466**	**133463**	**128491**	**375201**	**31975**
城　市	143	66223	63647	185275	14768
县　镇	224	54588	53082	155417	14135
农　村	99	12652	11762	34509	3072

13-7 小学基本情况(2016年)

Basic Statistics on Primary Schools(2016)

	学校数(所)	毕业生(人)	招生数(人)	在校生(人)	专任教师(人)
总　计	**556**	**127269**	**160390**	**904161**	**46742**
城　市	276	67261	85408	473679	23629
县　镇	191	46806	60811	336454	17482
农　村	89	13202	14171	94028	5631

13－8 成人高等学校教育基本情况

Basic Statistics on Education in Institutions of Higher Learning for Adults

	单　位	2000 年	2014 年	2015 年	2016 年
成人高等院校					
学 校 数	所	31	69	68	68
毕业生数	人	23943	82185	85809	93983
在校生数	人	82919	245259	240982	216812
招 生 数	人	47027	105977	89876	74081

注:2011 年以后成人高校数据包含普通高等学校中的成人教育数据。

13－9 幼儿园基本情况

Basic Statistics on Kindergartens

	单　位	2000 年	2014 年	2015 年	2016 年
幼儿园数	所	2835	1945	2003	2228
幼儿园班数	班	7697	13178	14152	16174
在园幼儿数	人	270318	423871	455587	514451
教职员工数	人	16049	50162	55019	61093
#教　　师	人	10193	24439	27099	30349
保 育 员	人	1201	11071	11979	13122

注:2013 年起保育员包含民办幼儿园的数据。

13－10 艺术表演团体及场所演出情况

Basic Statistics on Performance of Art Troupes and Sites

	单 位	2000 年	2014 年	2015 年	2016 年
艺术表演团体	个	**19**	**6**	**6**	**6**
国内演出场次	千场	3.0	0.6	0.96	1.13
国内观众人次	万人次	204.2	23.5	71	62.45
出访演出场次	场	251	10	23	11
艺术表演场所	个	**25**	**9**	**9**	**10**
座 席 数	千个	12.9	3.6	2.99	3.35
演映出场数	千场	8.8	0.2	0.26	0.38
#艺术场数	千场	0.5	0.02	0.015	0.36
观众人次	万人次	49.0	8.1	6.9	12.1
#艺术场数	万人次	38.1	1.2	1.2	11.0

13－11 群众文化事业(2016 年)

Main Indicators on Mass Culture(2016)

	单 位	总 计	文化馆	文化站
机 构 数	个	394	22	372
人 员 数	人	1817	511	1306
举办展览	个	1748	246	1502
举办训练班	次	9566	1723	7843
组织文艺活动	次	15535	2289	13246
藏 书	万册	246.88	1.99	244.89
总 收 入	万元	29325.4	14298.4	15027.0
总 支 出	万元	30101.5	14514.1	15587.4

13－12 公共图书馆基本情况
Basic Statistics on Public Libraries

	单 位	2000 年	2014 年	2015 年	2016 年
图书馆数	个	17	21	21	22
阅览室座席数	个	2200	9607	9413	10259
总藏量	万册(件)	746	1952	1577	1708.7
图书流通人数	万人次	89	606	641	750.32
公共房屋建筑面积	万平方米	5.1	11.25	12.32	13.52
#书　　库	万平方米	2.1	2.45	2.49	2.84
阅 览 室	万平方米	1.0	3.7	4.36	4.88
经费支出	万元	1416	9494	12126.9	12684.7
#购书费	万元	277	1354	1720.5	1090.3

13－13 博物馆基本情况
Basic Statistics on Museums

	单 位	2000 年	2014 年	2015 年	2016 年
博物馆数	个	10	33	33	33
综 合 馆	个	4	11	9	9
专 业 馆	个	4	22	24	24
文物藏品	件	183670	565750	452577	455199
#一 级 品	件	910	1606	857	857
展　　览	个	34	85	74	82
参观人数	万人次	247	1220	1230	1403
公用房屋建筑面积	万平方米	10.1	29.5	27.6	30.3

13－14 广播、电视事业基本情况(2016年)

Basic Statistics on Broadcasting and Television(2016)

	单 位	广播事业	# 市 级	# 县 级	电视事业	# 市 级	# 县 级
基本情况							
电(电视)台	座	2	1		2	1	
县级广播电视台	座	13		13	13		13
发 射 台	座	98	4	39	98	4	39
节目套数	套	29	5	13	33	8	13
全年节目播音时间	小时	170735	36581	66524	213988	50063	66498
人口覆盖率	%	100	99.77	62.99	100	99.77	62.96
全年节目制作情况	**小时**	**102655**	**35905**	**14725**	**52842**	**19937**	**5060**
新闻咨询节目	小时	25195	12454	2571	15596	6436	1750
综艺益智	小时	29410	4471	3330	5770	1864	523
专题服务节目	小时	33381	149224	3845	17618	8474	1558
广告节目	小时	4635	1229	812	3470	1746	909

主要统计指标解释

普通高等学校 指按照国家规定的设置标准和审批程序批准举办,通过国家统一招生考试,招收高中毕业生为主要培养对象,实施高等教育的全日制大学、独立设置的学院和高等专科学校、短期职业大学。

成人高等学校 指按照国家有关规定审批,招收通过全国成人高教统一招生考试的具有高中毕业或同等学历的在职从业人员利用脱产、半脱产、业余或函授等多种形式对其实施高等学历教育培养高等教育专科或本科毕业水平的专门人才,修业年限、课程设置和总学时数均按高等学历教育要求付诸实施的学校。包括广播电视大学、职工高等学校、农民高等学校、管理干部学院、教育学院、独立设置的函授学院等。

小学学龄儿童入学率 指调查范围内已入小学学习的学龄儿童占学龄儿童总数(包括弱智儿童在内,但不包括盲聋哑儿童)的比重。计算公式:

$$小学学龄儿童入学率=\frac{已入学的小学学龄儿童数}{校内外小学学龄儿童总数}\times 100\%$$

独立研究与开发机构 指有明确的任务和研究方向,有一定学术水平的业务骨干和一定数量的研究人员,具有研究、开发、开展学术工作的基本条件,主要进行科学研究与技术开发活动,并且在行政上有独立的组织形式,财务上独立核算盈亏,有权与其他单位签订合同,在银行有单独户头的单位。包括国务院各部门、中国科学院、中国社会科学院和各省、自治区、直辖市以及地(市)以上〔含地(市)〕各部门所属的国有独立的科学研究与技术开发机构。

独立研究与开发机构职工 指在科学研究与技术开发机构工作,并由其支付工资的各种人员。包括长期职工和临时职工,不包括编制以外的离休、退休人员和停薪留职人员,但包括招聘人员。

研究与发展经费支出 指报告期内用于研究与实验发展课题活动(基础研究、应用研究、实验发展)的全部实际支出。包括用于研究与发展课题活动的直接支出,还包括间接用于研究与发展活动的一切支出(院、所管理费、维持院、所正常运转的必需费用和与研究发展有关的基本建设支出)。

科学家和工程师 指具有大学本科及以上学历的和不具备上述学历但有高、中级职称的人员。

专业技术人员 指已取得科学技术职称,或大学、中专的理、工、农、医科系毕业,以及国民经济各部门从工作实践中提拔,从事理、工、农、医等自学科学技术的研究、教学、生产的专业人员和在机关、企业、事业中从事科学技术业务管理工作的专业人员。

工程技术人员 指在国民经济各行业从事工程技术工作的自然科学技术专业人员,包括:高级工程师、工程师、助理工程师、技术员和未评定职称的技术人员。

农业技术人员 指在国民经济各行业从事农业技术工作的自然科学技术专业人员,包括:高级农艺师、农艺师、助理农艺师、技术员和未评定职称的技术人员。

卫生技术人员 指在国民经济各行业从事卫生医务工作的自然科学技术专业人员,包括:正副主任医师、主治医师、医师、医(护)士和未评定职称的技术人员。

科学研究人员 指在国民经济各行业从事科学技术活动的自然科学技术专业人员,包括:正副研究员、助理研究员、研究实习员、技术员和未评定职称的技术人员。

自然科学教学人员 指在国民经济各行业从事自然科学技术方面教学活动的专业人员,包括:正副教授、讲师、助教、教师和在中学从事自然科学技术方面教学活动的人员。

文化事业机构 指从事专业文化工作和为专业文化工作服务的独立建制的单独核算的单位。不包括这些单位另外举办独立核算的其他机构和各部门的业余文化组织。

十四 体育、卫生、福利及其他

简要说明

主要内容

本部分反映体育、卫生、社会福利及其他事业发展情况。

体育：包括体育竞赛、体育竞技和全民健身的群众体育，以及相关的体育信息。

卫生：包括各类医疗卫生机构、床位、工作人员及病床使用率等指标。

民政：包括社会福利院、儿童福利院、精神病人福利院、社会办敬老院等各级福利院个数、床位及收养人数；优抚、救济情况。

其他事业：包括全市范围内司法、社会治安情况等。

资料来源

体育资料来源于成都市体育局。

卫生资料来源于成都市卫生局。

社会福利资料来源于成都市民政局。

司法、社会治安等资料分别来源于成都市司法局、成都市公安局。

其他需要说明的问题

体育资料为全市统计口径。

卫生资料为全社会统计口径。

福利机构相应指标为市及市以下统计口径。

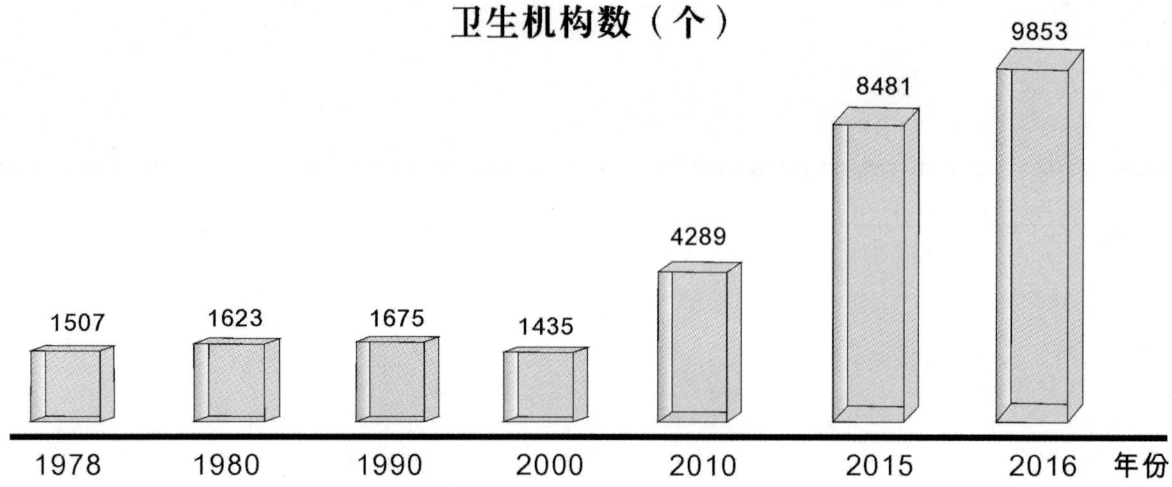
卫生机构数（个）
1507
1623
1675
1435
4289
8481
9853
1978
1980
1990
2000
2010
2015
2016
年份

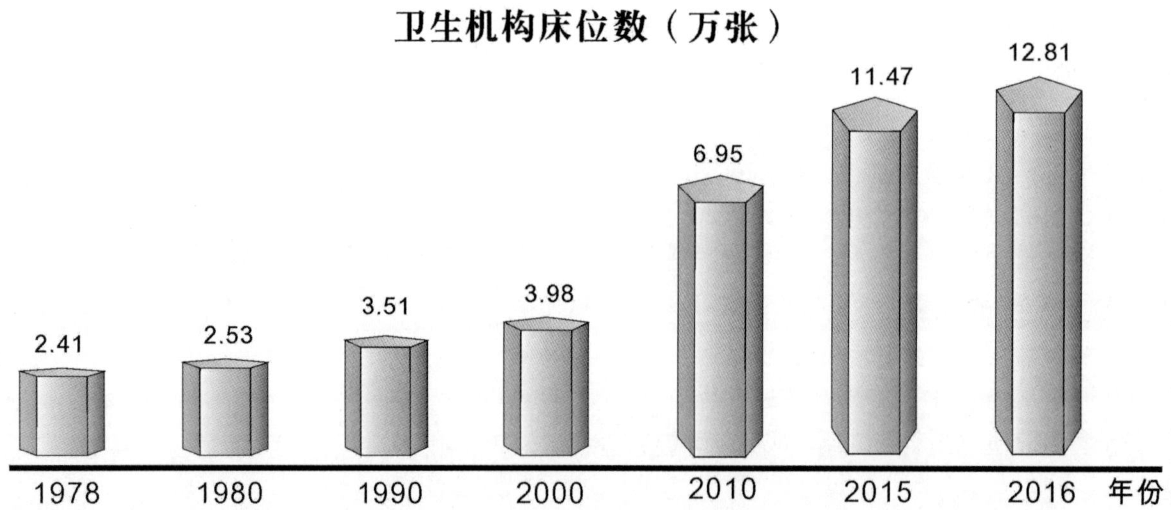
卫生机构床位数（万张）
2.41
2.53
3.51
3.98
6.95
11.47
12.81
1978
1980
1990
2000
2010
2015
2016
年份

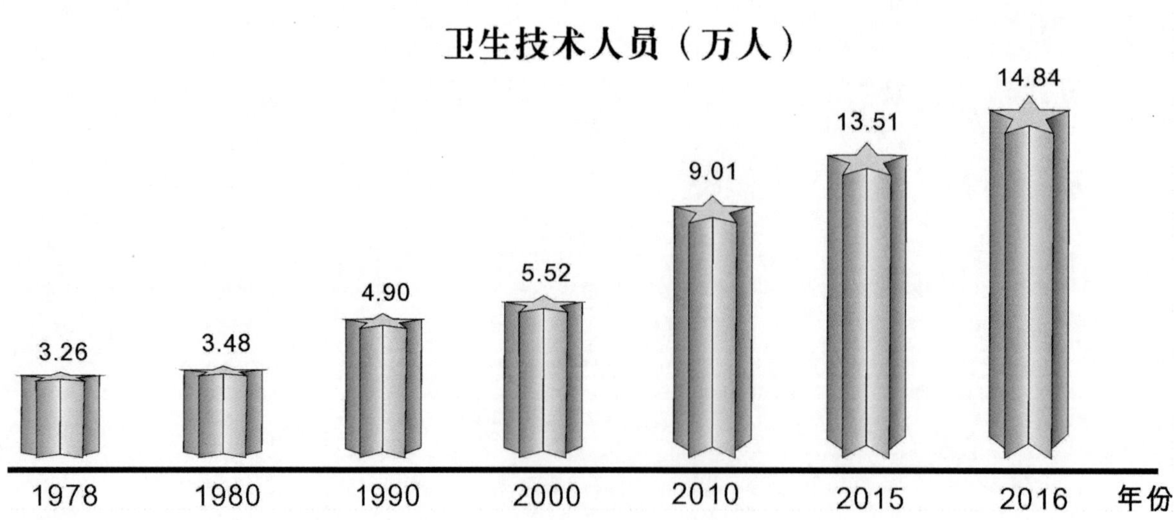
卫生技术人员（万人）
3.26
3.48
4.90
5.52
9.01
13.51
14.84
1978
1980
1990
2000
2010
2015
2016
年份

14－1 体育活动情况

Activities of Sports

	单 位	2000年	2014年	2015年	2016年
体育场地数	个	3414	18536	18988	19823
等级运动员发展人数	人	437	349	293	213
#二级运动员	人	149	349	293	213
等级裁判员发展人数	人	438	312	232	–
优秀运动队运动员	人	75	135	134	130
专职教练员	人	17	162	173	180
体育后备人才数	人	6121	8756	9263	7635
各部门举办全民健身活动次数	次	1439	2636	2747	2801
全民健身路径	条		6061	6296	6413

14－2 医疗卫生事业基本情况

Basic Statistics of Health Care

	单 位	2000 年	2014 年	2015 年	2016 年
总 计					
机 构 数	个	1435	8190	8481	9853
#医院、卫生院	个	568	746	768	866
床 位 数	万张	3.98	10.8	11.47	12.81
#医院	万张		8.76	9.45	10.54
#社区卫生服务中心(站)	万张		0.36	0.36	0.38
#乡镇卫生院	万张		1.37	1.34	1.60
工作人员	万人	7.29	16.43	17.32	19.02
#卫生技术人员	万人	5.52	12.78	13.51	14.84
#执业(助理)医师	万人		4.82	5.02	5.47
注册护士	万人		5.51	5.96	6.67
药剂人员	万人	0.54	0.73	0.71	0.79
总计中:政府办医院					
机 构 数	个	170	98	98	108
床 位 数	万张	2.63	5.12	5.3	6.04
工作人员数	万人	3.94	6.91	7.08	7.98
#卫生技术人员	万人	3	5.53	5.72	6.44
#执业(助理)医师	万人	1.21	1.87	1.95	2.21
平均每万人口拥有					
医院、卫生院床位数	张	33.80	84.50	73.60	76.26
卫生技术人员	人	54.70	106.60	92.20	119.52
#执业(助理)医师	人		40.20	34.30	34.40

注:本表中“总计中:政府办医院”的机构数2000年为政府及非政府部门举办的县及县以上医院,2014年及以后各年度为由政府部门举办的所有医院。从2011年起将村卫生室纳入统计范围。2015年起“平均每万人口拥有”数据按常住人口计算。

14－3 农村村级卫生组织情况(2016年)

Health Organization at Village Level(2016)

	总 计	按设置/主办单位分					按行医方式分		
		村 办	乡卫生院设点	联合办	私人办	其他	西医为主	中医为主	中西医结 合
机构数(个)	3944	2349	222	171	1147	55	2283	256	1405
执业(助理)医师(人)	1122	656	120	39	281	26	660	82	380
注册护士数(人)	151	96	26	7	15	7	107	10	34
乡村医生和卫生员(人)	4484	2698	229	260	1257	40	2431	264	1789
乡村医生数	4334	2643	201	246	1206	38	2345	256	1733
卫 生 员	150	55	28	14	51	2	86	8	56

14－4 医院诊疗情况(2016 年)

Number of Hospital Patients(2016)

	诊疗人次(人次)	#门急诊	健康检查人数(人)	入院人数(人)	病床使用率(%)	出院者平均住院日(天)	死亡率(%)
医院总计	**64886534**	**63323626**	**3763929**	**3078849**	**88.51**	**10.44**	**0.81**
综合医院	42322404	41387664	2712576	2175812	87.06	9.66	0.85
中医医院	8746328	8528175	499495	368088	94.03	11.48	0.68
中西医结合医院	2792499	2766835	106914	117995	108.68	12.71	1.19
专科医院	11025303	10640952	444944	416954	86.05	13.00	0.63
口腔医院	1060353	1052489		5248	52.05	9.49	
眼科医院	382189	380714	149719	30008	46.27	3.70	
耳鼻喉医院	34912	33338		7291	50.84	5.59	
肿瘤医院	237279	237209	15415	52338	112.03	13.32	0.69
心血管病医院	12395	3288		620	31.95	12.61	0.99
妇产(科)医院	991122	903912	8277	18733	45.56	6.55	0.01
儿童医院	287952	287952	3975	6445	82.86	7.60	
精神病医院	557723	555950	216	26496	99.25	63.75	1.91
传染病医院	736199	736199	7631	22885	117.32	15.30	1.63
皮肤病医院	9482	8520		1358	63.20	10.34	
职业病医院	135114	135114	60124	9089	101.81	14.21	3.77
骨科医院	271376	265941		31764	80.50	10.54	0.01
康复医院	82769	79313	360	10384	38.39	8.60	0.32
整形外科医院	32813	30381		61	0.98	2.00	
美容医院	626567	460456	240	2821	41.84	6.11	
其他专科医院	5567058	5470176	198987	191413	83.32	8.91	0.53

14－5 卫生部门综合医院有关经营情况(2016年)

Operation of Hospitals Runs by The Health Department(2016)

	机构数(个)	医师人均担负年诊疗人次(人次)	医师人均担负年住院床日(人次)	平均每诊疗人次医疗费(元)	#药品费	#检查费	#治疗费	平均每一出院者住院医疗费(元)	#床位费	#药费	#治疗费
综合医院合计	**47**	**2131**	**910**	**307.54**	**143.95**	**71.12**	**30.46**	**11675.20**	**373.74**	**3407.95**	**1554.07**
部属	1	1809	691	639.50	336.22	144.64	41.05	21267.53	764.08	5340.53	1727.30
省属	7	2372	1003	395.93	203.72	94.84	34.36	16874.31	476.54	5888.49	2403.00
省辖市属	7	1877	899	239.06	109.74	51.01	38.02	13069.88	338.41	4002.01	2062.85
县辖市属	23	2202	953	186.79	65.34	43.32	23.09	7035.85	263.90	1067.32	1920.59
县属	9	2668	1053	150.50	52.73	40.20	17.32	5637.26	188.36	1454.07	890.26

14－6 全市居民前十位死亡原因、死亡率(2016年)

Cause of Death and Death Rate of 10 Major Diseases(2016)

序位及死因	死亡序位	死亡率(/10万)	死亡构成(%)
十种死亡原因合计		**632.39**	**98.55**
循环系统疾病	1	190.05	29.62
肿瘤	2	189.03	29.46
呼吸系统疾病	3	152.72	23.80
损伤和中毒	4	36.17	5.64
消化系统疾病	5	20.75	3.23
内分泌、营养和代谢疾病	6	20.34	3.17
传染病和寄生虫病	7	7.19	1.12
神经系统疾病	8	7.15	1.11
泌尿生殖系统疾病	9	6.59	1.03
精神和行为障碍	10	2.40	0.37

14 – 7 社会福利机构情况
Basic Statistics on Social Welfare Institutions

	单 位	2000 年	2014 年	2015 年	2016 年
社会福利院					
单 位 数	个	5	20	57	16
床 位 数	张	1118	5243	12489	4840
年末收养人数	人	893	2522	7054	2419
儿童福利院					
单 位 数	个	2	2	3	2
床 位 数	张	492	779	814	779
年末收养人数	人	487	720	661	657
精神病人福利院					
单 位 数	个	1	1	1	1
床 位 数	张	358	800	800	800
年末收养人数	人	358	720	720	720
社区养老机构和设施					
单 位 数	个	344	187	763	1240
床 位 数	张	7998	37800	21580	23662
年末收养人数	人	6392	20645	9586	10484

14 – 8 优抚、救济情况
Persons Receiving Subsidies or Relief Funds

	2000 年	2014 年	2015 年	2016 年
优抚革命伤残人员(人)	8622	8361	8512	9386
抚恤人数(人)	10917	9717	1328	1453
#烈属抚恤	2295	424	391	426
复退军人得到定期定量补助人数(人)	30898	69213	70434	82462

14－9 律师、公证、调解工作基本情况

Basic Statistics on Lawyers, Notarization and Mediation

	单 位	2000 年	2014 年	2015 年	2016 年
律师工作					
律师事务所	个	78	516	550	620
律师人员	人	1229	8343	9086	10214
#专职律师	人	731	8040	8733	9848
民事诉讼代理	件	4792	35558	39932	44335
刑事诉讼辩护及代理	件	3056	8880	9130	10205
行政诉讼代理	件	152	994	1544	1725
非诉讼法律事务	件	3018	19410	22992	25816
解答法律咨询	件	32000	103695	110420	122120
代写法律事务文书	件	6110	14201	15660	17323
公证工作					
公证机构	个	21	22	22	23
公 证 员	人	121	191	191	204
公证员助理	人		198	374	383
办理国内公证	件	72874	427062	399787	202585
办理涉外公证	件	25750	55322	46254	23278
办理涉港澳台公证	件		977	827	932
公证费总收入	万元	947	16570	14741	8300

14－10　国内公证文书分类情况(2016 年)

Domestic Notarial Documents by Type(2016)

单位:件

类　别	数　量	类　别	数　量
受　理	**203019**	现场监督	362
出　证	**202585**	保全证据	4192
合同(协议)	14468	财 产 权	8
#买卖合同	1034	收养关系	2
赠与合同	165	婚姻状况	13
委托合同	43	亲属关系	453
担保合同	1318	其他有法律意义事实	90
财产分割协议	152	#出　生	17
财产约定协议	409	死　亡	7
继　承	11693	签名(印鉴)	5608
单方法律行为	107048	文本相符	1484
#委　托	90337	赋予执行效力	49841
声　明	15756	抵押登记	163
赠　与	80	其　他	5674
遗　嘱	699	**终　止**	**6**
保证(担保)	89	**未　结**	**428**
承诺(要约)	24	**撤　销**	

14－11 涉外及涉港澳台公证文书分类(2016年)

Foreign－related Notarial Documents Type(2016)

单位:件

类别	数量	类别	数量
涉外公证业务	**23339**	**涉港澳台公证业务**	**932**
委托	386	委托	6
声明	82	声明	1
收养关系		收养关系	
婚姻状况	173	婚姻状况	15
亲属关系	2222	亲属关系	107
出生	2597	出生	9
死亡	18	死亡	1
生存、居住	9	生存、居住	
学历(学位)	332	学历(学位)	
经历	326	经历	7
有无犯罪记录	2382	有无犯罪记录	13
其他有法律意义事实	148	其他有法律意义事实	11
证书(执照)	9173	证书(执照)	37
签名(印鉴)	693	签名(印鉴)	11
文本相符	2760	文本相符	4
其他	1347	其他	323

14－12 基层法律服务情况

Law Service for Grassroots Units

	单位	2015年	2016年		单位	2015年	2016年
一、机构人员情况				代理诉讼事务	件	4684	3782
已建基层法律事务所	个	103	103	代理非诉讼事务	件	2650	2291
基层法律工作者	人	504	504	调解纠纷	件	12266	13982
二、全年工作情况				解答法律咨询	人次	63286	60338
担任法律顾问	家	1247	995	办理法律援助事务	件	1052	556

14－13　劳动仲裁受理及处理案件情况(2016年)

Labor Disputes Accepted and Handled by labor Dispute Arbitration Committees(2016)

	单　位	合　计	#国有企业	#城镇集体企业	#外商及港澳台投资企业	#私营企业
上期末结案件数	**件**	528	3		90	435
案件受理情况						
案件数	件	12669	193	29	806	11641
劳动者申述案件数	件	12451	177	29	732	11513
劳动者当事人人数	件	15554	214	32	891	14417
案件处理情况						
结案案件数	件	12696	164	29	753	11750
处理方式						
仲裁调解	件	3723	47	11	145	3520
仲裁裁决	件	7059	84	18	497	6460
其他方式	件	1914	33		111	1770
处理结果						
用人单位胜诉	件	1434	25	2	104	1303
劳动者胜诉	件	3143	27	3	84	3029
双方部分胜诉	件	5792	53	15	329	5395
本期末结案数	**件**	**501**	**32**		**143**	**326**

14－14 社会治安及交通、火灾情况

Basic Statistics of law－and－order Situation, Traffic Accidents and Fires

	单 位	2012 年	2013 年	2014 年	2015 年	2016 年
治安案件						
受理数	起	68795	63239	70716	169058	212234
查处数	起	47846	42717	42805	138378	125480
交通事故						
交通事故发生数	起	2417	2325	2384	2132	1851
死伤人数	人	2971	2851	3008	2639	2213
#死亡人数	人	657	653	652	616	672
直接经济损失	万元	570. 6	559. 6	585. 5	772. 9	673. 4
火灾事故						
火灾事故发生数	起	3217	7114	7721	8160	6629
死伤人数	人	16	26	24	28	41
#死亡人数	人	10	10	11	26	28
直接财产损失	万元	3400. 2	1889. 1	3873. 8	3537. 3	1814. 2

主要统计指标解释

等级运动员人数 指经考核正式批准授予等级运动员称号的人数。运动员等级分为国际级运动健将、运动健将、一级运动员、二级运动员、三级运动员、少年级运动员。

等级裁判员人数 指经考核正式批准授予等级裁判员称号的人数。裁判员等级分为国际裁判、国家级裁判、一级裁判、二级裁判、三级裁判。

体育场 指有400米跑道(中心含足球场),有固定跑道6条以上,并有固定看台的室外田径场地。以看台容纳观众人数分:甲级25000人以上,乙级15000－25000人,丙级5000－15000人,丁级5000人以下。体育馆指有固定看台,可供篮球、排球、羽毛球、乒乓球、体操等项目训练比赛活动用的室内运动场地。以看台容纳观众人数分:甲级6000人以上,乙级4000－6000人,丙级2000－4000人,丁级2000人以下。

医院 指名称为医院,设有固定床位能收容病人住院并能为病人提供医疗、护理服务的医疗机构。包括县及县以上医院、农村乡卫生院、其他医院三部分。按所属性质分为卫生部门、工业及其他部门,集体经济单位三类。其中县及县以上医院按业务性质分为综合医院和专科医院。

卫生技术人员 指卫生事业机构支付工资的全部固定职工和合同制职工中现任职务为卫生技术工作的专业人员。包括中医师、西医师、中西医结合高级医师、护师、中药师、西药师、检验师、其他技师、中医士、西医士、护士、助产士、中药剂士、西药剂士、检验士、其他技士、其他中医、护理员、中药剂员、西药剂员、检验员,其他初级卫生技术人员。

社会福利事业单位 指集中收养社会孤老、残、幼的机构。包括由民政部门管理的社会福利院、儿童福利院、精神病人福利院和城镇集体办的福利院,以及农村集体举办的敬老院。

律师 指受聘参加法律顾问处工作,担任法律顾问、刑(民)事代理人、刑事辩护人,办理非诉讼事件、解答法律询问,代写法律事务文书等主要从事律师业务的专职法律工作者和兼职律师。

离休、退休、退职人员 指正式办理了离休、退休、退职手续,并享受相应的离休、退休、退职待遇的人员。

保险福利费用 指企业、事业、机关单位在工资以外实际支付给职工和离休、退休、退职人员个人以及用于集体的劳动保险和福利费用。

离休、退休、退职人员保险福利费用包括:①离休金;②退休金;③退职生活费;④医疗卫生费;⑤护理费;⑥生活补贴;⑦交通费补贴;⑧丧葬抚恤救济费;⑨其他。

十五 区（市）县

简 要 说 明

主要内容

本部分资料反映成都市各区（市）县经济、社会发展的基本情况，主要包括：土地、人口、地区生产总值、农业、工业、交通运输邮电、固定资产投资、社会消费品零售总额、财政金融、税收情况等主要社会经济情况。

资料来源

全市资料来源于成都市统计局和市级有关主管部门。

区（市）县资料，主要来源于各区（市）县统计局，部分资料来源于市级相关主管部门。

其他需要说明的问题

历史资料按现行行政区划口径计算。

财政指标按分级核算口径计算，金融指标按金融业务统计口径计算，其余各项指标均按辖区口径计算。

因本章部分指标未列锦江、青羊、金牛、武侯、成华五区及高新区统计数，故分项之和不等于全市合计。

2016年全市主要指标构成（%）

土地面积

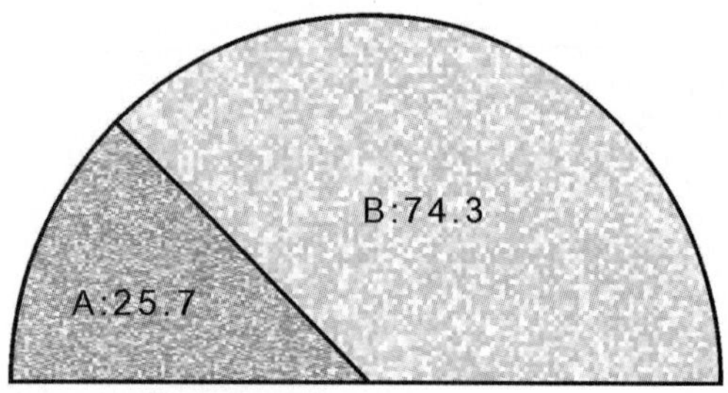

年末户籍总人口

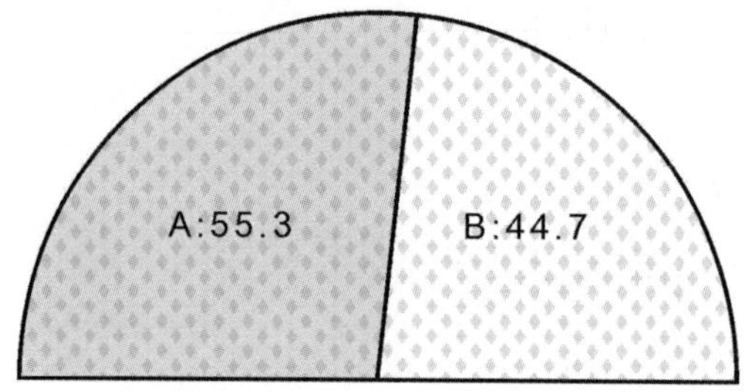

地区生产总值

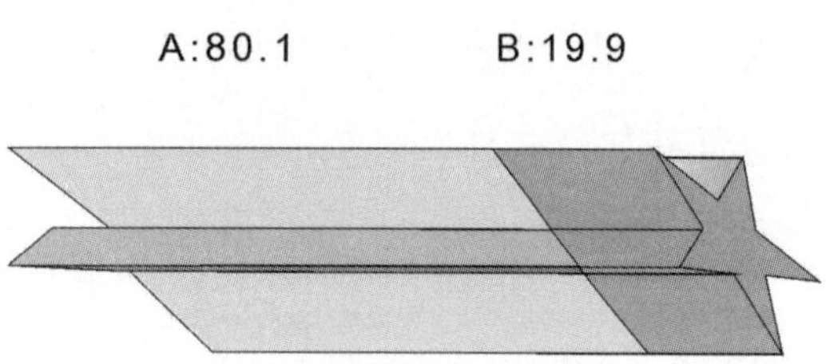

全社会固定资产投资

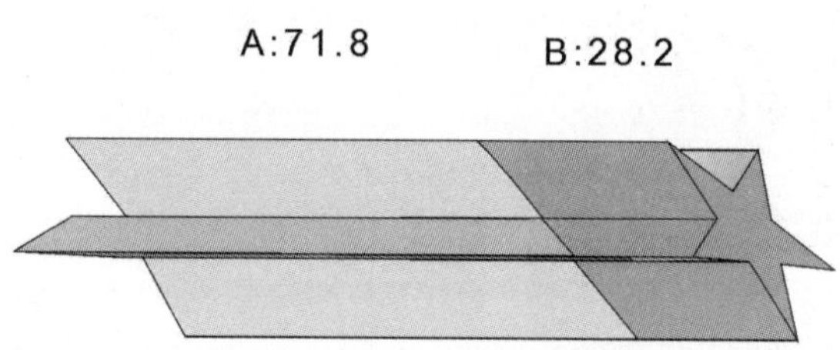

社会消费品零售总额

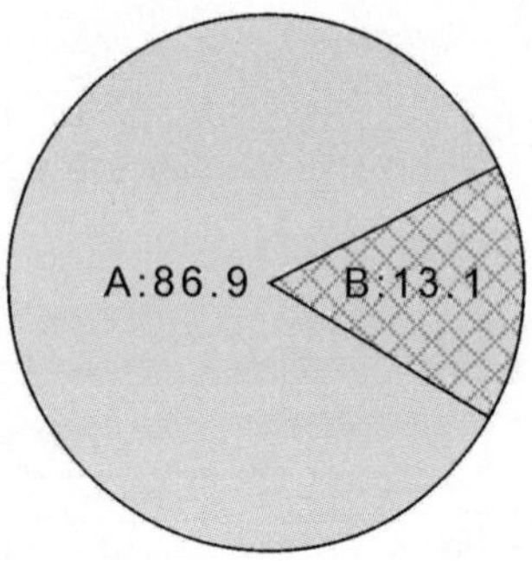

规模以上工业总产值

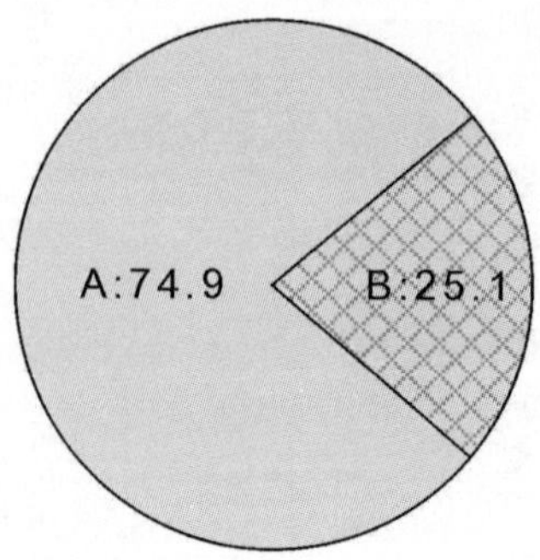

A：市区合计　　B：县（市）合计

15－1 区(市)县土地面积、户籍总户数和总人口数(2016年)

Land Area, Registered Households and Population in Districts, Cities at County Level and Counties(End of 2016)

	土地面积(平方公里)	耕地面积(公顷)	年末总户数(户)	年末总人口(人)	平均每户人口(人)	人口密度(人/平方公里)
全　市	**14335**	**529550**	**5368644**	**13989297**	**2.61**	**916**
#锦江区	61	862	207051	537468	2.60	8599
青羊区	66	435	244076	672175	2.75	10063
金牛区	108	860	302386	760697	2.52	7022
武侯区	122	488	445234	1125188	2.53	9062
成华区	108	1395	294742	738164	2.50	6764
龙泉驿区	556	8042	251983	659775	2.62	1172
青白江区	379	19253	184674	419625	2.27	1105
新都区	496	25817	294595	748255	2.54	1494
温江区	276	13518	172798	429887	2.49	1531
双流区	1068	41567	398349	1072106	2.69	988
郫都区	437	20652	220060	575160	2.61	1297
金堂县	1156	57212	343135	899757	2.62	775
大邑县	1284	29824	193631	513745	2.65	399
蒲江县	580	23794	120674	268291	2.22	462
新津县	329	15432	144034	315270	2.19	955
简阳市	2214	109149	518182	1499074	2.89	674
都江堰市	1208	26768	247306	622769	2.52	515
彭州市	1421	50928	299404	804970	2.69	568
邛崃市	1377	44439	230108	656628	2.85	478
崇州市	1089	39115	256222	670293	2.62	615

注:此表中武侯区含高新区土地、户籍人口数据,双流区包含成都天府新区户籍人口数据;人口密度按户籍平均人口计算。

15－2 历年区(市)县

Total Registered Population in Districts, Cities at County Level

年 份	全 市	锦江区	青羊区	金牛区	武侯区	成华区	龙泉驿区	青白江区	新都区
1949	50132						2102	1704	2920
1952	51196						2169	1801	3093
1957	59419						2047	2009	3415
1962	55134						2022	2158	3144
1965	60938						2268	2387	3495
1970	69521						2716	2850	4093
1975	78197						3186	3302	4597
1978	80606						3363	3449	4733
1979	81581						3369	3470	4753
1980	82254						3403	3488	4786
1981	83341						3455	3517	4850
1982	84325						3497	3545	4904
1983	84885						3508	3558	4934
1984	85400						3511	3563	4954
1985	86268						3535	3585	4988
1986	87473						3577	3627	5050
1987	88730						3625	3668	5125
1988	89857						3695	3665	5248
1989	90859						3697	3722	5290
1990	91950	3953	4438	4336	3486	4389	3729	3749	5323
1991	92773	3958	4474	4404	3563	4461	3779	3779	5388
1992	93686	3983	4498	4518	3664	4527	3837	3800	5460
1993	94730	4014	4561	4620	3786	4616	3915	3822	5541
1994	96039	4041	4608	4717	3917	4726	4291	3848	5642
1995	97160	4032	4665	4827	4057	4823	4505	3877	5716
1996	98074	3939	4581	5016	4689	4993	4586	3909	5782
1997	98919	3927	4578	5136	4893	5068	4655	3934	5829
1998	99700	3928	4595	5245	5028	5117	4731	3953	5874
1999	100356	3886	4593	5414	5156	5222	4792	3966	5893
2000	101335	3810	4568	5650	5338	5338	4848	4002	5959
2001	101990	3898	4587	5810	5483	5443	4920	4011	5976
2002	102848	3933	4669	6001	5742	5546	4996	4016	5989
2003	104431	3902	4650	6361	6217	5810	5108	4024	6048
2004	105969	3926	4780	6649	6540	5944	5251	4040	6130
2005	108203	3972	4996	6812	7330	6094	5380	3943	6387
2006	110340	3995	5124	6953	7955	6157	5646	4000	6501
2007	111228	3974	5231	6987	8147	6154	5724	4028	6587
2008	112496	4023	5374	6991	8358	6192	5805	4068	6671
2009	113963	4114	5540	7117	8622	6321	5880	4086	6755
2010	114907	4234	5679	7178	9435	6433	5923	4106	6829
2011	116328	4386	5860	7227	9594	6605	5988	4139	6905
2012	117335	4539	6011	7318	9831	6750	6038	4134	6965
2013	118799	4706	6188	7408	10086	6881	6149	4149	7023
2014	121074	4929	6405	7538	10502	7078	6320	4167	7186
2015	122805	5116	6561	7560	10860	7228	6434	4177	7336
2016	139893	5375	6722	7607	11252	7382	6598	4196	7483

年末户籍人口数

and Counties over the Years(Year - end)

单位:百人

温江区	双流区	郫　县	金堂县	大邑县	蒲江县	新津县	简阳市	都江堰市	彭州市	邛崃市	崇州市
1454	6727	2553	4431	3008	1233	1566		3044	4089	3795	4061
1550	5938	2642	4768	3096	1316	1703		3173	4378	4003	4220
1678	5716	2815	5212	3467	1496	1874		3509	4968	4528	4475
1485	4498	2461	4966	2809	1346	1618		3177	4664	3771	4032
1656	5043	2737	5412	3163	1521	1800		3650	5172	4089	4318
1990	5800	3245	6287	3718	1848	2111		4234	6024	4832	5055
2256	7308	3704	7163	4289	2177	2432		4666	6603	5592	5537
2331	7443	3803	7424	4366	2238	2488		4761	6753	5752	5634
2350	7552	3840	7470	4375	2248	2500		4798	6781	5764	5662
2370	7617	3869	7487	4391	2259	2524		4817	6817	5781	5705
2398	7751	3916	7540	4437	2287	2556		4868	6884	5827	5752
2441	7837	3943	7593	4480	2308	2576		4919	6950	5852	5796
2458	7863	3955	7609	4494	2313	2584		4949	6968	5879	5823
2467	7899	3959	7605	4497	2323	2591		4989	6977	5895	5847
2499	7952	3992	7652	4515	2354	2612		5044	7026	5914	5888
2498	8071	3995	7711	4562	2389	2639		5109	7120	5962	5942
2520	8190	4034	7790	4616	2412	2668		5191	7218	6019	6003
2555	8301	4070	7868	4652	2430	2691		5271	7271	6067	6067
2591	8451	4110	7951	4694	2437	2711		5326	7322	6110	6141
2650	8494	4212	8053	4737	2454	2728		5429	7381	6188	6221
2685	8554	4245	8108	4762	2463	2743		5492	7427	6223	6264
2755	8618	4271	8142	4794	2472	2766		5545	7469	6273	6294
2848	8693	4312	8173	4813	2478	2784		5602	7517	6298	6335
2897	8730	4355	8189	4837	2492	2797		5682	7559	6330	6381
2933	8790	4412	8226	4861	2522	2819		5728	7592	6362	6413
2977	8401	4475	8263	4883	2533	2838		5773	7607	6382	6448
3008	8457	4557	8295	4910	2537	2851		5804	7619	6402	6458
3039	8518	4627	8331	4924	2545	2865		5849	7652	6410	6468
3052	8543	4662	8373	4931	2550	2882		5874	7691	6409	6467
3056	8616	4709	8446	4961	2563	2895		5944	7740	6398	6462
3066	8667	4758	8438	4961	2563	2900		5946	7726	6386	6451
3087	8698	4804	8448	4966	2564	2907		5955	7722	6361	6444
3137	8846	4833	8448	4968	2559	2920		5971	7782	6354	6493
3194	9064	4883	8455	4990	2566	2938		5984	7774	6353	6508
3293	9269	4696	8536	5061	2575	2966		6025	7788	6447	6633
3384	9281	4843	8619	5137	2610	2993		6104	7837	6514	6687
3439	9389	4947	8650	5149	2605	3019		6090	7947	6506	6656
3535	9485	5017	8764	5167	2620	3048		6118	7996	6561	6702
3649	9661	5045	8833	5175	2630	3063		6096	8034	6600	6741
3699	9200	5086	8845	5180	2630	3078		6096	8002	6582	6692
3776	9421	5135	8890	5186	2637	3087		6118	8053	6605	6718
3833	9600	5187	8904	5120	2635	3080		6138	8035	6561	6658
3904	9781	5262	8918	5127	2649	3100		6157	8062	6568	6680
4039	10097	5425	8938	5122	2664	3117		6193	8085	6572	6699
4153	10388	5586	8920	5118	2678	3130		6205	8081	6587	6686
4299	10721	5752	8998	5137	2683	3153	14991	6228	8050	6566	6703

15－3 区(市)县户籍人口自然变动情况(2016年)

Statistics on Natural Changes of Registered Population in Districts, Cities at County Level and Counties(2016)

	出生人口 (人)	死亡人口 (人)	出生率 (‰)	死亡率 (‰)	自然增长率 (‰)
全　　市	**173577**	**104245**	**12.51**	**7.51**	**5.00**
#锦 江 区	7335	1672	13.98	3.19	10.80
青 羊 区	8328	2246	12.54	3.38	9.16
金 牛 区	8256	3376	10.89	4.45	6.44
武 侯 区	17128	4007	15.49	3.62	11.87
成 华 区	8801	5314	12.05	7.27	4.77
龙泉驿区	10237	5112	15.71	7.85	7.87
青白江区	4202	3270	10.04	7.81	2.23
新 都 区	9812	6798	13.24	9.17	4.07
温 江 区	6464	3219	15.30	7.62	7.68
双 流 区	16963	11071	16.07	10.49	5.58
郫 都 区	8595	3202	15.16	5.65	9.51
金 堂 县	12088	7071	13.49	7.89	5.60
大 邑 县	5262	3747	10.26	7.31	2.95
蒲 江 县	3141	2929	11.72	10.93	0.79
新 津 县	3584	1739	11.41	5.54	5.87
简 阳 市	14305	5881	9.58	3.94	5.64
都江堰市	6517	6195	10.48	9.97	0.52
彭 州 市	8217	11435	10.19	14.18	－3.99
邛 崃 市	7037	9864	10.70	15.00	－4.30
崇 州 市	7305	6097	10.91	9.11	1.80

15－4 区(市)县户籍人口机械变动情况(2016年)

Moving Changes of Registered Population in Districts, Cities at County Level and Counties(2016)

	迁入人口(人)	迁出人口(人)	迁入率(‰)	迁出率(‰)	机械变动增长率(‰)
全　市	**268651**	**115876**	**19.36**	**8.35**	**11.01**
#锦江区	26228	13030	50.00	24.84	25.16
青羊区	21855	10306	32.91	15.52	17.39
金牛区	15269	6930	20.13	9.14	11.00
武侯区	49295	28736	44.59	25.99	18.60
成华区	20273	5887	27.75	8.06	19.69
龙泉驿区	16738	5529	25.69	8.49	17.20
青白江区	3027	2052	7.23	4.90	2.33
新都区	15445	3805	20.85	5.14	15.71
温江区	16182	4875	38.29	11.54	26.76
双流区	33025	5654	31.29	5.36	25.93
郫都区	16881	5714	29.78	10.08	19.70
金堂县	6247	3544	6.97	3.96	3.02
大邑县	2211	1792	4.31	3.49	0.82
蒲江县	1165	878	4.35	3.28	1.07
新津县	1649	1180	5.25	3.76	1.49
简阳市	11285	7340	7.56	4.92	2.64
都江堰市	4394	2415	7.07	3.89	3.18
彭州市	2745	2697	3.40	3.34	0.06
邛崃市	2506	1784	3.81	2.71	1.10
崇州市	2231	1728	3.33	2.58	0.75

15-5 区(市)县婚姻、计划生育情况(2016年)

Matrimony and Family Planning in Districts, Cities at County Level and Counties(2016)

	结婚登记人数 (人)	离婚登记人数 (人)	符合政策生育率 (%)	一孩率 (%)
全　市	**263604**	**146802**	**98.52**	**63.05**
#锦江区	11320	7138	100	68.79
青羊区	16068	7712	99.85	72.33
金牛区	13476	7646	98.72	68.64
武侯区	12590	7634	99.89	69.52
成华区	13528	9558	99.13	68.80
龙泉驿区	13682	7518	98.83	61.02
青白江区	7196	4816	98.69	61.88
新都区	14338	7728	99.37	60.18
温江区	7972	4934	99.58	57.23
双流区	21728	12334	98.78	58.12
郫都区	9928	5842	99.20	61.29
金堂县	16190	7608	96.02	59.82
大邑县	9194	5054	99.48	60.00
蒲江县	4720	2264	98.79	61.23
新津县	5718	3448	99.26	60.21
简阳市	25444	11686	95.85	61.08
都江堰市	10920	6824	98.08	62.76
彭州市	13998	7900	98.97	63.05
邛崃市	12190	6472	96.36	58.47
崇州市	11976	6944	99.58	63.36

15－5 续表

	已婚育龄妇女人数（万人）	已婚育龄妇女中一孩妇女人数（万人）	综合避孕率（%）
全　市	**272.26**	**201.14**	**80.53**
#锦江区	7.72	5.76	77.82
青羊区	10.93	8.56	79.09
金牛区	11.74	8.53	84.28
武侯区	19.43	14.19	76.67
成华区	10.68	7.97	74.37
龙泉驿区	13.87	10.67	78.91
青白江区	8.80	6.86	84.67
新都区	19.02	14.88	83.83
温江区	8.82	6.96	77.53
双流区	20.75	15.80	77.73
郫都区	11.61	9.37	78.59
金堂县	18.27	11.26	82.80
大邑县	11.14	8.90	83.04
蒲江县	5.73	4.63	82.79
新津县	6.61	5.25	80.26
简阳市	30.62	16.72	84.80
都江堰市	12.95	10.29	85.65
彭州市	16.07	12.60	73.08
邛崃市	13.58	10.48	79.10
崇州市	13.93	11.46	82.12

15 -6 区(市)县地区生产总值(2016年)

Gross Domestic Product in Districts, Cities at County Level and Counties(2016)

单位:万元

	地区生产总值	第一产业	第二产业	# 工 业	第三产业
全 市	**121702335**	**4749396**	**52019898**	**44785595**	**64933041**
#锦 江 区	8345913	6404	938017	570123	7401492
青 羊 区	9456488	375	1564224	872786	7891889
金 牛 区	9500519	845	1958026	1091645	7541648
武 侯 区	8678206	67	1719340	1291690	6958799
成 华 区	7562006	933	1382054	1142093	6179019
龙泉驿区	10392210	268217	7984775	7696914	2139218
青白江区	3670094	144020	2613540	2476574	912534
新 都 区	6321698	264162	3754342	3487508	2303194
温 江 区	4264588	178313	2127165	2034067	1959110
双 流 区	9671540	353256	4566353	3760352	4751931
郫 都 区	4627253	223043	2643626	2432266	1760584
金 堂 县	3236557	434820	1482262	975187	1319475
大 邑 县	2042304	334842	864059	732749	843403
蒲 江 县	1179685	184788	587268	525368	407629
新 津 县	2592004	168593	1510811	1401211	912600
简 阳 市	3658526	587017	1975879	1815328	1095630
都江堰市	3062245	256326	1111523	692419	1694396
彭 州 市	3607288	481506	2048538	1973084	1077244
邛 崃 市	2281261	355767	1049952	909953	875542
崇 州 市	2540435	336422	1234032	934633	969981

15－7　区(市)县地区生产总值发展速度(2016年)

Development Rates of Gross Domestic Product in Districts, Cities at County Level and Counties(2016)

单位:%

	地区生产总值	第一产业	第二产业	# 工　业	第三产业
全　市	**107.7**	**104.0**	**106.7**	**106.9**	**109.0**
#锦江区	107.0	101.7	98.9	98.2	108.2
青羊区	107.2	79.7	102.5	101.9	108.2
金牛区	106.6	84.9	101.3	102.1	108.1
武侯区	107.3	172.2	102.4	102.0	108.6
成华区	107.5	69.5	102.3	104.7	108.7
龙泉驿区	104.0	101.5	102.6	102.8	109.8
青白江区	108.7	103.6	107.1	107.4	114.5
新都区	108.0	103.9	107.7	108.3	109.2
温江区	108.1	103.1	107.7	108.0	109.2
双流区	110.6	100.8	109.0	109.0	113.1
郫都区	108.1	103.4	107.8	108.4	109.2
金堂县	112.3	105.1	112.4	115.9	114.8
大邑县	110.5	104.9	113.6	115.2	109.7
蒲江县	110.5	104.7	112.1	112.6	110.8
新津县	112.1	104.7	113.2	113.9	111.7
简阳市	107.5	104.0	107.7	108.1	109.0
都江堰市	109.5	105.3	109.9	109.4	110.0
彭州市	107.6	105.0	104.9	104.8	114.5
邛崃市	110.6	104.1	112.5	113.9	111.2
崇州市	111.3	104.5	113.1	116.2	111.5

注:发展速度以上年度为基期,按可比价格计算。

15－8　区(市)县农林牧渔业总产值

Gross Output Value of Farming, Forestry, Animal Husbandry and Fishery in Districts, Cities at County Level and Counties

单位:万元

	1978 年	1980 年	1990 年	2000 年	2010 年	2015 年	2016 年
全　市	**157073**	**171518**	**601911**	**1977360**	**4701886**	**6630582**	**8412540**
#龙泉驿区	8551	8402	31264	156929	442929	500494	522835
青白江区	6540	7591	21574	67411	165317	242020	258054
新 都 区	11133	12687	44402	129089	287293	428071	457753
温 江 区	7369	7765	21371	74367	209485	274677	291461
双 流 区	17079	19464	54809	200855	528510	623897	647333
郫 都 区	11108	10958	36945	127977	286232	374429	398465
金 堂 县	13567	14985	56926	179171	468581	709320	768104
大 邑 县	7492	9645	35912	112632	329418	543347	586614
蒲 江 县	5380	6322	22200	74275	221831	296160	319073
新 津 县	4924	5745	19173	80910	203064	293510	316188
简 阳 市							1321177
都江堰市	10492	11948	40924	131933	252159	414921	449899
彭 州 市	14812	17203	61611	195610	463405	762785	824311
邛 崃 市	10485	13377	52290	171294	403475	609605	653380
崇 州 市	14852	16075	54908	158879	393963	542140	583079

15－9　区(市)县农林牧渔业总产值(2016年)

Gross Output Value of Farming, Forestry, Animal Husbandry and Fishery in Districts, Cities at County Level and Counties(2016)

单位:万元

	总　计	其　中:				
		农　业	林　业	牧　业	渔　业	农林牧渔服务业
全　市	**8412540**	**4430867**	**162180**	**3323983**	**267541**	**227970**
#锦江区	10596	10596				
青羊区	556	556				
金牛区	1243	1243				
武侯区	100	100				
成华区	1625	1625				
龙泉驿区	522835	334247	49207	67817	30133	41431
青白江区	258054	159740	1559	75458	4161	17136
新都区	457753	266708	1486	159396	6852	23311
温江区	291461	261440	361	21630	3224	4806
双流区	647333	417461	3855	185288	26993	13736
郫都区	398465	352389	768	30443	1915	12950
金堂县	768104	482027	7650	227208	16199	35020
大邑县	586614	182877	11428	359652	21348	11309
蒲江县	319073	157344	567	147390	8261	5511
新津县	316188	123131	2412	166483	18004	6158
简阳市	1321177	512155	32758	702212	53795	20257
都江堰市	449899	157377	37794	204192	24483	26053
彭州市	824311	482529	8565	319643	8091	5483
邛崃市	653380	220746	25974	381331	9614	15715
崇州市	583079	255490	9090	283519	14144	20836

15－10　区(市)县农林牧渔业总产值构成(2016年)

Gross Output Value of Farming, Forestry, Animal Husbandry and Fishery in Districts, Cities at County Level and Counties and Its Composition(2016)

单位:%

	总　计	其　中:				
		农　业	林　业	牧　业	渔　业	农林牧渔服务业
全　市	**100**	**52.7**	**1.9**	**39.5**	**3.2**	**2.7**
#锦江区	100	100				
青羊区	100	100				
金牛区	100	100				
武侯区	100	100				
成华区	100	100				
龙泉驿区	100	63.9	9.4	13.0	5.8	7.9
青白江区	100	61.9	0.6	29.2	1.6	6.6
新都区	100	58.3	0.3	34.8	1.5	5.1
温江区	100	89.7	0.1	7.4	1.1	1.6
双流区	100	64.5	0.6	28.6	4.2	2.1
郫都区	100	88.4	0.2	7.6	0.5	3.2
金堂县	100	62.8	1.0	29.6	2.1	4.6
大邑县	100	31.2	1.9	61.3	3.6	1.9
蒲江县	100	49.3	0.2	46.2	2.6	1.7
新津县	100	38.9	0.8	52.7	5.7	1.9
简阳市	100	38.8	2.5	53.2	4.1	1.5
都江堰市	100	35.0	8.4	45.4	5.4	5.8
彭州市	100	58.5	1.0	38.8	1.0	0.7
邛崃市	100	33.8	4.0	58.4	1.5	2.4
崇州市	100	43.8	1.6	48.6	2.4	3.6

15－11 区(市)县年末生猪存栏数

Number of Living Hogs in Districts, Cities at County Level and Counties

单位:头

	1978年	1980年	1990年	2000年	2010年	2015年	2016年
全　市	**4590063**	**5421991**	**5329303**	**4331741**	**5246321**	**4186365**	**4579957**
#锦 江 区				26742	1760		
青 羊 区				32740	704		
金 牛 区	269677	283544	277319	61134	4023		
武 侯 区				20923	1250		
成 华 区				56027	11183		
龙泉驿区	227517	241606	268666	172649	129369	75951	47725
青白江区	235256	267619	248464	202242	171770	96463	87667
新 都 区	355193	400301	322210	234262	227812	111766	108088
温 江 区	167215	214417	249651	200312	129670	43122	10436
双 流 区	542336	593404	533261	323112	433775	295002	267801
郫 都 区	261455	344499	344841	261861	147096	58248	44853
金 堂 县	502264	575928	552860	584138	587166	521718	483374
大 邑 县	274919	323895	322571	313159	596314	489390	442259
蒲 江 县	149605	190968	207639	148680	430819	492537	473591
新 津 县	157642	181843	202910	172552	201232	157021	163471
简 阳 市							722875
都江堰市	284847	379640	332703	253086	283269	240344	241352
彭 州 市	434814	518500	486550	373744	447449	327238	296856
邛 崃 市	354797	436806	493786	550662	831801	803915	701845
崇 州 市	372526	469021	485872	310862	597660	503650	487764

15-12 历年区(市)县

Total Grain Yield in Districts, Cities at

年　份	全　市	龙泉驿区	青白江区	新都区	温江区	双流区	郫都区	金堂县
1949	1273658	57550	59710	88810	60890	155510	96710	95544
1957	1870274	78905	71760	140335	76055	193463	143020	133102
1962	1372761	48095	60370	111510	59295	117443	113790	113043
1965	1917783	82975	77990	145530	86535	189340	145745	147963
1970	2339406	107370	100345	173055	98385	240780	169290	192538
1975	2539669	132180	113290	205800	112030	286099	180380	211019
1978	2948539	156920	126085	214775	125870	332503	208028	245199
1979	3104080	159605	131755	222950	126965	335998	216370	260504
1980	3051394	156495	130740	217670	130160	344047	212992	282109
1981	3010770	149550	117340	214290	133645	330815	217861	216615
1982	3526560	171495	144160	259995	143555	399362	250940	315752
1983	3712175	180210	153415	262570	147915	412318	258840	351130
1984	3593555	186975	151900	260585	151175	389172	237195	345765
1985	3447355	176890	151670	241675	138715	372821	233170	339120
1986	3577317	170335	149669	250441	150124	387088	254201	315512
1987	3538924	171232	142942	252429	150438	372897	250029	327089
1988	3295664	155911	137991	230236	143431	338568	234655	317010
1989	3567994	176466	148740	252453	151220	386346	243844	346236
1990	3817016	187058	153745	273361	158486	416971	269136	349793
1991	3922619	189782	161912	275714	164900	437011	279412	337694
1992	3990512	196678	165086	276635	166593	437509	274367	362942
1993	3975301	170404	161258	281046	166691	435888	285296	356033
1994	3972979	170500	160438	281676	167179	429424	294634	359200
1995	3989688	172587	163254	283686	168309	432569	292139	365046
1996	4006090	172782	166824	285593	169260	428096	292192	367342
1997	4020984	172240	160677	271665	168885	422736	296379	371452
1998	4038582	171150	162409	282547	164785	422402	296462	371929
1999	3970178	165061	163377	272092	161227	413132	280063	377661
2000	3637072	125018	155671	263925	137437	371383	242205	332631
2001	3107297	102928	132257	203563	108864	295681	190756	252783
2002	2990804	74601	137962	221015	94565	294670	179377	267163
2003	2651189	52482	132909	190036	64655	258602	153472	255478
2004	2760346	50572	146918	198342	67614	286070	152593	297327
2005	2599076	52520	145605	190395	63384	280497	150596	289811
2006	2651040	51623	139262	204927	58219	286652	158822	246687
2007	2701146	51907	145962	205708	59155	289231	165640	293701
2008	2745143	54231	149814	209829	59692	294963	171180	318878
2009	2788817	54003	150351	210659	60369	300301	175134	321660
2010	2747776	51405	148899	209442	56729	273271	163353	326138
2011	2654293	49956	134886	211155	52568	259005	116498	338748
2012	2499921	35628	117353	212410	15237	232671	94883	306946
2013	2431075	33292	115205	212799	12969	222737	81816	309601
2014	2370496	30909	110422	206960	10524	216236	68142	323194
2015	2301516	29573	111269	196814	8299	193848	62083	326178
2016	2904358	27059	111793	194352	8467	181912	57504	319731

粮食总产量

County Level and Counties over the Years

单位:吨

大邑县	蒲江县	新津县	简阳市	都江堰市	彭州市	邛崃市	崇州市
75875	45605	33236	174031	101460	124925	84518	123315
128010	67785	65255	238217	134295	196350	158475	175080
84485	38920	50760	169162	86890	157220	116005	141805
120985	70416	69520	251624	126710	195426	168310	184650
149085	91463	80790	349233	148285	247711	189582	217030
148625	88997	90615	365123	152380	264658	188039	216935
199850	111516	106445	428200	184225	285237	235438	257410
214815	122845	109540	443400	193885	310418	263125	274605
205680	118195	110580	539300	178835	301665	255510	253870
215440	118410	110780	475900	194610	300280	264850	265050
235555	129885	119585	580500	229930	346225	304285	307650
250610	138665	127180	632500	232225	361250	330420	332155
246620	121865	120160	623545	227700	340340	285205	350950
233360	118675	121125	623197	211835	305105	299070	339110
247259	127790	126652	656974	227581	328326	330838	350705
241526	132989	127762	678819	225417	309278	332162	345083
218718	133310	108674	615223	210891	292780	304775	318577
235544	139559	123681	687085	222647	324015	327406	332982
275918	143934	129562	702326	255716	349609	337250	357397
287890	146927	138606	721701	264161	364937	348013	367756
284728	151119	142771	725221	260557	387642	358200	369807
281348	151772	147093	572417	254986	397966	370004	369954
261279	152325	147088	633400	262847	406035	363781	379303
262324	154798	147235	711947	266579	408556	365198	379393
270120	156592	148136	713219	266596	412617	370222	379571
279322	159730	151981	714018	266650	417795	379689	385032
281596	160116	151657	714581	266630	420124	385655	385121
285908	155956	147584	759912	265568	420388	378772	383309
276013	138363	139069	735233	239895	404117	360011	369538
255617	124296	122791	563767	222914	363450	333414	339302
255130	125761	118590	685844	198826	326228	313898	333583
238507	121433	115859	576724	174009	267105	294200	296323
235869	127243	120000	660116	169614	279401	295008	302323
205720	113161	114633	699915	151166	263728	261480	293604
211730	118752	119695	556924	168494	285796	269937	314051
212449	121236	122503	575640	159407	265181	277761	320143
214798	122264	123734	585855	159044	253719	282574	323139
216043	123010	124891	584869	167487	271095	283030	324925
211287	121973	123565	595402	168943	276703	274831	327712
202984	120230	113361	609523	168246	280669	273835	323534
203320	116470	108828	616626	169220	285514	275349	321085
202674	100635	105095	653029	167326	285686	277879	300467
195163	99890	105041	657129	158064	287694	275858	281042
191874	85615	103938	661291	152075	288255	277371	273389
196280	53179	103323	667293	146904	286028	276648	273085

15－13 区(市)县农林牧渔业主要产品产量

Yield of Major Farm Crops in Districts, Cities at County Level and Counties

单位:吨

	稻谷产量		小麦产量		油菜籽产量	
	2015 年	2016 年	2015 年	2016 年	2015 年	2016 年
全　市	**1447316**	**1591071**	**284340**	**395706**	**244849**	**298745**
#锦江区						
青羊区	30	47	3		68	
金牛区	213	134			157	117
武侯区						
成华区	346	307				
龙泉驿区	6870	6265	72	66	4074	3948
青白江区	56074	55747	17779	17483	11331	11461
新都区	146518	145226	38740	38260	21541	20910
温江区	7598	7858	135	133	1463	1398
双流区	111872	109467	19490	11241	22938	24160
郫都区	50653	50653	5523	5523	10208	10032
金堂县	102808	100316	60315	54625	29715	30753
大邑县	129293	128760	23463	32420	14663	12078
蒲江县	43725	14753			16792	15673
新津县	74314	74435	15463	15454	10178	9819
简阳市		189733		116472		57888
都江堰市	113976	111029	23321	22266	21503	21824
彭州市	212988	212570	15316	13325	16213	16369
邛崃市	189800	186709	17749	22943	38452	37470
崇州市	199984	200489	46971	46071	25410	24719

15－13　续表1

单位:吨

	蔬菜产量		水果产量		禽蛋产量	
	2015 年	2016 年	2015 年	2016 年	2015 年	2016 年
全　市	**5708391**	**6373555**	**1308143**	**1504345**	**165800**	**199606**
#锦 江 区	458	468	7	3		
青 羊 区	668	862				
金 牛 区	4311	3722				
武 侯 区	256	390				
成 华 区	7795	6657	87	88	45	
龙泉驿区	258827	255605	235370	232131	5038	4124
青白江区	196741	183553	28811	29278	6323	6682
新 都 区	306626	304122	28136	26789	12005	12467
温 江 区	56140	57791	12	88	4619	4180
双 流 区	419634	411498	227168	214383	5578	4173
郫 都 区	691052	736297	10164	8726	2351	2206
金 堂 县	1021843	1057035	245983	248644	23522	23876
大 邑 县	254357	270915	42232	37085	23277	23541
蒲 江 县	194904	200511	268021	329545	3426	3466
新 津 县	212814	225384	36841	41660	12343	12410
简 阳 市		491972		146569		32047
都江堰市	204114	222783	39298	40174	9201	9391
彭 州 市	1263796	1309771	31376	32095	14721	14834
邛 崃 市	316199	323420	89149	90325	11231	11758
崇 州 市	296187	309180	25488	26762	32120	34451

15 - 13 续表 2

	水产品（吨）		出栏生猪头数（头）		出栏羊只数（只）	
	2015 年	2016 年	2015 年	2016 年	2015 年	2016 年
全　市	**105500**	**146230**	**7206208**	**8115283**	**394298**	**1314335**
#锦 江 区						
青 羊 区						
金 牛 区	350	350				
武 侯 区						
成 华 区	380	360	1910			
龙泉驿区	9600	10060	154077	134832	11526	9403
青白江区	3750	4110	201422	194496	15003	15513
新 都 区	2000	2320	202090	192303	636	690
温 江 区	1050	1158	104995	88421		
双 流 区	19515	21600	536211	482435	42846	36814
郫 都 区	1050	1210	118580	94840		
金 堂 县	10000	12266	679631	658990	203783	224794
大 邑 县	9340	9750	786310	742623	42863	41733
蒲 江 县	7350	7400	662872	651417	7593	6481
新 津 县	10550	11456	343276	342512	9236	9510
简 阳 市		32000		1178592		907090
都江堰市	1110	1270	459808	466898	9706	9987
彭 州 市	4300	4650	579960	570060	7220	7305
邛 崃 市	12675	14070	1508007	1468094	24763	24515
崇 州 市	11600	11700	867059	848770	19123	20500

15－13 续表3

单位:吨

	肉类总产量		#猪肉		牛　奶	
	2015 年	2016 年	2015 年	2016 年	2015 年	2016 年
全　市	**681706**	**783508**	**505917**	**571397**	**102074**	**104492**
#锦 江 区						
青 羊 区						
金 牛 区						
武 侯 区						
成 华 区	205		131			
龙泉驿区	13014	11549	10363	9245	1261	1025
青白江区	15500	15191	12502	12183	6008	8506
新 都 区	21751	21153	14298	13605	11814	11160
温 江 区	7964	6761	6530	5471		
双 流 区	54456	48838	37713	33860	7940	7190
郫 都 区	10347	8559	8423	6743	7511	6732
金 堂 县	71881	72094	47982	47039	21981	13728
大 邑 县	75700	73222	56357	53478	457	391
蒲 江 县	57157	56473	47461	46648	6	4
新 津 县	40621	41695	21348	21239	1715	1653
简 阳 市		116860		84277		8320
都江堰市	46693	47722	32894	33619	1797	1782
彭 州 市	59994	59841	41322	40593	9133	8925
邛 崃 市	127854	124778	107657	103682	25483	27839
崇 州 市	78569	78772	60936	59715	6968	7237

15－14　区(市)县农村居民人均收入情况(2016年)

Per Capita Income of Rural Residents in Districts, Cities at County Level and Counties(2016)

单位:元

	农村居民人均总收入		农村居民人均可支配收入	
	绝对数	比上年±%	绝对数	比上年±%
全　市	**25494**	**16.2**	**18605**	**9.4**
#龙泉驿区	29198	8.9	23501	8.6
青白江区	24093	19.7	19380	8.8
新 都 区	23771	12.8	21071	8.9
温 江 区	28517	6.3	23401	8.8
双 流 区	29237	13.9	22609	9.7
郫 都 区	24819	2.7	22134	8.5
金 堂 县	24051	9.2	16212	9.8
大 邑 县	25874	21.1	18096	9.6
蒲 江 县	27993	10.5	18119	9.5
新 津 县	27083	13.6	18492	9.7
简 阳 市	18595	3.3	13531	9.8
都江堰市	32864	55.0	18140	9.9
彭 州 市	23583	15.7	17935	9.9
邛 崃 市	28881	28.7	17027	9.6
崇 州 市	24321	21.4	17896	10.0

15－15　区(市)县农村居民人均支出情况(2016年)

Per Capita Annual Expenditure of Rural Residents in Districts, Cities at County Level and Counties(2016)

单位:元

	人均家庭经营费用支出		人均生活消费支出	
	绝对数	比上年±%	绝对数	比上年±%
全　市	**5312**	**42.2**	**13428**	**9.3**
#龙泉驿区	4173	10.3	16677	9.8
青白江区	3454	183.2	13640	9.1
新 都 区	1391	63.7	14786	9.2
温 江 区	2593	－11.1	16686	11.0
双 流 区	5116	53.7	15899	9.2
郫 都 区	1651	－35.3	15726	4.6
金 堂 县	7056	13.0	11467	9.6
大 邑 县	5972	71.6	13390	11.4
蒲 江 县	9072	14.3	12396	5.3
新 津 县	6575	21.6	13831	10.8
简 阳 市	4349	－14.1	10399	10.3
都江堰市	12929	286.6	13490	11.8
彭 州 市	2981	6.3	13814	11.6
邛 崃 市	9332	85.0	12450	9.5
崇 州 市	4377	58.7	11981	5.2

15 - 16 历年区(市)县

Per Capita Disposable Income of Rural Residents in Districts,

年 份	全 市	龙泉驿区	青白江区	新都区	温江区	双流区	郫都区	金堂县
1949	32	30	23	24	45	40	42	21
1957	54	62	35	56	80	72	77	34
1962	44	43	47	53	66	58	62	35
1965	67	71	57	87	103	65	101	50
1970	82	80	74	124	125	72	120	63
1975	90	93	80	132	132	80	135	61
1978	140	155	129	156	176	130	168	138
1979	175	179	142	202	204	141	188	144
1980	223	221	187	259	262	192	238	151
1981	276	194	133	303	304	227	281	156
1982	310	260	195	374	323	265	325	197
1983	334	298	213	375	373	305	359	236
1984	366	308	280	459	392	343	405	278
1985	413	359	357	492	433	378	457	310
1986	458	470	420	549	490	435	493	343
1987	526	528	467	625	553	507	552	390
1988	632	570	526	684	624	596	584	443
1989	693	790	598	746	702	650	667	502
1990	773	692	649	876	791	690	707	552
1991	832	831	755	987	880	745	821	609
1992	903	944	820	1067	969	850	868	660
1993	1029	1046	906	1167	1128	1029	1036	777
1994	1303	1378	1160	1498	1560	1375	1415	1081
1995	1649	1703	1463	1769	1891	1771	1844	1424
1996	2051	2047	1815	2202	2318	2226	2190	1808
1997	2427	2499	2196	2417	2556	2578	2555	2187
1998	2631	2699	2418	2623	2763	2808	2771	2390
1999	2783	2881	2570	2793	2936	2979	2942	2543
2000	2926	3041	2713	2943	3092	3141	3098	2686
2001	3178	3268	2944	3114	3298	3308	3270	2804
2002	3377	3493	3141	3345	3527	3517	3480	2951
2003	3655	3755	3351	3661	3838	3831	3782	3123
2004	4072	4207	3787	4141	4345	4293	4210	3482
2005	4485	4679	4175	4605	4864	4767	4700	3834
2006	4905	5124	4552	5033	5351	5227	5156	4143
2007	5642	5934	5231	5803	6245	6079	5996	4690
2008	6481	7255	6236	7086	7611	7129	7320	5410
2009	7129	7901	6767	7699	8264	7718	7944	5800
2010	8205	9248	7871	8985	10007	9030	9271	6699
2011	9895	11079	9369	10800	12028	10818	11107	8215
2012	11501	12554	10612	12256	13628	12262	12595	9409
2013	12985	14098	12045	13800	15345	13758	14132	10670
2014	14478	15649	13551	15345	17125	15299	15701	12078
2015	17690	21640	17812	19349	21508	20610	20400	14765
2016	18605	23501	19380	21071	23401	22609	22134	16212

农村居民人均可支配收入

Cities at County Level and Counties over the Years

单位:元

大邑县	蒲江县	新津县	简阳市	都江堰市	彭州市	邛崃市	崇州市
38	22	23		33	37	29	32
66	32	48		67	70	52	52
63	36	39		45	48	36	41
80	59	54		66	65	60	64
110	79	68		73	83	68	75
111	83	70		75	85	60	67
136	135	151		121	131	122	131
187	195	206		172	181	135	154
198	202	225		197	229	208	224
247	257	291		262	271	237	272
340	341	327		278	309	253	321
377	351	329		315	350	264	354
384	359	346		347	366	345	422
442	417	435		399	404	429	438
464	459	470		456	466	477	500
501	505	553		503	543	522	609
611	559	595		622	671	644	688
711	626	630		666	696	684	719
754	651	635		692	742	711	819
803	788	773		777	831	754	846
891	859	865		835	915	832	884
1066	950	968		1020	1026	941	1044
1327	1220	1330		1330	1347	1227	1326
1654	1544	1710		1758	1763	1580	1682
2034	1909	2087		2219	2195	1944	2100
2343	2188	2420		2434	2487	2209	2447
2572	2443	2635		2636	2710	2420	2652
2737	2596	2787		2788	2841	2572	2803
2887	2739	2933		2933	2984	2715	2946
3060	2898	3072		3193	3062	2886	3075
3252	3093	3248		3389	3257	3070	3269
3438	3300	3558		3609	3485	3251	3502
3872	3708	4013		4038	3847	3622	3899
4282	4130	4462		4466	4262	4022	4266
4649	4472	4862		4852	4635	4359	4616
5314	5094	5523		5536	5275	4969	5222
6095	5856	6417		5400	5228	5689	5970
6538	6298	6962		5832	5602	6110	6412
7544	7330	8020		7086	6672	7071	7464
9095	8855	9669		9671	8647	8598	9084
10406	10135	11064		10417	9793	9833	10406
11759	11453	12524		11792	11066	11101	11780
13229	12839	14102		13266	12438	12444	13241
16511	16547	16856	12323	16506	16319	15536	16269
18096	18119	18492	13531	18140	17935	17027	17896

15－17 成都产粮大县粮食产量情况(2016 年)

Annual Grain Output of the Main Grain－producing County in Chengdu(2016)

单位:万亩、万吨

区(市)县	全年粮食		其中:夏收粮食		#小麦		其中:秋收粮食		#水稻		#玉米	
	面积	产量	面积	产量	面积	产量	面积	产量	面积	产量	面积	产量
新都区	40.95	19.71	10.93	3.54	9.28	3.08	30.02	16.17	27.61	15.38	0.70	0.27
金堂县	90.12	31.11	30.20	8.53	19.00	5.83	59.92	22.58	18.05	9.91	22.19	8.14
双流区	48.83	21.12	12.65	3.83	7.40	2.42	36.18	17.29	22.37	12.59	6.17	2.41
郫都区	16.72	8.07	3.19	1.02	2.41	0.79	13.53	7.06	11.46	6.35	0.52	0.20
大邑县	46.88	20.12	10.88	3.22	7.90	2.44	36.00	16.89	23.85	12.93	6.30	2.48
都江堰市	31.98	14.97	8.26	2.62	7.36	2.37	23.72	12.35	19.81	10.90	2.35	0.99
彭州市	59.65	27.48	11.24	3.01	3.56	1.13	48.41	24.46	36.35	20.14	6.33	2.60
邛崃市	63.33	26.94	8.11	2.15	4.50	1.38	55.22	24.80	33.24	17.98	9.73	3.54
崇州市	65.09	29.30	19.80	6.00	16.60	5.13	45.29	23.30	37.22	20.66	2.79	1.05
简阳市	233.87	68.00	78.90	14.59	48.00	10.18	154.97	53.41	36.27	17.77	65.78	25.00

15－18 成都生猪大县生猪生产情况(2016年)

Situation of the Main Pig－producing County in Chengdu(2016)

县 名	期末存栏(万头)		能繁母猪(万头)		全年出栏(万头)		猪肉产量(万吨)	
	2016年	比上年±%	2016年	比上年±%	2016年	比上年±%	2016年	比上年±%
金堂县	41.82	－1.8	4.87	－1.6	62.53	－1.7	4.50	－1.7
大邑县	46.75	－2.0	4.91	－1.8	73.88	－1.9	5.30	－1.9
蒲江县	41.76	－0.8	6.27	－0.6	63.09	－0.7	4.49	－0.7
彭州市	33.23	－2.3	2.89	－2.1	52.78	－2.2	3.81	－2.2
邛崃市	84.01	－1.7	8.41	－1.5	123.79	－1.6	9.27	－1.6
崇州市	49.62	－2.9	4.53	－2.7	64.97	－2.8	4.71	－2.8
简阳市	74.88	－3.4	8.00	－3.2	111.83	－3.3	8.01	－3.3

15－19　区(市)县规模以上工业企业主要经济指标(2016年)

Main Indicators of Industrial Enterprises above Designed Size in Districts, Cities at County Level and Counties(2016)

单位:万元

	企业数(个)		#亏损企业	亏损面(%)	工业总产值	
	绝对数	占全市的比重(%)			绝对数	占全市的比重(%)
全　市	**3605**	**100**	**441**	**12.23**	**122956041**	**100**
#锦江区	12	0.3			190548	0.2
青羊区	30	0.8			2696062	2.2
金牛区	47	1.3	3	6.4	889740	0.7
武侯区	73	2.0	11	15.1	1604343	1.3
成华区	32	0.9	9	28.1	1239999	1.0
龙泉驿区	263	7.3	56	21.3	19665563	16.0
青白江区	255	7.1	29	11.4	5638819	4.6
新都区	342	9.5	34	9.9	8207032	6.7
温江区	212	5.9	23	10.9	4660750	3.8
双流区	298	8.3	30	10.1	12107632	9.9
郫都区	348	9.7	17	4.9	6246732	5.1
金堂县	204	5.7	29	14.2	2127541	1.7
大邑县	134	3.7	22	16.4	2452408	2.0
蒲江县	95	2.6	16	16.8	1032245	0.8
新津县	157	4.4	35	22.3	5119478	4.2
简阳市	189	5.2	4	2.1	7423169	6.0
都江堰市	92	2.6	17	18.5	1793069	1.5
彭州市	167	4.6	28	16.8	6088369	5.0
邛崃市	144	4.0	18	12.5	1967348	1.6
崇州市	160	4.4	15	9.4	2877678	2.3

注:规模以上工业企业指年主营业务收入在2000万元及以上的工业企业。

15 - 19 续表 1

单位:万元

	利税总额		利润总额		亏损企业亏损额	
	绝对数	占全市的比重(%)	绝对数	占全市的比重(%)	绝对数	占全市的比重(%)
全　市	**15935171**	**100**	**8450074**	**100**	**985693**	**100**
#锦江区	25828	0.2	15577	0.2		
青羊区	251595	1.6	186997	2.2		
金牛区	133803	0.8	69857	0.8	1696	0.2
武侯区	235881	1.5	177149	2.1	9594	1.0
成华区	83821	0.5	53544	0.6	28705	2.9
龙泉驿区	4572272	28.7	1992782	23.6	196349	19.9
青白江区	91281	0.6	-22430	-0.3	142434	14.5
新都区	892467	5.6	489500	5.8	16580	1.7
温江区	508435	3.2	343958	4.1	24969	2.5
双流区	1572558	9.9	585098	6.9	123818	12.6
郫都区	637285	4.0	403321	4.8	11527	1.2
金堂县	129839	0.8	84218	1.0	11915	1.2
大邑县	55735	0.4	-20974	-0.3	132349	13.4
蒲江县	62636	0.4	46790	0.6	10831	1.1
新津县	353209	2.2	169100	2.0	25582	2.6
简阳市	690879	4.3	409871	4.9	2012	0.2
都江堰市	143352	0.9	81862	1.0	13482	1.4
彭州市	1412744	8.9	521923	6.2	17380	1.8
邛崃市	165333	1.0	98972	1.2	11961	1.2
崇州市	305196	1.9	159463	1.9	3264	0.3

15－19 续表2

	资产总计(万元)		主营业务收入(万元)		从业人员平均人数(人)	
	绝对数	占全市的比重(%)	绝对数	占全市的比重(%)	绝对数	占全市的比重(%)
全　市	**113824642**	**100**	**118642573**	**100**	**930269**	**100**
#锦江区	533162	0.5	184566	0.2	2279	0.2
青羊区	4625942	4.1	2712549	2.3	31506	3.4
金牛区	2122837	1.9	912052	0.8	21782	2.3
武侯区	2265855	2.0	1405517	1.2	18437	2.0
成华区	2177080	1.9	1215339	1.0	11553	1.2
龙泉驿区	18070621	15.9	18957377	16.0	98956	10.6
青白江区	4942475	4.3	4978475	4.2	40291	4.3
新都区	7363560	6.5	7819441	6.6	98699	10.6
温江区	4350484	3.8	4714246	4.0	48139	5.2
双流区	11109013	9.8	10944725	9.2	69844	7.5
郫都区	3577730	3.1	5851014	4.9	45122	4.9
金堂县	2198524	1.9	1721503	1.5	22271	2.4
大邑县	2041873	1.8	2300507	1.9	26924	2.9
蒲江县	780722	0.7	879704	0.7	8333	0.9
新津县	3677258	3.2	4435701	3.7	24529	2.6
简阳市	2681391	2.4	7411122	6.3	43645	4.7
都江堰市	2279331	2.0	1695778	1.4	17690	1.9
彭州市	7029622	6.2	5950201	5.0	31332	3.4
邛崃市	1661727	1.5	1981631	1.7	25323	2.7
崇州市	3067046	2.7	2840311	2.4	53589	5.8

15－19 续表3

单位:%

	产品销售率	总资产贡献率	成本费用利润率	资产负债率	流动资产周转次数(次)
全 市	**95.99**	**14.68**	**7.74**	**53.92**	**1.90**
#锦江区	97.33	5.01	9.24	28.66	0.68
青羊区	99.68	5.76	7.31	64.55	0.97
金牛区	95.63	6.96	8.29	38.62	0.74
武侯区	98.46	10.66	12.57	43.28	1.10
成华区	100.69	4.51	4.63	75.07	0.71
龙泉驿区	97.15	25.62	12.51	58.3	1.63
青白江区	93.15	3.71	-0.43	63.4	2.11
新都区	97.11	13.23	6.63	54.38	2.06
温江区	100.01	12.49	7.66	47.28	2.03
双流区	78.21	15.04	5.58	46.56	2.45
郫都区	96.41	18.44	7.44	49.32	2.84
金堂县	94.17	6.88	5.04	56.4	1.62
大邑县	96.68	3.34	-0.96	52.97	2.10
蒲江县	98.30	9.26	5.61	53.14	2.12
新津县	98.41	10.53	4.02	62.17	2.27
简阳市	98.81	26.90	5.86	44.79	4.92
都江堰市	94.09	8.10	4.91	54.57	1.86
彭州市	98.98	21.25	11.26	46.68	2.55
邛崃市	98.85	10.42	5.26	55.44	2.61
崇州市	97.75	10.65	5.87	54.72	1.73

15－20　区(市)县工业集中发展区主要经济指标(2016年)

Main Indicators of Centralized Industrial Development Zone(2016)

	企业数(户)		签约工业企业数(户)	开工建设工业企业数(户)	竣工投产工业企业数(户)
	绝对数	占集中区的比重(%)			
集中发展区合计	**2671**	**100**	**309**	**820**	**678**
#锦 江 区	3	0.1			
青 羊 区	23	0.9	3	10	10
金 牛 区	35	1.3	55	55	55
武 侯 区	32	1.2	1	2	6
成 华 区	16	0.6	18	18	24
龙泉驿区	213	8.0	35	29	18
青白江区	195	7.3			
新 都 区	225	8.4	28	59	61
温 江 区	196	7.3	13	138	104
双 流 区	247	9.3	17	17	22
郫 都 区	305	11.4	56	154	143
金 堂 县	164	6.1	3	29	19
大 邑 县	99	3.7	6	69	33
蒲 江 县	58	2.2	6	31	15
新 津 县	114	4.3	11	61	36
简 阳 市	118	4.4			
都江堰市	68	2.6	33	26	26
彭 州 市	55	2.1	13	17	13
邛 崃 市	91	3.4	5	8	9
崇 州 市	101	3.8	6	97	84

15－20　续表1

单位:亿元

	固定资产投资	# 基础设施投资	# 工业投资	工业技改投资	实际到位资金
集中发展区合计	**1109.4**	**73.8**	**935.4**	**736.7**	**377.9**
#锦 江 区	6.7	6.4	4.4	4.4	
青 羊 区	0.1				
金 牛 区					35.0
武 侯 区					0.1
成 华 区					35.4
龙泉驿区	184.9	24.8	134.0	83.4	13.1
青白江区	6.3		6.3	6.3	125.3
新 都 区	105.3	7.0	98.3	87.3	13.0
温 江 区	50.1	6.1	32.8	29.9	
双 流 区	60.9	6.6	47.0	16.5	84.8
郫 都 区	76.9	4.3	72.0	64.2	7.9
金 堂 县	96.7		75.9	55.7	
大 邑 县	116.8	0.3	116.1	99.4	9.8
蒲 江 县	8.9	8.9			0.4
新 津 县	137.9	2.1	124.6	108.5	5.3
简 阳 市	42.8	2.6	39.4	37.9	
都江堰市	15.3	1.3	13.6	13.0	5.4
彭 州 市	24.2	1.2	10.7	10.2	42.4
邛 崃 市	81.6	0.8	75.9	64.1	
崇 州 市	94.0	1.4	84.4	55.9	

15－20 续表2

	主营业务收入(亿元)		利税总额(亿元)	
	绝对数	比上年同期±%	绝对数	比上年同期±%
集中发展区合计	**9842.7**	**7.7**	**1254.3**	**1078.7**
#锦江区	3.7	－20.9	0.4	0.5
青羊区	81.2		6.6	6.7
金牛区	74.8	3.1	10.6	10.5
武侯区	65.1	－3.0	10.6	12.5
成华区	78.9	－6.5	3.3	4.1
龙泉驿区	1793.7	12.5	452.3	411.5
青白江区	419.2	9.8	5.2	－13.1
新都区	655.2	11.8	77.8	68.6
温江区	441.4	13.1	39.9	37.2
双流区	760.1	1.8	60.5	57.7
郫都区	559.2	11.2	60.0	56.7
金堂县	154.1	14.3	9.8	7.9
大邑县	201.9	19.1	15.6	14.3
蒲江县	61.0	12.0	3.4	4.3
新津县	418.4	13.1	32.5	17.4
简阳市	534.0	5.7	47.9	45.3
都江堰市	134.0	8.6	9.0	6.5
彭州市	469.9	4.5	131.9	89.3
邛崃市	147.4	15.4	11.9	11.5
崇州市	228.4	14.9	26.8	17.8

15－21 区(市)县邮电通信、交通运输指标(2016 年)

Main Indicators of Postal, Telecommunications and Transportation in Districts, Cities at County Level and Counties(2016)

	邮电主营业务收入(万元)	年末移动电话用户数(户)	年末固定电话用户数(户)	公路客运周转量(万人公里)	公路货运周转量(万吨公里)
全　　市	**2834700**	**24067100**	**5437303**	**1230238**	**2455549**
#龙泉驿区	82010	1138500	100820	789856	476138
青白江区	41437	496398	101092	134501	120095
新 都 区	135509	1505946	269254	203803	482684
温 江 区	78295	972663	212011	177975	4590
双 流 区		2403834	597436	124339	88489
郫 都 区	39948	576370	105463	105463	45698
金 堂 县	5759	175136	86832	34722	40837
大 邑 县	34727	505430	104879	29966	39254
蒲 江 县	51022	253677	101548	12009	23876
新 津 县	35065	383790	67762	70500	157000
简 阳 市		798200	106000	87823	57265
都江堰市	74768	863064	167008	206709	23412
彭 州 市	18595	835735	94848	10500	7350
邛 崃 市	5344	556897	70911	60782	31185
崇 州 市		212330	72200		

15 - 22 区(市)县全社会固定资产投资

Total Investment in Fixed Assets in Districts, Cities at County Level and Counties

单位:万元

	1978 年	1980 年	1990 年	2000 年	2010 年	2015 年	2016 年
全　市	**29391**	**55744**	**401156**	**4759020**	**42553662**	**70069660**	**83705026**
#龙泉驿区	551	878	16043	218244	2609703	4829564	5379710
青白江区	2177	1799	21266	99302	1509969	2812268	3199656
新 都 区	99	1344	14913	146479	2445310	4160959	4748866
温 江 区	872	756	8865	81182	2205890	3270132	3680874
双 流 区	427	725	20615	359317	3725208	8203790	5071458
郫 都 区	98	282	9611	220084	2046757	3022048	3309100
金 堂 县	597	657	11400	122368	1105387	3265963	3694114
大 邑 县	879	1130	3835	109986	1059553	1982488	2211844
蒲 江 县	522	768	3948	62290	521648	1165221	1526275
新 津 县	77	253	3000	73676	1265805	2555733	3014810
简 阳 市							3661115
都江堰市	1243	3070	16338	182365	2033638	1801383	2301604
彭 州 市	590	1117	18683	79965	1801041	1804640	2305703
邛 崃 市	1396	1356	6197	87677	1110943	2050258	2343369
崇 州 市	465	504	4353	93373	1063233	2158349	2538558

15－23 区(市)县全社会固定资产投资(2016年)

Total Investment in Fixed Assets in Districts, Cities at County Level and Counties(2016)

单位:万元

	合 计	#更新改造	#房地产开发
全 市	**83705026**	**19559777**	**26388901**
#龙泉驿区	5379710	1202826	1548609
青白江区	3199656	1270014	223759
新 都 区	4748866	1165804	2078440
温 江 区	3680874	662803	1338875
双 流 区	5071458	1358824	1357008
郫 都 区	3309100	864349	1453765
金 堂 县	3694114	1009498	635501
大 邑 县	2211844	1029164	277214
蒲 江 县	1526275	728627	108077
新 津 县	3014810	1519820	192519
简 阳 市	3661115	857823	482852
都江堰市	2301604	564075	600508
彭 州 市	2305703	1108295	141031
邛 崃 市	2343369	968528	269839
崇 州 市	2538558	643411	272758

15－24 区(市)县教育情况(2016年)

Main Indicators on Education in Districts, Cities at County Level and Counties(2016)

	普通中学			普通小学			初中入学率(%)
	学校(所)	在校学生(人)	专任教师(人)	学校(所)	在校学生(人)	专任教师(人)	
全市	**602**	**586202**	**50178**	**556**	**904161**	**46742**	**99.97**
#龙泉驿区	21	29961	2650	35	49427	2808	100.00
青白江区	14	17298	1588	11	21316	1083	100.00
新都区	38	36419	2856	30	68385	2940	100.00
温江区	18	19744	1504	11	30718	1671	100.00
双流区	29	33890	3028	20	48766	2498	100.00
郫都区	38	27622	2395	13	49171	1934	100.00
金堂县	27	33329	2585	49	47988	2792	100.00
大邑县	20	15702	1584	14	22877	1298	100.00
蒲江县	16	8606	947	7	10942	786	99.98
新津县	16	11987	1237	15	14615	906	100.00
简阳市	106	54420	4027	29	83291	4112	99.97
都江堰市	25	23797	2215	24	30860	1934	100.00
彭州市	32	23856	2451	22	36089	2057	100.00
邛崃市	30	21947	1761	31	24462	1499	100.00
崇州市	18	21178	2016	31	28946	1963	99.20

15－25 区(市)县卫生情况(2016年)

Main Indicators on Health Care in Districts, Cities at County Level and Counties(2016)

	医疗卫生机构(个)	#医院	#社区卫生服务中心(站)	#乡镇卫生院	医疗机构床位数(张)	#医院、社区卫生服务中心(站)、乡镇卫生院床位数	卫生技术人员(人)	#医生
全市	**9853**	**574**	**256**	**292**	**128058**	**125209**	**148354**	**54718**
#龙泉驿区	360	25	9	9	3881	3699	5286	2071
青白江区	254	12	3	9	3006	2900	2743	975
新都区	589	26	6	11	5715	5552	7087	2490
温江区	335	22	14	10	5554	5414	5306	1775
双流区	613	43	7	18	6214	6070	8261	3404
郫都区	445	18	11	12	3925	3805	5136	2067
金堂县	517	23	1	23	6107	5970	4099	1527
大邑县	455	17	1	28	3831	3705	3651	1279
蒲江县	174	6	2	12	1449	1389	1692	615
新津县	170	8	7	11	2270	2193	2357	846
简阳市	1168	20	4	55	6808	6619	5750	2250
都江堰市	442	28	33	22	5909	5787	5506	1809
彭州市	494	30	3	19	5760	5560	4914	1777
邛崃市	408	19	1	23	3828	3752	3335	1235
崇州市	391	23	6	30	4976	4826	4396	1583

15－26　区(市)县社会消费品零售总额(2016年)

Total Retail Sale of Consumable Goods in Districts,Cities at County Level and Counties(2016)

单位:万元

	社会消费品零售总额	在总额中:		在总额中:		
		商品零售	餐饮收入	城镇的零售额	城区的零售额	乡村的零售额
全　市	**57423661**	**50359806**	**7063855**	**55133445**	**48061926**	**2290216**
#龙泉驿区	1236980	964950	272030	925720	601718	311260
青白江区	696356	513410	182946	523191	504861	173165
新都区	1535877	1221226	314651	1374513	1076053	161364
温江区	978867	746678	232189	798061	518634	180806
双流区	2497150	2075367	421783	2108425	554138	388725
郫都区	1019674	829710	189964	910303	646628	109371
金堂县	719057	573487	145570	575757	250565	143300
大邑县	547328	442449	104879	386853	230371	160475
蒲江县	277713	192668	85045	198322	120844	79391
新津县	671517	533601	137916	562604	298807	108913
简阳市	1825704	1386602	439102	1729305	1646421	96399
都江堰市	1193600	912737	280863	1076844	961407	116756
彭州市	790655	597217	193438	636101	301809	154555
邛崃市	719338	577051	142287	667925	569590	51413
崇州市	764509	634713	129796	710186	549134	54323

15-27 区(市)县一般公共预算收入(2016年)

General Public Budget Revenue in Districts, Cities at County Level and Counties(2016)

单位:万元

	一般公共预算收入	# 增值税	# 营业税	# 企业所得税	政府性基金收入
全 市	**11754109**	**2030882**	**1102301**	**1065714**	**7958193**
#锦 江 区	501079	71849	49944	44342	
青 羊 区	508426	85016	32463	84117	
金 牛 区	503796	85089	35884	32676	14578
武 侯 区	557301	93211	39544	74383	
成 华 区	533151	59716	37987	31527	21101
龙泉驿区	708347	216251	52663	80340	358125
青白江区	213000	38406	24654	7298	112252
新 都 区	500527	104182	52568	24662	332855
温 江 区	357152	70977	65634	18343	301274
双 流 区	851580	139336	185752	66233	1614884
郫 都 区	397814	56153	55043	24133	330370
金 堂 县	245104	19558	19911	4200	57981
大 邑 县	110542	21508	11392	6419	69930
蒲 江 县	60672	8033	6799	3144	122899
新 津 县	201061	22300	8632	9319	226954
简 阳 市	196035	26684	16598	9651	158143
都江堰市	241319	45044	29986	10414	230972
彭 州 市	210635	67286	15304	6859	49255
邛 崃 市	143237	19760	14494	8019	47943
崇 州 市	169881	30603	14443	9793	115578

15－28 区(市)县一般公共预算支出(2016年)

General Public Budget Expenditure in Districts, Cities at County Level and Counties(2016)

单位:万元

	一般公共预算支出	# 一般公共服务	# 教育	# 社会保障和就业	政府性基金支出
全　市	**15958949**	**1577380**	**2275985**	**1748489**	**8336251**
#锦江区	548863	73061	69555	87738	15655
青羊区	570961	68266	92749	76601	93881
金牛区	653819	45976	110186	90168	58774
武侯区	687596	112334	118736	94553	25501
成华区	615281	65773	102063	57075	58290
龙泉驿区	893099	87882	166723	82249	304543
青白江区	336672	39872	52490	37231	139267
新都区	563848	53759	129182	55329	323275
温江区	412957	57734	63707	36772	247036
双流区	1499432	160054	257214	121187	1468538
郫都区	600673	89472	91516	60846	271777
金堂县	467173	59002	91020	66561	86408
大邑县	296071	46076	54648	57847	98246
蒲江县	181611	19249	31144	32457	141869
新津县	318766	38447	49678	36102	229195
简阳市	573927	43510	108394	99690	170789
都江堰市	408135	50494	69175	82926	215494
彭州市	431872	46511	78232	89459	67912
邛崃市	422620	42795	61807	63691	68371
崇州市	371277	35892	70905	69802	143541

15－29 区(市)县上划中央增值税和消费税情况

Value － added Tax and Consumption Tax Turned over to Central Government in Districts, Cities at County Level and Counties

单位:万元

	2011 年	2012 年	2013 年	2014 年	2015 年	2016 年
全 市	**3342563**	**3870118**	**4711333**	**5315456**	**5525663**	**6317720**
#锦 江 区	168886	143800	175701	192730	233148	270232
青 羊 区	210174	223866	271033	253694	337219	471374
金 牛 区	187852	183084	195793	187962	194060	261671
武 侯 区	179482	203071	229284	212664	213432	287788
成 华 区	119789	144310	146228	136846	151329	181457
龙泉驿区	1244535	1440898	1945214	1910853	1711544	1685302
青白江区	64347	67889	68443	64007	62559	68274
新 都 区	116993	116413	126331	142390	150785	198073
温 江 区	72318	92796	111568	126448	117232	139641
双 流 区	105863	131138	148631	139693	144549	234860
郫 都 区	73493	81893	88754	81305	84599	107826
金 堂 县	31914	32756	35578	32319	33054	36670
大 邑 县	32540	39274	45403	51269	49720	45996
蒲 江 县	9714	10854	11773	10441	10612	16864
新 津 县	65105	56683	55201	49693	41736	42634
简 阳 市						52948
都江堰市	50049	50758	51792	59484	68077	92668
彭 州 市	51889	51760	55408	460067	753177	754753
邛 崃 市	33797	41340	39058	43381	42320	45532
崇 州 市	37061	41790	47264	58898	55033	63656

15－30 区(市)县税收情况(2016年)

Main Indicators of Taxation in Districts, Cities at County Level and Counties(2016)

单位:万元

	合计	内资企业			
		小计	#国有企业	#集体企业	#联营企业
全市	**21668938**	**16861368**	**1831111**	**53402**	**2493**
#锦江区	1339107	911255	139521	1553	23
青羊区	1880810	1670168	447937	4150	75
金牛区	1201056	1030797	64841	5250	15
武侯区	1576948	1430033	32222	3151	61
成华区	1056387	873014	63669	4672	66
龙泉驿区	2978860	1809216	40950	4507	247
青白江区	296719	254656	11397	669	52
新都区	823067	671307	25190	2317	135
温江区	622184	475250	32791	1035	16
双流区	1181165	948726	46311	5717	255
郫都区	575627	479807	33942	2115	82
金堂县	262252	232468	4545	646	
大邑县	178626	159270	3895	1092	5
蒲江县	88625	73993	2005	1290	
新津县	249710	217879	3031	342	14
简阳市	273763	232973	7101	7367	
都江堰市	393329	358402	39640	1553	72
彭州市	1034234	990885	9136	874	48
邛崃市	210915	190296	3439	287	
崇州市	281755	246212	6755	537	1198

15-30 续表

单位:万元

	内资企业		港澳台及外商投资企业	个体经营
	#股份公司	#私营企业		
全　市	**12388659**	**1924680**	**3297344**	**1510225**
#锦江区	614795	138101	386071	41781
青羊区	1027112	156394	174988	35653
金牛区	850071	70269	109687	60572
武侯区	1012259	342925	97527	49389
成华区	659651	113561	140561	42812
龙泉驿区	1472330	238836	1131005	38639
青白江区	204313	21535	28385	13678
新都区	491468	86958	92329	59431
温江区	386214	44716	98526	48408
双流区	648880	116122	170342	62097
郫都区	396604	34694	42145	53675
金堂县	211501	12411	13182	16601
大邑县	122927	19823	5026	14331
蒲江县	60034	3776	6757	7875
新津县	168080	14337	20555	11276
简阳市	146004	26377	13950	26841
都江堰市	268046	26128	8393	26534
彭州市	960626	11123	27698	15650
邛崃市	156369	24896	6970	13649
崇州市	174044	58441	19995	15549

15－31 区(市)县金融存贷款指标(2016年)

Main Indicators on Banking in Districts(2016)

单位:万元

	年末金融机构人民币存款余额	# 住户存款	年末金融机构人民币贷款余额
全　市	**314336886**	**108075605**	**250092017**
#龙泉驿区	8534409	4922951	5099434
新都区	8380898	5513582	3889310
温江区	5947185	3687065	3704479
双流区	13060632	7614720	8041068
郫都区	6911289	4151905	4335882
金堂县	4855840	2311013	2224522
大邑县	2918423	2089200	1481220
蒲江县	1751617	1028040	778778
新津县	2959295	1772257	2062062
都江堰市	5372299	3594410	2241180
彭州市	4921868	3445398	2300810
邛崃市	3498975	2331974	1899050
崇州市	4405404	3141810	1946363

注:本表中全市数据不含简阳市数据;双流区数据包含成都天府新区数据。

15 - 32 区(市)县城乡居民最低生活保障情况(2016 年)

Basic Statistics on Lowest Living Ensure Persons in Districts, Cities at County Level and Counties(2016)

	城市居民最低生活保障年末人数(人)	农村居民最低生活保障年末人数(人)	城镇居民最低生活保障支出(万元)	农村居民最低生活保障支出(万元)
全　市	**33525**	**114389**	**21189**	**49012**
#锦 江 区	2912		2072	
青 羊 区	2353		1771	
金 牛 区	2627		1951	
武 侯 区	1865		1181	
成 华 区	4534		3067	
龙泉驿区	1019	2359	791	1238
青白江区	716	4271	430	2014
新 都 区	1091	4708	677	1797
温 江 区	569	1548	323	561
双 流 区	716	4271	430	2014
郫 都 区	655	1087	419	652
金 堂 县	1673	22156	739	8251
大 邑 县	1186	7972	886	3921
蒲 江 县	389	2293	306	1427
新 津 县	361	1936	205	1048
简 阳 市	3688	18008	1830	4358
都江堰市	1519	8340	765	3481
彭 州 市	2428	14693	1326	7642
邛 崃 市	1081	9912	601	4506
崇 州 市	874	8557	470	3987

15－33 区(市)县联网直报调查单位数(2016年)

Network Direct Reporting Unit Number in Districts, Cities at County Level(2016)

单位:个

	合　计	规模以上工业	资质内建筑业	限额以上批发零售业	限额以上住宿餐饮业	房地产开发经营业	规模以上服务业
全　市	**11807**	**3577**	**1408**	**1665**	**885**	**1586**	**2686**
#锦 江 区	763	12	69	253	132	85	212
青 羊 区	974	28	178	148	115	121	384
金 牛 区	970	47	249	191	115	116	252
武 侯 区	1019	73	208	240	87	125	286
成 华 区	588	27	103	92	51	99	216
龙泉驿区	554	251	54	55	17	107	70
青白江区	440	255	29	35	11	37	73
新 都 区	675	339	44	99	20	84	89
温 江 区	445	211	25	34	30	70	75
双 流 区	849	317	105	77	69	162	119
郫 都 区	592	348	29	30	37	94	54
金 堂 县	348	204	30	19	13	51	31
大 邑 县	274	134	30	26	10	53	21
蒲 江 县	152	95	13	23	2	10	9
新 津 县	298	157	23	35	14	36	33
简 阳 市	359	189	38	40	16	43	33
都江堰市	382	92	38	37	67	91	57
彭 州 市	279	165	28	34	6	27	19
邛 崃 市	271	144	32	27	16	25	27
崇 州 市	268	160	52	11	7	29	9

注:本表只含联网直报法人库单位,不含联网直报产业库单位。

附录 全国重点城市主要指标

简 要 说 明

主要内容

本部分资料反映各重点城市经济、社会发展的基本情况。

资料来源

本部分数据资料来源于各重点城市对外公布的统计公报数据。

附录：全国重点城市主要指标(2016 年)

Main Indicators of Major Cities in China(2016)

	土地面积 (平方公里)	年末户籍总人口 (万人)	年末常住人口 (万人)
直辖市			
北　京	16411	1362.9	2172.9
上　海	11917	1439.5	2419.7
天　津	6341		1562.1
重　庆	82269	3392.1	3048.4
副省级城市			
成　都	14335	1398.9	1591.8
沈　阳	12860	734.4	829.2
长　春	20571	735.3	
哈尔滨	53068	962.0	
青　岛	11282		920.4
武　汉	8494	833.8	1076.6
西　安	10097	824.9	883.2
南　京	6587	662.8	827.0
济　南	8177	632.8	723.3
广　州	7434	870.5	1404.4
厦　门	1573	220.6	392.0
深　圳	1997	384.5	1190.8
大　连	12574	595.6	
杭　州	16596	736.0	918.8
宁　波	9816	591.0	787.5
其他主要城市			
昆　明	21013	559.8	672.8
石家庄	15848		1078.5
太　原	6988		434.4
无　锡	4627	486.2	652.0
苏　州	8488	678.2	1062.6
合　肥	11445	729.8	786.9
南　昌	7402	522.8	537.1
长　沙	11816		764.5
贵　阳	8043		469.7
珠　海	1724		167.5

续表 1

	地区生产总值（亿元）		第一产业增加值（亿元）		第二产业增加值（亿元）	
	2016 年	比 2015 年 ±%	2016 年	比 2015 年 ±%	2016 年	比 2015 年 ±%
直辖市						
北　京	24899.3	6.7	129.6	-8.8	4774.4	5.6
上　海	27466.2	6.8	109.5	-6.6	7994.3	1.2
天　津	17885.4	9.0	220.2	3.0	8003.9	8.0
重　庆	17558.8	10.7	1303.2	4.6	7755.2	11.3
副省级城市						
成　都	12170.2	7.7	474.9	4.0	5202.0	6.7
沈　阳	5460.0	-5.8	266.4	-17.8	2135.6	-13.7
长　春	5928.5	7.8	323.5	3.7	2926.2	7.0
哈尔滨	6101.6	7.3	691.2	6.1	1896.7	6.7
青　岛	10011.3	7.9	371.0	2.9	4160.7	6.7
武　汉	11912.6	7.8	390.6	3.4	5227.1	5.7
西　安	6257.2	8.5	232.0	3.8	2197.8	8.6
南　京	10503.0	8.0	252.5	1.0	4117.2	5.3
济　南	6536.1	7.8	317.3	4.1	2368.9	6.9
广　州	19610.9	8.2	240.0	-0.2	5925.9	6.0
厦　门	3784.3	7.9	23.5	-5.5	1558.6	5.7
深　圳	19492.6	9.0	6.3	-3.7	7700.4	7.0
大　连	6730.3	6.5	462.8	4.2	2793.7	6.7
杭　州	11050.5	9.5	304.8	1.9	3977.4	4.7
宁　波	8541.1	7.1	304.6	2.1	4239.6	6.5
其他主要城市						
昆　明	4300.4	8.5	200.5	6.0	1660.5	7.6
石家庄	5857.8	6.8	480.9	0.9	2638.0	4.4
太　原	2955.6	7.5	38.2	2.6	1068.0	7.3
无　锡	9210.0	7.5	135.2	2.4	4346.8	6.8
苏　州	15475.1	7.5	221.8	-1.0	7277.5	5.4
合　肥	6274.3	9.8	270.2	2.2	3189.2	8.9
南　昌	4355.0	9.0	181.8	3.9	2307.2	8.3
长　沙	9323.7	9.4	371.0	3.0	4513.2	7.3
贵　阳	3157.7	11.7	137.1	5.9	1218.8	12.1
珠　海	3157.7	11.7	137.1	5.9	1218.8	12.1

续表 2

	#工业增加值（亿元）		第三产业增加值（亿元）		#交通运输、仓储和邮政业增加值（亿元）	
	2016 年	比 2015 年 ±%	2016 年	比 2015 年 ±%	2016 年	比 2015 年 ±%
直辖市						
北　京	3884.9	5.0	19995.3	7.1	1060.7	6.6
上　海	7145.0	1.0	19362.3	9.5	1160.3	6.3
天　津	7238.7	8.3	9661.3	10.0	769.9	5.1
重　庆	6040.5	10.2	8500.4	11.0	848.2	5.8
副省级城市						
成　都	4478.6	6.9	6493.3	9.0	530.0	8.3
沈　阳			3058.0	2.3		
长　春	2470.3	6.9	2678.8	9.4	260.1	2.3
哈尔滨	1285.4	5.4	3513.8	7.9	297.8	2.2
青　岛	3653.3	6.7	5479.6	9.2	706.8	7.5
武　汉	4238.8	4.9	6294.9	9.9	492.1	7.1
西　安	1396.7	9.5	3827.4	8.8	293.7	8.1
南　京	3581.7	4.8	6133.3	10.2	306.2	-0.9
济　南	1878.8	6.9	3849.9	8.7	392.2	4.5
广　州	5369.4	6.2	13445.0	9.4	1377.4	12.6
厦　门	1318.4	5.5	2202.2	9.8	372.8	5.4
深　圳	7190.9	6.8	11785.9	10.4	594.8	10.0
大　连	2275.1	6.5	3473.9	6.6	444.0	2.8
杭　州	3578.7	5.2	6768.3	13.0	323.3	6.0
宁　波	3766.6	7.0	3996.9	8.1	377.3	5.0
其他主要城市						
昆　明	1039.4	4.5	2439.5	9.3		
石家庄			2738.9	10.3	506.8	8.6
太　原			1849.3	7.7	152.6	10.0
无　锡	3977.6	7.0	4728.1	8.6	195.2	4.5
苏　州			7975.8	9.7		
合　肥	2562.6	9.8	2814.8	11.6	218.0	5.5
南　昌	1708.3	9.0	1866.0	10.3		
长　沙	3727.2	7.5	4439.5	12.4		
贵　阳	771.3	9.9	1801.8	11.9	263.6	15.5
珠　海	940.3	5.8	1118.4	11.7	46.4	0.5

续表 3

	批发和零售业增加值（亿元）		金融业增加值（亿元）		房地产业增加值（亿元）	
	2016 年	比 2015 年 ±%	2016 年	比 2015 年 ±%	2016 年	比 2015 年 ±%
直辖市						
北　京	2352.9	2.0	4266.8	9.3	1672.7	5.5
上　海	4032.4	4.6	4762.5	12.8	2124.8	4.5
天　津	2185.7	5.1	1735.3	9.1	795.8	17.5
重　庆	1470.9	7.9	1642.6	10.3	926.2	7.5
副省级城市						
成　都	843.0	5.4	1415.6	8.7	710.7	14.3
沈　阳						
长　春	589.3	5.6	260.6	9.7	142.4	9.3
哈尔滨	767.4	8.3	382.2	2.3	193.4	7.6
青　岛	1230.3	5.3	668.8	12.8	539.7	12.4
武　汉	1054.5	5.2	974.3	15.4	770.1	10.0
西　安	706.2	5.4	722.9	9.1	425.4	6.1
南　京	1174.1	9.7	1241.8	14.0	711.5	2.0
济　南	760.8	7.6	720.0	11.5	463.2	8.6
广　州	2857.8	5.1	1800.4	11.1	1749.1	8.7
厦　门	282.6	8.8	422.4	12.8	279.7	-3.3
深　圳	2103.1	3.7	2876.9	14.6	1866.2	-0.5
大　连	792.6	7.3	609.6	4.9	355.7	5.3
杭　州	860.7	4.2	987.7	6.5	765.7	15.9
宁　波	952.4	5.6	483.4	0.3	485.6	8.8
其他主要城市						
昆　明						
石家庄	560.4	7.3	422.7	15.4		
太　原			437.7	12.8	160.0	10.1
无　锡	1420.3	4.9	666.8	11.2	527.5	8.4
苏　州						
合　肥	453.9	6.4	468.4	17.6	426.1	12.5
南　昌						
长　沙						
贵　阳	269.3	9.8	337.6	15.0	93.0	3.1
珠　海	225.0	8.3	166.4	12.4	204.9	16.4

续表4

	人均地区生产总值（元）	规模以上工业增加值（%）	货运量（万吨）	客运量（万人次）
	2016 年	比 2015 年 ±%	2016 年	2016 年
直辖市				
北　京	115000	5.1	24098	69288
上　海	113600	1.1	88689	19564
天　津		8.4	51580	19900
重　庆	57902	10.3	107840	63402
副省级城市				
成　都	76960	7.4	25702	76332
沈　阳	65851	-19.7	22069	20636
长　春	78667	8.3		
哈尔滨	63445	5.0	8244	12523
青　岛	109407	7.5		
武　汉	111469	5.0	49982	28639
西　安	71357	9.9	23888	23671
南　京	127264	4.8	31461	16301
济　南	90999	7.3		77000
广　州	142394	6.5	112701	113330
厦　门	97282	5.4	27800	9600
深　圳	167411	7.0	31165	17009
大　连		7.6		
杭　州	121394	5.6	30200	20500
宁　波	108804	7.3	46300	10400
其他主要城市				
昆　明	64162	4.5	26565	7376
石家庄	54526	4.6	41000	5000
太　原	68234	7.0	18452	4502
无　锡	141258	5.8	15409	9026
苏　州	145000	4.8		
合　肥	80136	9.9	34300	14200
南　昌	81598	9.2	12372	6127
长　沙	123681	7.9		
贵　阳	67771	9.9	38685	66171
珠　海	134500	5.9	11395	5240

注："人均地区生产总值"为当年价，按常住人口计算。

续表 5

	固定资产投资额(亿元)		#房地产开发投资额(亿元)		社会消费品零售总额(亿元)	
	2016 年	比 2015 年 ±%	2016 年	比 2015 年 ±%	2016 年	比 2015 年 ±%
直辖市						
北 京	8461.7	5.9	4045.5	-4.3	11005.1	6.5
上 海	6755.9	6.3	3709.0	6.9	10946.6	8.0
天 津	14629.2	12.0	2300.0	22.9	5635.8	7.2
重 庆	17361.1	12.1	3726.0	-0.7	7271.4	13.2
副省级城市						
成 都	8370.5	14.3	2638.9	6.5	5647.4	10.4
沈 阳	1631.6	-69.4	709.7	-46.9	3985.9	2.5
长 春	4659.0	10.5	596.6	17.9	2650.3	9.8
哈尔滨	5040.1	9.7	512.1	-12.0	3744.2	10.3
青 岛	7454.7	13.7	1369.1	22.0	4104.9	10.5
武 汉	7093.2	-2.6	2517.4	-2.5	5610.6	10.0
西 安	5191.4	2.0	1955.8	6.8	3730.7	9.6
南 京	5533.6	2.0	1845.6	29.2	5088.2	10.9
济 南	3974.3	13.7	1163.9	14.8	3764.8	10.4
广 州	5703.6	8.0	2540.9	18.9	8706.5	9.0
厦 门			765.8	-1.1	1283.5	9.8
深 圳	4078.2	23.6	1756.5	32.0	5512.8	8.1
大 连	1436.4	-68.5	535.2	-40.4	3410.1	10.4
杭 州	5842.4	5.1	2606.4	5.4	5176.2	10.5
宁 波	4961.4	10.1	1270.3	3.4	3667.6	10.3
其他主要城市						
昆 明	3920.1	12.1	1530.5	5.5	2310.1	12.1
石家庄	5916.0	5.4	2663.9	6.3	2975.2	10.5
太 原	2027.7	0.1	681.9	12.9	1666.2	8.1
无 锡	4795.3	2.0	1033.6	4.2	3119.6	9.6
苏 州	5648.5	-7.8	2163.2	16.0	4936.8	10.7
合 肥	6501.2	11.1	1352.6	7.4	2445.7	12.0
南 昌	4540.3	13.5	674.6	39.0	1868.0	11.8
长 沙	6693.3	13.9	1260.6	26.5	4117.4	11.6
贵 阳	3380.7	20.5	927.3	-7.7	1195.3	12.7
珠 海	1389.8	6.5	641.0	22.3	1016.1	11.0

续表 6

	外商投资实际到位资金（亿美元）		海关进出口总额（亿美元）		#出口总额（亿美元）	
	2016 年	比 2015 年 ±%	2016 年	比 2015 年 ±%	2016 年	比 2015 年 ±%
直辖市						
北　京			2820.0	-11.7	518.4	-5.2
上　海	185.1	0.3	4338.1	-3.4	1834.7	-6.4
天　津	101.0	12.2	1026.5	-10.2	442.9	-13.4
重　庆	26.3	-30.4	623.8	-16.2	403.0	-27.0
副省级城市						
成　都	86.2	14.5	409.9	4.0	219.4	-8.2
沈　阳	8.2	-23.1	113.3	-19.3	42.5	-37.1
长　春	12.9	8.0	141.6	1.4	19.1	-0.6
哈尔滨	32.1	7.1	39.7	-17.2	16.8	-28.8
青　岛	70.0	11.3				
武　汉	85.2	16.1	237.8	-15.2	137.2	-9.4
西　安	45.1	14.0				
南　京	34.8	4.3	502.1	-5.7	295.9	-6.1
济　南						
广　州	57.0	5.3	1297.1	-3.1	786.1	-3.2
厦　门	22.2	6.2				
深　圳	67.3	3.6	3984.4	-9.9	2375.5	-10.0
大　连	30.0	11.1	514.7	-6.6	244.1	-5.4
杭　州	72.1	1.4	679.9	2.2	502.6	0.5
宁　波	45.1	6.6	948.7	-5.1	660.9	-7.2
其他主要城市						
昆　明	7.4	54.7	66.8	-45.8	41.3	-56.2
石家庄	11.8	31.2	116.1	-4.6	70.2	-4.1
太　原	4.6	-45.7	133.1	24.8	83.3	26.4
无　锡	34.1	6.3	698.1	2.0	429.1	1.6
苏　州	60.0	-14.5	2737.6	-10.3	1639.4	-9.7
合　肥	28.1	12.0	186.9	-8.1	126.4	-7.8
南　昌	28.9	10.4	94.1	-17.3	57.8	-32.0
长　沙	48.1	9.3	726.7	-9.8	485.7	-9.6
贵　阳	11.2	20.8	39.0	-57.0	32.6	-58.5
珠　海	22.9	5.4	399.0	16.2	255.1	11.5

续表 7

	金融机构人民币存款余额（亿元）		#住户存款余额（亿元）		金融机构人民币贷款余额（亿元）	
	2016 年	比 2015 年 ±%	2016 年	比 2015 年 ±%	2016 年	比 2015 年 ±%
直辖市						
北　京	132791.9		28012.0		56618.9	
上　海	103163.9	4897.4			53985.1	5894.3
天　津						
重　庆	31216.5	11.1	13399.4	9.8	24785.2	10.7
副省级城市						
成　都	31433.7	6.7	10807.6	8.9	25009.2	13.8
沈　阳	14242.8	2.7	6145.5		12569.6	10.8
长　春	11034.5	12.0	4218.1	11.2	9921.8	11.0
哈尔滨	9804.0	1.2	4671.9	6.9	9048.7	6.6
青　岛	14007.0		5326.0		11892.0	
武　汉	21792.8	14.4			19386.3	21.0
西　安	19074.0	7.2	7035.8	7.1	15282.7	11.4
南　京	27633.6	6.7	6532.8	5.8	21681.3	19.0
济　南	15032.8	10.9	4279.9	8.3	11370.2	17.5
广　州	45937.3	10.5	16216.7	27.2	28885.5	10.5
厦　门	9188.5	9.8	2032.9	6.3	7745.0	15.3
深　圳	59562.3	10.7	10391.1	9.7	35165.5	24.6
大　连	14179.5	7.3	5277.7	3.3	11004.8	4.2
杭　州	32514.6	12.1	8313.1	10.7	25464.8	13.7
宁　波	16196.0	5.2	5689.4	7.3	15806.8	5.6
其他主要城市						
昆　明	12676.2	6.8	4124.6	7.5	13553.3	13.2
石家庄	11077.9	13.0	5348.2	9.8	7175.9	17.2
太　原	11070.0	4.5	4026.0	10.0	10103.4	11.9
无　锡	14101.4	10.9	4867.4	4.9	10382.9	11.3
苏　州	25864.3	9.3	7913.9	7.6	21924.4	14.2
合　肥	13151.0	19.9	3281.3	8.7	11550.6	19.9
南　昌	9627.6	12.8	2770.1	10.0	8707.2	15.2
长　沙	15488.8	10.1	4872.7	11.9	13867.0	12.5
贵　阳	9928.3	13.2	2486.1	10.4	9153.2	16.2
珠　海	5689.1	10.6	1424.2	9.4	3915.6	36.9

续表 8

	一般公共预算收入（亿元）		一般公共预算支出（亿元）		私人汽车拥有量（万辆）	
	2016 年	比 2015 年 ± %	2016 年	比 2015 年 ± %	2016 年	比 2015 年 ± %
直辖市						
北　京	5081.3	7.5	6406.7	11.7	452.8	2.8
上　海	6406.1	16.1	6918.9	11.7	242.7	16.3
天　津	2723.5	10.0	3700.7	6.3	234.5	
重　庆	2227.9	7.1	4001.9	4.9	279.2	20.4
副省级城市						
成　都	1175.4	7.0	1597.2	9.5	369.9	12.6
沈　阳	620.9	2.4	829.4	2.6	156.7	16.4
长　春	415.5	7.0	770.6	0.6	128.1	15.2
哈尔滨	376.2	7.5	876.9	6.3	129.6	18.7
青　岛	1100.0	10.3	1352.8	10.6		
武　汉	1322.1	10.1			196.0	20.2
西　安	641.1	11.1	942.5	2.8	222.1	12.5
南　京	1142.6	12.0	1173.8	12.3	192.7	12.0
济　南	641.2	9.9	741.0	12.5	174.2	13.1
广　州	1393.9	5.2	1943.7	12.5		
厦　门	647.9	8.6	758.6	16.5		
深　圳	3136.4	15.0	4178.0	18.6	277.6	1.3
大　连	611.9	5.5	870.3	-4.4		
杭　州	1402.4	13.2	1404.3	16.4	182.7	3.4
宁　波	1114.5	10.5	1289.3	2.8		
其他主要城市						
昆　明	530.0	5.5	689.1	9.1	175.2	13.5
石家庄	410.7	9.5	739.7	8.4		
太　原	282.7	3.1	424.1	0.9	114.3	15.2
无　锡	875.0	5.4	867.7	5.6	133.8	13.8
苏　州	1730.0	10.8	1617.2	5.9	268.4	17.1
合　肥	614.9	7.6	859.9	11.3	121.2	25.7
南　昌	402.2	3.3	587.7	8.2	48.0	20.6
长　沙	743.7	3.4	1041.4	12.6		
贵　阳	366.3	4.4	525.6	4.4	80.0	10.2
珠　海	292.3	12.3	418.2	7.4	41.3	17.8

续表 9

	国内旅游人数（万人次）		国内旅游总收入（亿元）		旅游外汇收入（亿美元）	
	2016 年	比 2015 年 ±%	2016 年	比 2015 年 ±%	2016 年	比 2015 年 ±%
直辖市						
北　京	28000	4.7	4683	8.4	50.7	10.1
上　海	29621	7.4	3444	14.6	65.3	9.6
天　津		10.3		12.7	35.6	7.9
重　庆					16.9	14.9
副省级城市						
成　都	19757	4.5	2502	22.6	12.4	42.3
沈　阳	6333	12.0	563	13.2	3.4	4.0
长　春	6655	17.1	1341	25.0	3.4	8.0
哈尔滨	7040	8.4	1039	14.4	1.3	10.7
青　岛	7940	8.4	1284	13.3	9.8	6.8
武　汉	23096	12.5	2398	13.4	15.1	13.0
西　安			1214	13.1		
南　京	11142	9.5			6.8	5.7
济　南	6583	8.6	847	13.7	2.0	6.5
广　州	5079	4.6	3217	12.0	62.7	10.1
厦　门	6412	12.1	788	11.3	27.7	38.7
深　圳	4525	8.9			47.7	-4.0
大　连						
杭　州	13700	13.8	2572	16.9	31.5	7.5
宁　波	9198	16.1	1386	17.0		
其他主要城市						
昆　明	9990	47.0	1044	49.9	4.8	9.5
石家庄	7628	12.8	746	27.6	0.7	-27.6
太　原	5666	15.8	679	16.3	0.8	4.8
无　锡	8586	6.7	1556	12.0		
苏　州	11295	6.5				
合　肥	9237	18.7	1156	21.3	3.5	5.3
南　昌	8310	50.0	817	51.8		
长　沙	12329	6.3	1482	13.8	8.0	0.4
贵　阳	11073	30.9	1390	33.5	0.8	30.9
珠　海	3409	9.2	248	14.0	10.5	8.5

续表 10

	城镇居民人均可支配收入（元）		农民人均可支配收入（元）		居民消费价格指数（%）
	2016 年	比 2015 年 ±%	2016 年	比 2015 年 ±%	2016 年
直辖市					
北　京	57275	8.4	22310	8.5	101.4
上　海	54305	8.9	25520	10.0	103.2
天　津	37110	8.8	20076	8.6	102.1
重　庆	29610	8.7	11549	9.9	101.8
副省级城市					
成　都	35902	8.1	18605	9.4	102.2
沈　阳	39135	6.8	14445	7.1	101.7
长　春	31069	6.8	12576	7.0	101.4
哈尔滨	33190	7.1	14439	8.0	101.8
青　岛	43598	8.0	17969	7.4	102.5
武　汉	39737	9.1	19152	8.1	102.4
西　安	35630	7.4	15191	8.0	100.9
南　京	49997	8.4	21156	8.6	102.7
济　南	43052	7.9	15346	7.8	102.7
广　州	50941	9.0	21449	11.0	102.7
厦　门	46254	8.6	16300	6.8	101.7
深　圳					102.4
大　连	38050	6.0	15664	6.8	101.9
杭　州	52185	8.0	27908	8.5	102.6
宁　波	51560	7.7	28572	7.9	102.1
其他主要城市					
昆　明	36739	8.2	12555	9.7	101.7
石家庄	30459	9.1	12345	7.9	101.6
太　原	29632	6.9	14591	7.1	101.2
无　锡	48628	7.8	26158	8.3	102.3
苏　州	54341	7.8	27691	8.3	102.7
合　肥	34852	9.0	17059	8.4	102.6
南　昌	34619	8.4	14952	9.2	102.1
长　沙	43294	8.3	25448	7.8	101.9
贵　阳	29502	8.3	12967	8.8	101.1
珠　海	42537	11.0	22889	11.6	101.9

中国统计出版社最新图书简目

(仅供参考,以实际出版为准)

统计资料

中国统计年鉴　中国统计摘要　中国发展报告
中国经济普查年鉴　国际统计年鉴　金砖国家联合统计手册
中国-东盟国家统计手册　中国农村统计年鉴　中国县域统计年鉴
中国城市统计年鉴　中国对外直接投资统计公报　中国地区经济监测报告
中国贸易外经统计年鉴　中国零售和餐饮连锁企业统计年鉴　中国商品交易市场统计年鉴
大中型批发零售和住宿餐饮企业统计年鉴　中国农产品价格调查年鉴　中国住户调查年鉴
中国价格统计年鉴　中国能源统计年鉴　全国农产品成本收益资料汇编
中国环境统计年鉴　中国建筑业统计年鉴　国外资源、能源和环境统计资料汇编
中国工业统计年鉴　中国城乡建设统计年鉴　中国县城建设统计年鉴
中国城市建设统计年鉴　中国科技统计年鉴　中国房地产统计年鉴
中国证券期货统计年鉴　中国劳动统计年鉴　中国第三产业统计年鉴
工业企业科技活动资料　中国社会统计年鉴　中国高技术产业统计年鉴
中国人才资源统计报告　中国教育统计年鉴　中国人口和就业统计年鉴
文化及相关产业统计概览　中国文化及相关产业统计年鉴　中国教育经费统计年鉴
中国民族统计年鉴　中国残疾人事业统计年鉴　中国民政统计年鉴
中国乡镇街道行政区域简册　中国基本单位统计年鉴　中国妇女儿童状况统计资料（英）

省级综合统计年鉴系列

北京 天津 河北 山西 内蒙古 辽宁 吉林 黑龙江 上海 江苏 浙江 安徽 福建 江西 山东 河南 湖北 湖南 广东 广西 海南 重庆 四川 贵州 云南 西藏 陕西 甘肃 青海 宁夏 新疆 新疆生产建设兵团

市(县)级综合统计年鉴系列

滨海新区 石家庄 唐山 邯郸 保定 沧州 邢台 廊坊 承德 衡水 秦皇岛 张家口 太原 大同 阳泉 长治 晋城 朔州 晋中 运城 忻州 临汾 吕梁 呼和浩特 呼和浩特新城区 鄂尔多斯 包头 沈阳 大连 长春 吉林 延吉 四平 通化 松原 哈尔滨 齐齐哈尔 黑龙江垦区 上海浦东新区 南京 无锡 徐州 常州 苏州 南通 连云港 淮安 盐城 扬州 镇江 泰州 宿迁 江阴 丹阳 海门 杭州 宁波 温州 嘉兴 湖州 绍兴 金华 衢州 舟山 台州 丽水 合肥 安庆 马鞍山 福州 厦门 宁德 漳州 龙岩 南昌 九江 上饶 新余 抚州 萍乡 赣州 吉安 景德镇 济南 青岛 潍坊 枣庄 日照 滕州 郑州 洛阳 平顶山 三门峡 商丘 信阳 济源 汝州 武汉 十堰 荆州 宜昌 荆门 咸宁 长沙 广州 深圳 惠州 东莞 汕尾 南宁 柳州 桂林 来宾 河池 防城港 海口 三亚 成都 贵阳 黔南 毕节 昆明 西安 咸阳 延安 宝鸡 安康 铜川 汉中 榆林 兰州 庆阳 银川 乌鲁木齐 兵团一师 兵团十师

调查年鉴系列

天津 山西 内蒙古 辽宁 吉林 上海　福建 江西 河南 湖北 湖南 广西　重庆 四川 云南 甘肃 宁夏 新疆

统计方法应用/实用手册

实用SAS统计分析教程　马克威统计分析与数据挖掘应用案例　统计公文知识问答
乡镇统计人员岗位知识培训系列教材：辅助调查员岗位基础知识　乡镇统计人员岗位基础知识
县级统计人员岗位知识培训系列教材：Excel在统计工作中的应用　简明统计分析
地市级统计人员岗位知识培训系列教材：统计报告与演示　Excel在统计工作中的应用

统计通俗读物/统计科普图书

国家统计局核心统计指标变迁　货架上的统计　账本里的统计

重点图书

砥砺奋进的五年——从十八大到十九大　新编英汉汉英统计大词典　中华医学统计百科全书
新常态下的中国服务业：理论与实践　新动能新产业发展报告-2017
挑大学选专业2018—考研择校指南　挑大学选专业2018—高考志愿填报指南